D0571598

LE ROMAN DES ROUART

(1850-2000)

Du même auteur

L'Or du Temps, roman BD, avec la collaboration de François Baranger
(peintre et dessinateur), trois volumes, Dargaud, 1989.
Édition, notes, préfaces, de *Vies* de Plutarque (Autrement) :
– *La Vie d'Alexandre*, suivi de *Sur la Fortune ou la Vertu d'Alexandre*,
1993.
– *Pompée, Crassus, César, ou L'Agonie de la République*, 1994.
– *Caton, Cicéron, Antoine, Destins de crise*, 1996.
Le Vin de la Liberté, roman, Robert Laffont, 2000, Prix littéraire de l'Aca-
démie du Vin de Bordeaux 2000, Prix du Roman Historique, 2001.
Édition poche, J'ai Lu.
Elles, roman, Autrement, 2004.
Château Pichon-Longueville comtesse de Lalande, La passion du vin, mono-
graphie historique, photographies de Anne Garde, La Martinière, 2007.
Van Gogh, biographie, Gallimard-Folio, 2007, Ouvrage couronné par
l'Académie Française (Prix d'Académie 2008).
Théâtre d'ombres, roman, Denoël, 2010.

David HAZIOT

LE ROMAN DES ROUART

(1850-2000)

Fayard

Graphisme de couverture : Cheeri
Document de couverture : Edgar Degas,
Portrait d'Henri Rouart, vers 1875.

ISBN : 978-2-213-66858-1
© Librairie Arthème Fayard, 2012.

Automne 2009 à Paris. Une grande exposition est consacrée à Renoir. On peut admirer des toiles déjà vues, d'autres éparpillées dans des collections privées ou des musées lointains. Un public nombreux se presse, fervent, passionné, dédaigneux ou ennuyé. Peu importe. Le velouté si particulier de Renoir tient toujours sous l'œil. Il semble adoucir les mœurs aussi bien qu'une musique apaisée. Dans un coin de salle, sur une toile pleine d'éclat, une jeune femme en robe rouge brode, tête baissée, tandis que deux messieurs regardent des tableaux derrière elle. Ce rouge si vif et si profond attire des visiteurs l'oreille collée à un appareil qui les guide d'un tableau à l'autre. Juste à droite de la brodeuse, la même jeune femme, en blanc cette fois, nous regarde et nous sourit de son visage presque asiatique traversé par une énergie intense. Plus loin encore, la même personne se retrouve, en rouge, penchée sur un piano près d'une autre jeune femme en gris dont on apprend qu'elle est sa sœur.

Cette dame en rouge est Christine Lerolle, future épouse de Louis Rouart ; sa sœur Yvonne deviendra celle d'Eugène, frère de Louis. Eugène Rouart, l'ami intime d'André Gide… Yvonne inspira aussi des œuvres à son soupirant Debussy qui voyait en elle une petite sœur de Mélisande. Le père d'Yvonne et de Christine, Henry Lerolle, peintre estimé, était l'ami de Debussy et le beau-frère d'Ernest Chausson, auteur du célèbre poème pour violon. Mais Henri Rouart, père d'Eugène et de Louis, et peintre lui aussi, fut l'ami de Degas et collectionneur d'impressionnistes quand leurs toiles valaient si peu. Un de ses fils, Ernest, peintre également, épousa Julie Manet, la fille de Berthe Morisot et la nièce du grand Manet. Julie ayant perdu tôt ses parents, eut comme tuteurs Mallarmé et Renoir... Quant à Jeannie, cousine de Julie Manet et nièce de Berthe Morisot, elle fut la femme de Paul Valéry dont la fille Agathe épousa Paul, un autre Rouart, éditeur de musique. Christine Lerolle, qui brode toujours dans sa robe rouge, fut la mère d'Augustin Rouart, peintre singulier, hors de son temps, lui-même père de Jean-Marie Rouart, l'écrivain contemporain et académicien...

Le lecteur est déjà perdu dans ce labyrinthe, pourtant on pourrait continuer encore, et se noyer entre les Rouart, les Morisot, les Manet, et les Lerolle. Ils constituent une galaxie qui fut un milieu où s'épanouit l'une des plus belles pléiades de la civilisation française ; peintres, écrivains, penseurs, poètes, musiciens, surtout peintres... Trois générations pour lesquelles la térébenthine fut le plus familier des parfums au risque de devenir un poison.

Il s'agit donc ici de l'histoire d'un milieu ou d'une famille élargie. Et à travers cette biographie collective, l'évocation d'une aventure artistique, intellectuelle, et même romanesque, qui porta l'art français à un raffinement, une subtilité extrêmes, loin de l'héroïsme, ou de la grande Histoire. On peine à croire que cette floraison s'épanouit dans un monde aussi étroit, autour d'un nombre si restreint de personnes qui surent l'accompagner.

En suivant les familles Rouart, Morisot, Manet et Lerolle, qui se lièrent les unes aux autres, ce livre se propose de raconter cette histoire tentaculaire, avec ses nombreux personnages, grands ou moins grands, non sans faire devant telle ou telle œuvre des arrêts qui permettent d'en percevoir le sens et la portée. Aller au-delà de l'anecdote amusante ou tragique, scabreuse ou sublime, pour tenter de saisir ce à quoi ces hommes et ces femmes ont choisi de consacrer leur vie. Selon Paul Valéry, l'art français connut alors un pic supérieur à celui de la période romantique.

Un regard nouveau sur la vie et le monde, qui ne cessa de s'approfondir, s'installa en effet, non sans opposition et conflits, de 1860 à 1914. Quitter l'histoire, les sujets historiques ou mythologiques, pour s'intéresser au présent de l'artiste, au processus créateur en lui, à son temps, à son moi, au mécanisme de sa pensée, fut pour ces hommes et ces femmes une exigence diffuse qui apparaît mieux pour nous à distance. L'impressionnisme est d'abord né de ce refus d'un art héroïque, il s'intègre dans ce mouvement plus large de passion pour le présent de l'individu et le bonheur de vivre. Chaque peintre, écrivain ou musicien reprit à son compte cette idée à sa manière.

Les Rouart et les familles auxquelles ils se sont alliés ont soutenu de toutes leurs forces cette idée nouvelle qui met au centre de la création artistique la vie de l'homme dans ce qu'elle a d'irréductible. Claudel les appela « Les patriciens de Paris ». Les raconter dans leur mouvement, de génération en génération, ne peut se faire sans ce fil conducteur qui unifia leur action. Ni galerie de portraits sans véritable lien entre eux, ni chronologie stricte qui n'aurait eu aucun sens en émiettant les personnalités pour n'en donner qu'une poussière d'actions semée de chapitre en chapitre, cet ouvrage s'efforce d'emprunter avec souplesse tant aux procédés du roman, qu'aux exigences des historiens.

Aller du groupe ou du collectif historique vers l'individu, telle est l'idée, la force qui nous a paru ressortir de cette traversée. Et quand les vies évoquées ici s'éloignent avec leurs lumières et leurs ombres, cela seul reste qui nous ouvre l'horizon.

I

Un homme universel, Henri Rouart

Henri Rouart, industriel de premier ordre, peintre reconnu par ses pairs qui exposèrent avec lui, fut aussi mécène et collectionneur passionné d'œuvres d'art du passé et de ses amis impressionnistes. Il fut l'un des rares à avoir su exceller en deux activités normalement incompatibles à un tel niveau.

Toutes les grandes explosions artistiques de l'Histoire sont adossées à une réussite économique d'envergure. Qu'on remonte à l'art égyptien ou qu'on examine le cinéma américain du XXe siècle, l'abondance de biens a toujours permis de porter les rêves des artistes. Le destin unique de la famille Rouart ne fait pas exception et ne se comprend pas sans une évocation rapide de la carrière d'ingénieur d'Henri Rouart au commencement de cette traversée.

Henri était fils d'Alexis-Stanislas Rouart (1800-1875), passementier spécialisé dans les uniformes de l'armée, à une époque où le militaire chamarré était encore de règle. L'art n'était pas absent de la maison, ce métier rapprochait le père d'Henri des peintres militaires ou de batailles, toujours avides de documents exacts, Nicolas-Toussaint Charlet, Auguste Raffet aux dessins napoléoniens visionnaires, Horace Vernet, Eugène Lami.

Mais on retrouve l'armée et les militaires chez le père d'Alexis-Stanislas et grand-père d'Henri. Ce premier Stanislas Rouart, fils de notaire, dont la famille était originaire de Vailly dans l'Aisne, s'engagea comme officier de santé dans l'armée de Dumouriez pendant les guerres de la Révolution et fut prisonnier à Maastricht. Médecin et combattant républicain, cela signe un homme.

L'armée fut le cœur révolutionnaire de la France durant de longues années, quand le reste du pays votait royaliste, et qu'on cassait les élections pour empêcher le pays de s'exprimer. Les Rouart, comme les Manet, les Morisot ou les Lerolle, sont des hommes nouveaux, dépourvus de particules, issus des acquis de la Révolution sans laquelle ils auraient probablement végété dans une société d'ordres fermée.

D'une certaine façon, Henri Rouart s'inscrivit dans cette tradition familiale entre beauté et armée, puisqu'il fut peintre et polytechnicien.

Né le 2 octobre 1833, il a un an de moins que Manet, trois de moins que Pissarro, mais un de plus que Degas. La génération de Monet (né en 1840), Renoir et Morisot (nés en 1841), est nettement plus jeune.

Son père s'enrichit, comme tant d'autres, dans les fournitures aux armées, il put ainsi acheter à quarante-sept ans deux grandes maisons en vis-à-vis et une orangerie au milieu d'un vaste parc boisé, près de Melun, à La Queue-en-Brie. Les parents d'Henri Rouart habitaient à Paris rue Saint-Honoré, au 114, avant de s'installer rue des Deux Portes Saint-Sauveur. Sa mère, Rosalie Henriette Charpentier, née en 1814, vécut jusqu'en 1885.

La famille a des ambitions pour le jeune Henri, comme pour son frère cadet Alexis, puisqu'ils sont inscrits et admis comme pensionnaires au collège et lycée Louis-le-Grand, rue Saint-Jacques derrière la Sorbonne, dès 1844 pour Henri. Cet établissement, déjà célèbre au temps où les Jésuites y formaient les enfants des plus prestigieuses familles de France au XVIIᵉ siècle, avait aussi accueilli un très brillant sujet boursier, Maximilien Robespierre, et son camarade Camille Desmoulins. Passé sous la tutelle de l'État, et bien que délabré et vétuste, il restait un lieu de formation intense dont les élèves appartenaient rapidement aux élites de la nation. Mais la vie n'y était pas drôle sous Louis-Philippe.

Héritage de l'ancien système jésuite, l'élève qui assistait aux cours donnés par les professeurs était suivi en parallèle par un maître. Ces surveillants permanents ne lâchaient pas les élèves dont ils avaient la charge. Mal payés et jalousant les professeurs, ils constituaient un foyer de républicanisme vivace.

Parmi ses condisciples au Lycée Louis-le-Grand, Henri Rouart compta, entre autres, Ludovic Halévy, futur académicien et librettiste de nombreux opéras, dont celui de *Carmen* de Bizet, Gustave Caillebotte qui fut peintre et collectionneur et surtout Edgar Degas[1].

Pour ces pensionnaires, la vie était rude. La journée commençait à 5 h 30 par le réveil dans les 14 dortoirs aux lits sans rideaux. Un petit déjeuner était servi en étude à 7 h 30 (pain et soupe au lait, à l'oseille ou à l'oignon...) ; à midi le déjeuner copieux (potage gras, plat de viande ou de poisson et légumes, entremets sucré) se déroulait dans un silence obligatoire tandis qu'on lisait aux élèves des pages d'histoire de l'Antiquité ou de l'Ancien Régime, remplacées par la lecture du journal *Le Moniteur* après la révolution de 1848. Goûter à 16 h 30, dîner aussi solide et silencieux qu'à midi, coucher à 21 h. En dehors des repas, trois ou quatre heures étaient réservées à la récréation dans une journée de quinze heures et demi. Les promenades avaient lieu le jeudi et le dimanche, aux Tuileries, en longues files escortées des indispensables maîtres. Parfois, à la belle saison, on menait les élèves à Vanves dans l'ancienne propriété des Condé, devenue maison de campagne du lycée Louis-le-Grand.

L'enseignement était dominé par les lettres latines et les mathématiques. Curieusement, le français ne recevait pas l'attention qu'on aurait pu attendre. Les mêmes auteurs

---

1. Pour cette évocation du lycée Louis-le-Grand, voir Henri Loyrette, *Degas*, Fayard, 1991, p. 20 et suiv.

étaient rabâchés, Fénelon et La Fontaine en français, Quinte-Curce, Cornelius Nepos et Ovide en latin. En rhétorique, on étudiait les deux tragédies d'Œdipe de Sophocle à l'exclusion de toute autre. De l'histoire, un peu de géographie, une langue vivante, des cours de dessin, ceux de musique étant facultatifs. Les classes comptaient de 44 à 66 élèves...

On imagine le jeune Henri Rouart et son camarade Degas, puis le jeune frère d'Henri, Alexis Rouart, dans un cadre aussi délabré et aussi peu enthousiasmant ; des débris de plâtre, de pierres ou de tuiles tombaient régulièrement des murs, ou des toits, les fenêtres trop vieilles ne s'ouvraient plus, les réfectoires souterrains étaient sinistres, les murs noirs de suie. Ces lieux sales, sans parler des toilettes, durent exercer une impression très vive sur l'adolescent et l'inciter à se tourner vers le neuf et la lumière. Les quelques platanes d'une des cours étroites étaient les seuls végétaux qu'on pouvait voir entre deux rares promenades.

Un portrait d'Henri Rouart, pensionnaire du lycée en uniforme, et de son jeune frère, nous est parvenu, réalisé par Auguste Bonheur. Regard intense, intelligent, volontaire, beau visage, cheveux sombres, veste bleue à boutons dorés, Henri a quatorze ans, il est assis sur un fauteuil rouge, tenant un livre dans la main droite. Alexis, huit ans, en tablier bleu, regard plus abandonné, se raccroche à l'épaule gauche de son frère.

L'École Normale Supérieure avait ses locaux dans le lycée, elle partit s'installer ailleurs en 1847, laissant un peu plus de place.

En 1848, pendant la Révolution et ses suites, Ludovic Halévy alla porter le soutien des lycéens à Lamartine, candidat à l'élection présidentielle. Sans pouvoir le trouver... En février 1852, une sérieuse révolte des élèves, furieux qu'on ait perquisitionné dans leurs affaires pour en confisquer « les mauvais livres », se termina par une soirée dramatique à la lueur des torches dans la cour, où la force armée intervint pour faire plier les rebelles avec l'appui du recteur de l'Université et des inspecteurs généraux. Quatre-vingt-dix de ces adolescents furent renvoyés le lendemain, et cinq jours plus tard la vie reprenait son cours comme si de rien n'était. Le jeune Henri avait-il de « mauvais livres » et fut-il de la révolte ? On ne sait, mais c'est peu probable : outre qu'il ne fit pas partie des renvoyés, il était en fin de parcours et occupé à préparer son baccalauréat. Apparemment il s'est bien accommodé de cette discipline impitoyable et de la tristesse des lieux où se sont déroulées des années décisives de son enfance. Il semble même avoir fait sien cet esprit « militaire » comme le lui reprochera son fils Eugène.

Ainsi que ses lettres, ses œuvres ou ses paroles rapportées, le montrent, Henri Rouart est un homme doux. Son regard sur les photos et certains choix de sa collection le confirment, il fut certainement tendre au dedans. S'il manifesta un goût certain pour la discipline et fort peu sa réelle tendresse à ses enfants comme il l'avoua dans une lettre à André Gide, estimant que ce n'était pas le rôle d'un père, cette douceur de son caractère n'en est pas moins là, évidente, et nous aurons l'occasion de la voir apparaître en maintes occasions.

Henri obtint son baccalauréat, puis, après les années de préparation, réussit le concours d'entrée à Polytechnique en 1853. Il sortit deux ans plus tard en 1855, avec le rang de 54e sur 94.

Est-ce durant ses années de lycée qu'il prit goût au dessin ? On l'ignore. Peut-être à la maison dès l'enfance ? La fréquentation de peintres militaires dans ce milieu où on cultive les arts, ne fut certainement pas étrangère à ce goût précoce. En tout cas, il reçut au lycée un enseignement classique éprouvé, dispensé par des peintres connus de leur temps comme Léon Coignet, et Adolphe Roehn. Le jeune Degas qui deviendra un dessinateur hors pair suivit les mêmes leçons.

Henri Rouart s'intéressa très vite à la peinture qu'il vécut telle une passion dévorante. Dès sa jeunesse, il alla voir Corot et Millet, qui devinrent ses amis, pour recevoir leurs leçons, parfois peindre à leurs côtés, et chaque fois que le loisir le lui permit, il réalisa des tableaux, des aquarelles, des dessins, mais les études (peut-être ses parents ?), puis sa carrière d'industriel, l'empêchèrent longtemps de s'adonner à cet art comme il l'entendait. Degas se tourne vers la peinture, sitôt le bac en poche. Henri Rouart prépare Polytechnique. Ici son destin bascule.

Grand, vraiment grand pour l'époque, 1m79, et bel homme portant barbe et cheveux flottants, mi-longs, une raie au milieu, Henri Rouart en impose, mais il ne se met pas en avant, reste réservé, « ne reconnaissant que les vraies valeurs », selon son entourage. À la sortie de Polytechnique, on l'affecte comme lieutenant d'artillerie dans l'école d'application de Metz ; mais la vie militaire ne le passionne pas. Il se tourne vers le civil et entre en 1857 dans une entreprise de constructions mécaniques, puis s'associe à Jean-Baptiste Mignon, surnommé Java par ses amis, pour créer sa propre entreprise. Il a l'esprit trop mobile, et trop bouillonnant d'idées, pour endurer une vie de garnison ou subir un patron dont il ne partage pas les conceptions. Son jeune frère Alexis, ingénieur lui aussi, mais non polytechnicien, le rejoint dans l'entreprise.

Henri va montrer dans l'industrie des qualités de novateur et d'inventeur remarquables. Peut-être une réaction à tout ce « vieux » de ses années lycéennes ? Henri Rouart a le génie de l'innovation, c'est ce qui le caractérise à nos yeux.

Cette carrière industrielle qui fera sa fortune et celle de sa famille se déroule en deux temps.

Très tôt, Henri Rouart, Jean-Baptiste Mignon et Alexis Rouart, installés boulevard Voltaire à Paris, s'intéressent au moteur. L'heure est au remplacement de la traction animale par un moteur pratique, peu encombrant, sûr, ne nécessitant ni écuries, ni alimentation compliquée. La machine à vapeur avait fait son apparition et tournait à plein régime, mais elle demeurait d'un maniement lourd et fut donc réservée aux engins de grande taille. Henri Rouart va d'abord construire des moteurs à vapeur qu'il cherchera à rendre plus simples et moins encombrants, puis il s'intéressera à d'autres voies pour la motorisation.

Peu de choses sont restées de cette activité. Sa carrière se situa en effet à une époque de transition entre la vapeur et la généralisation de l'électricité et du moteur à explosion utilisant l'essence. Il fit donc le maximum de ce qui pouvait se faire à un âge de l'industrie qui tâtonnait encore, en essayant le moteur à gaz, des réductions de machines à vapeur, ou le moteur à pétrole, ancêtre du diesel.

Bien qu'il faille juger cette activité avec le recul du temps, ce serait une erreur d'en minimiser les succès réels obtenus.

Henri Rouart n'a cessé d'inventer ou de perfectionner des systèmes existants, en utilisant des brevets qui n'étaient pas de lui ; son esprit le poussait vers le neuf. Avec ses associés, il mit au point des moteurs à gaz ou à pétrole dont l'allumage était électrique grâce à une bobine et des piles. Ces moteurs développaient des puissances diverses compatibles avec un usage domestique ou industriel. Un souci de la maison autant que de l'usine est constant chez ces ingénieurs. On utilisait ces moteurs dans l'agriculture, la navigation de plaisance, pour mouvoir des barques de pêche, des bateaux de petite taille, ou pour triturer et concasser toutes sortes de matières (minerais, os, charbon, ou pour fabriquer du ballast et du macadam). Henri créa aussi des pompes et des appareils comme le « lucigène », qui brûlait les huiles industrielles usées pour éclairer de grands espaces comme usines, docks, quais de gares, halles de marchandises, marchés, aciéries. Ce système ne dégageant ni fumées ni odeurs, d'après sa présentation commerciale, était fondé sur une idée d'économie durable avant la lettre.

Ses plus grands succès, il les obtint dans l'industrie du froid. Le nom Rouart, avant d'être associé à l'impressionnisme, évoquait un spécialiste de la réfrigération. Sans électricité, il parvint à une maîtrise reconnue de cette technique en utilisant la combustion du charbon comme source d'énergie. Et là aussi, il créa des appareils capables de répondre à l'usage domestique ou industriel. Il perfectionna le système Carré et donna le moyen d'obtenir aussi bien des carafes frappées ou une bière fraîche, que la congélation en grand, la production de barres de glace pour la maison ou l'usine. Ses appareils domestiques produisaient 1 kg de glace en 55 minutes de chauffage, ce qui était remarquable pour l'époque. Les plus importants pouvaient produire 2 tonnes de glace à l'heure. Suivant la dimension des machines, 1 kg de houille brûlée produisait de 8 à 22 kg de glace.

Rien d'étonnant à ce que la morgue de Paris lui ait confié le chantier de la réfrigération des corps en attente de sépulture. Rouart réalisa le projet avec succès, et le système resta performant jusqu'à l'âge de l'électricité. Les brasseries, les fabriques de bougies, les abattoirs et les industriels recourant au froid pour la conservation ou le transport des aliments utilisèrent des machines Rouart.

De très nombreuses récompenses vinrent saluer cette activité et cette invention permanentes. Médailles, Prix, Diplômes lors d'expositions en France, comme le Diplôme d'honneur à l'exposition des bières françaises en 1887, Médaille d'or de l'exposition spéciale de la Brasserie à Versailles en 1881, Médaille d'or de la société d'encouragement à Paris en 1860, et beaucoup d'autres. Mais l'étranger aussi récompensa les réalisations Rouart et Mignon : Prize Medal de l'Exposition Universelle de Londres en 1862, Médaille du Progrès à celle de Vienne en 1873, Médaille d'argent à celle de Melbourne en 1881, nouvelle récompense à Londres en 1884, etc. On imagine tout ce que ces distinctions supposaient de travail acharné, d'invention, d'organisation, d'aptitude à diriger et coordonner des équipes nombreuses qu'il fallait former à des techniques nouvelles, et bien sûr les carnets de commandes qui se remplissaient. Henri Rouart ne se contentait pas d'inventer dans son coin, il concevait, mettait en forme, produisait en série, et commercialisait. Il ne reculait devant rien, savait tout faire, s'adaptant à des métiers si différents. L'usine du boulevard Voltaire était devenue une véritable ruche.

En 1862, Henri Rouart épousa Hélène Jacob-Desmalter, descendante d'une très haute lignée d'ébénistes. Son arrière-grand-père, Georges Jacob, avait été un des créateurs du style Louis XVI, puis de celui du Directoire, son grand-père François-Honoré Jacob-Desmalter fut l'ébéniste de Napoléon réalisant les plus beaux meubles de l'Empire, une orgie d'acajou, d'incrustations d'or, de bronze, d'ébène. En 1813, après la retraite de Russie et les défaites en Europe, Napoléon fut dans l'impossibilité de payer ses dettes, et l'entreprise Jacob-Desmalter employant 332 ouvriers fit faillite, mais François-Honoré parvint à la remettre en selle avec l'aide des Bourbons en développant cette fois le style Restauration.

Le propre père d'Hélène, Georges-Alphonse, fut naturellement ébéniste, pour Louis-Philippe, jusqu'en 1847. Mais l'heure était au bon marché, à l'industrialisation du meuble, aux ensembles type salle à manger Henri II, Louis XV ou Louis XVI. L'ébénisterie d'art, telle qu'elle existait jusque-là, était condamnée. Le père d'Hélène décida de vendre son entreprise et de mettre fin à la célèbre maison Jacob-Desmalter. Il se consacra à l'architecture, au dessin, et partit pour un long voyage en Italie avec sa femme et ses trois filles, séjournant deux ans dans le pays pour admirer les chefs d'œuvre de la Renaissance. Puis il construisit une grande maison au Mée près de Melun où des jardins à l'italienne furent aménagés.

Peut-être est-ce dans ce nord de la Seine-et-Marne aux couleurs si douces, non loin du château de Vaux-le-Vicomte, qu'Henri Rouart fit la connaissance d'Hélène Jacob-Desmalter. Les deux familles y avaient leur maison. Liées l'une et l'autre à l'Empire, elles appartenaient à des milieux comparables, non aristocratiques. En d'autres temps, Hélène Jacob-

Desmalter eût épousé un futur ébéniste, puisque la corporation pratiquait volontiers le mariage « endogame ». La fin de l'ébénisterie d'art orienta son destin ailleurs.

C'est donc dans une grande famille d'artistes qu'Henri Rouart prit femme, un monde où l'exigence de perfection était une tradition. À vingt ans en 1862, Hélène avec ses cheveux blond vénitien, introduisait la rousseur dans la lignée Rouart ; le visage pointu, le nez en bec d'aigle sur le tard, d'après Degas, la taille bien prise, ne cédant pas à l'embonpoint féminin de l'époque, elle avait de l'allure, de l'élégance de maintien et de gestes, aimait lire, ne manquait certainement ni de goût, ni de culture, et fut ardemment aimée (et peinte !) par Henri.

Les jeunes époux s'installèrent rue Oberkampf, non loin du siège de l'entreprise Rouart-Mignon boulevard Voltaire. Une première fille, Hélène, aussi rousse que sa mère, naquit en 1863, Degas en fera plus tard un portrait monumental aujourd'hui à la National Gallery de Londres. Une autre fille, Lucie, née en 1865, ne vécut que trois ans. Puis un premier garçon, Alexis, naquit en 1869, il deviendra éditeur de musique en association avec la famille Lerolle.

C'est peu après son mariage, qu'Henri Rouart se lança avec Java Mignon et son frère Alexis dans une nouvelle phase de sa carrière industrielle qui fera de lui un entrepreneur de très grande envergure.

Les travaux qu'il avait engagés pour la construction de moteurs et de systèmes de réfrigération nécessitaient des pièces métalliques de toutes sortes (nous sommes à l'âge du fer), certaines construites sur place, d'autres achetées à des usines qui les produisaient en quantité ou sur commande. L'activité d'Henri Rouart et de ses associés nécessitait des tubes d'acier de tailles et de formes diverses pour les moteurs ou les appareils réfrigérants. Or, la qualité irréprochable des pièces exigées n'était pas facile à trouver ou ne se fabriquait qu'à l'étranger, en Grande-Bretagne, ce qui accroissait les délais de livraison et rendait ces éléments trop onéreux. Une seule usine en France, en région parisienne, proposait des tubes selon les normes requises, mais à un prix exorbitant et elle dut fermer ses portes.

Henri Rouart et ses associés décidèrent de créer une usine de fers creux. Le Second Empire connaissait alors une période de croissance économique exceptionnelle, comparable à celle de pays comme la Chine ou l'Inde aujourd'hui. En deux décennies, la France se couvrit de chemins de fer, d'usines, d'activités industrielles diverses, et de gares qui étaient les cathédrales du temps. Henri Rouart put donc, grâce au transport ferroviaire, construire une usine importante et ultra moderne pour l'époque à Montluçon, à proximité du bassin houiller et des forges du Creusot, de Commentry et de Fourchambault. Rouart et Mignon obtinrent la collaboration de Delinières, un ingénieur des Arts et Métiers, qui avait travaillé à Bruxelles. Les fonds furent débloqués, la construction de l'usine commença en 1865, et dès l'année suivante elle entrait en production, faisant travailler 250 personnes.

Sur un terrain de 55 000 m^2, les bâtiments, ateliers, magasins en occupant le cinquième environ, l'usine produisit toutes les variétés de tubes et de fers creux possibles ainsi que les pièces nécessaires à l'emploi de ces tubes : brides, tubulures, manchons, écrous, raccords, serpentins.

La production annuelle variait de 1000 à 1200 tonnes et pouvait atteindre les 4 000 tonnes sans changer d'équipement. 4 000 tonnes de houille étaient nécessaires et les meilleurs minerais du Berry. L'usine pouvait couvrir les besoins de toute la France industrielle, c'était une réussite hors pair qui mit la qualité et l'innovation au cœur de sa production. À preuve le fait que l'investissement y fut constant et que les procédés de fabrication furent renouvelés de fond en comble en une vingtaine d'années. L'éclairage de l'usine était électrique et le chauffage centralisé au gaz dès 1881. « Il ne se produit pas une découverte de la science qu'ils [les ingénieurs] n'en cherchent aussitôt le côté pratique applicable à leur fabrication », déclaraient Rouart et Mignon dans un prospectus présentant la production de l'usine.

Une pluie de récompenses nationales et internationales vint sanctionner cette réussite. Non seulement l'usine de Montluçon permit de fournir celle de Paris en pièces de haute qualité à bas coût, mais elle travaillait pour toutes les industries françaises exigeantes en qualité, y compris les industries d'armement, ce qui aura plus tard son importance. Elle conquit ainsi dans son domaine si sensible une position de quasi monopole en générant des bénéfices considérables en un temps où la fiscalité était modérée. Lors de l'Exposition Universelle de 1878 à Paris, l'usine de Montluçon, pour montrer son savoir-faire, exposa un serpentin conique spectaculaire de 93 mètres, commençant au diamètre de 250 mm et finissant à 10 mm par une décroissance régulière. Cette prouesse technologique pour l'époque fut l'un des clous de l'Exposition.

Enfin, Henri Rouart fut l'un des inventeurs du transport rapide de messages par la voie pneumatique, encore utilisé en interne par certaines entreprises. Longtemps ce « petit bleu », comme on l'appelait, fut le recours à Paris des amoureux désireux de se déclarer par écrit à leur belle ou de corriger au plus vite l'effet supposé désastreux d'un message précédent. À l'heure d'internet, cela fait sourire, mais ce fut longtemps le moyen d'envoyer du courrier dans Paris en deux heures au lieu de 24, un temps infini en amour ! Les billets enflammés (et impatients) circulaient toujours dans les tuyaux d'Henri Rouart dans les années 1960 et cela aurait bien amusé leur inventeur.

Nul n'est parfait : on raconte encore dans la famille qu'un jour l'ingénieur Émile Levassor vint trouver Henri Rouart pour lui proposer de construire des automobiles. « Cette invention n'a aucun avenir », aurait répondu l'intéressé qui avait peut-être la tête ailleurs. Levassor s'associa à Panhard pour créer la firme Panhard-Levassor qui produisit des véhicules jusqu'en 1967.

Cette erreur de jugement ne diminue en rien le succès de cette carrière industrielle que nous avons brièvement évoquée parce qu'elle est mal connue dans son développement et souvent rapportée avec des erreurs. Adossée à cette réussite, l'aventure artistique de la famille Rouart pouvait commencer. Elle n'aurait pu se concevoir sans elle. Henri, fort de ce succès, put se permettre à cinquante ans d'abandonner son travail d'ingénieur pour se consacrer à la peinture, sa vraie, sa grande passion.

Ni les moteurs, ni les fers creux, qu'il abandonne apparemment sans états d'âme, ne le retiennent. Il put rendre visite à loisir à Corot et Millet auxquels il voua une admiration fervente toute sa vie. Millet habitait du côté de Barbizon en Seine-et-Marne. Le train reliait rapidement Melun à Bois-le-Roi et Fontainebleau. Henri Rouart alla plusieurs fois travailler près du peintre et dessinateur de la vie paysanne, d'origine paysanne lui-même. Comme ses deux maîtres, Henri resta attaché au paysage et au plein air.

Durant sa carrière industrielle, il n'avait jamais cessé de peindre. En toutes occasions, il se rendait dans la maison paternelle de la Queue-en-Brie pour représenter sur ses toiles des paysages, des bâtiments de ferme, les bords de la Seine ou une allée dans le village. Il vient à peine de se marier et d'avoir une fille qu'il expose au Salon officiel en 1864. À cette date, l'usine de Montluçon n'est pas encore construite, mais la rage de peindre est là. Il continuera d'exposer au Salon chaque année, tout en travaillant comme ingénieur, en 1868, 1869, 1870, 1872. En 1873, il est refusé comme Renoir qui présentait *L'allée cavalière au bois de Boulogne*. Henri Rouart achète aussitôt cette grande toile qui devient l'un des fleurons de sa collection.

Henri Rouart est réellement un cas à sa manière. Quand on voit sa peinture, on est frappé par la maîtrise qui s'y manifeste.

Ses aquarelles sont de haute qualité. Il n'est pas de ces petits maîtres que l'on redécouvre faute de mieux. S'il n'a pas le génie ou la folie de Degas, Renoir, Berthe Morisot ou Monet, il fut reconnu par eux comme un peintre authentique. Mais il refusa obstinément d'organiser une exposition de ses œuvres. Et lorsque les visiteurs venaient voir sa collection de tableaux, il cachait soigneusement les siens. Jamais il ne mit un sou pour promouvoir son œuvre, tandis qu'il en dépensait tant pour soutenir ses amis peintres. Son œuvre est donc très injustement restée méconnue, admirée d'un cercle restreint, les musées disposant de peu de toiles de lui.

Henri Rouart est d'abord un paysagiste, même s'il peint des personnages, sa famille avant tout, et parfois des scènes d'intérieur comme son atelier, ou cette délicieuse joueuse de mandoline en robe blanche rayée de bleu, qui est au musée de Pau. Pas de paysans au travail comme chez Millet, pas de nus ou de scènes de maisons closes comme chez Renoir ou Degas, et pour cause, pas d'espagnolades à la mode ou d'orientalisme, et aucune scène historique. En revanche, à l'huile ou l'aquarelle dont il fut un maître, des paysages de nombreuses régions de France, mais aussi de l'étranger, Venise, l'Égypte.

S'il y a beaucoup de lumière dans la peinture d'Henri Rouart, elle n'est pas recherchée pour elle-même en sujet du tableau comme chez Monet ou Seurat. L'objet a autant d'importance que la lumière qui le révèle, mais sans le tourment de Van Gogh. Et ce n'est pas non plus la furieuse écriture picturale de Berthe Morisot. Enfin, si certaines œuvres font penser à Cézanne par la forte structure qui les soutient, elles ne s'aventurent jamais jusqu'aux déformations du maître d'Aix qui privilégie les lignes de forces du paysage. Henri Rouart est un peintre de l'équilibre. On a parlé à propos de son petit-fils Augustin de « réalisme magique ». Il y a de cela déjà chez lui, une sorte d'émerveillement apaisé devant le spectacle du monde, dont sa connaissance scientifique lui révèle la qualité évanescente infiniment précieuse, qui ne se réduit justement à rien de scientifiquement connaissable.

Si la douceur d'une lumière admirable baigne ses tableaux, il ne faudrait pas en inférer quelque mièvrerie. Ces œuvres sont fortement structurées, et cela leur donne une indiscutable puissance, sans excès toutefois. Henri Rouart n'abandonne pas l'objet à une lumière dévorante qui en noie comme chez d'autres les lignes et la présence matérielle.

Arbres, rivières, champs se distribuent de façon harmonieuse et équilibrée. Parfois le parc à l'italienne de la maison de ses beaux-parents ou celui de sa maison dominé par des arbres puissants et doux, comme lui-même, dirait-on... Il est vrai que les arbres ponctuent avec une grâce infinie les paysages du nord de la Seine-et-Marne, avant de s'assembler en forêt, mais sans folie, avec douceur, autour des allées cavalières de la forêt de Fontainebleau. Ils sont un sujet majeur de ses tableaux, pris de biais ou à l'orée d'un bois, d'un village, près d'une maison, fait remarquer Jean-Dominique Rey, l'un de ses descendants ; de même ses personnages sont toujours représentés de profil, de dos ou de trois quarts, jamais de face. Discrétion, mesure, réserve, pudeur, tenue à distance. *Ni l'ambition, ni l'envie, ni la soif de paraître ne l'ont tourmenté*[1], dit fort justement de lui Paul Valéry qui remarquait encore : *Sa modestie a fait que son œuvre personnelle curieusement précise est demeurée presque inconnue et le bien de ses seuls enfants.*

De telles pratiques, ou habitudes, s'héritent dans les familles, même à l'insu des descendants. Les Rouart, peintres de talent, demeureront eux aussi en retrait, à l'exemple de leur père ou grand-père.

Pourtant, bien des toiles d'Henri rayonnent plus que d'autres connues. Telle cette paysanne dans les champs peinte

---

1. Paul Valéry, *Degas, Danse, Dessin*, in *Œuvres* II, Gallimard, Pléiade, 1960, p. 1166.

sans doute dans les environs de Melun. Ayant passé de longues années dans cette région, nous retrouvons dans ce tableau mille impressions de promenades apaisantes durant lesquelles une vive inquiétude s'effaça peu à peu devant les arbres, les piquets, les chemins de terre bordés de touffes d'herbe épaisse sous un grand ciel pâle. De même faut-il signaler le magnifique portrait tout en vert et gris d'Hélène lisant dans le jardin de Melun, le beau et profond *Femme cousant dans un jardin* et tant d'autres œuvres de cet homme si plein de la lumière du monde et si lucide sur la force rédemptrice des arbres parés de multiples verts qui miroitent.

Sa peinture laisse deviner un être foncièrement libre. Il admire les autres, reçoit leur influence, mais sait assimiler ces apports pour une discrète et talentueuse expression de sa sensibilité. On voit dans ses toiles les ombres de Corot, Millet et le premier Monet, parfois Courbet. On y surprend quelque instant silencieux et suspendu dans le parc de sa maison, avec un personnage qui passe près de l'angle d'un mur, ou cette grille de sa propriété devant laquelle une femme de dos, telle une ombre, attend qu'on lui ouvre pour se diriger vers la lumière et la maison là-bas. Tout cela dans une touche veloutée puisque ces instants, qui n'ont pour eux que d'avoir existé, sont tout ce qui reste du plus tendre de la vie. Éclats venus de rien pour aller nulle part, étincelles de couleurs à l'ombre des arbres, ils sont la vie même dans ce qu'elle a de plus mystérieux. Henri Rouart nous donne leur existence, fermée sur elle-même, ouverte sur l'infini. Parfois, dans les scènes d'intérieur, comme sa femme lisant, la touche se dissocie discrètement, sans vacarme ni tintamarre, ni proclamation, car le fondu est toujours là. On sent un être tendre, ce que ses choix de collectionneur dévoileront à l'envi.

Grand voyageur, tant par goût que pour les besoins de son métier, on l'a vu exposer ses réalisations industrielles en de nombreux pays, il fut un aquarelliste remarquable qui ne se séparait jamais de son carnet de dessin, à l'étranger comme en France.

Sa peinture ne trompe pas. Une forte sensualité s'y manifeste, exprimée de façon détournée, ainsi qu'une étonnante propension à la rêverie.

À voir ses œuvres, on n'imaginerait jamais que leur auteur maîtrisait si bien les moteurs à gaz à allumage électrique ou les serpentins de fer. On se dit que c'est un rêveur poétique qui a peint cela. Il faut certainement une mobilité intellectuelle et affective hors du commun pour être à l'aise ainsi en des domaines si différents. Henri Rouart appartient à cette famille d'esprits universels, pour qui science et art ou poésie n'étaient pas incompatibles, ce qui est vrai, et on comprend qu'il ait fasciné Paul Valéry qui admirait, vénérait chez lui *la plénitude d'une carrière dans laquelle presque toutes les vertus du caractère et de l'esprit se trouvaient composées*[1]. Valéry le plaçait parmi les hommes qui ont fait impression sur son esprit. Par l'étendue de ses talents, cet homme était peut-être le rêve réalisé de l'homme universel que caressait Paul Valéry, à la fois scientifique, technicien et artiste. André Gide qui échangea quelques lettres avec Henri Rouart ne manqua jamais non plus de lui témoigner respect et admiration.

Cet homme qui a tout réussi en partant pour l'essentiel de ses seuls talents montra d'abord une formidable énergie et un énorme appétit pour entreprendre en des domaines si divers.

Henri Rouart est également et surtout connu comme collectionneur, mais il ne commença vraiment sa collection que dans les années 1870. Avant, il y eut la guerre franco-allemande durant laquelle il fit une rencontre décisive pour le destin de sa famille.

---

1. *Ibid.*, p. 1165.

Moins brillant que son frère, et plus jeune de six ans, Alexis Rouart que nous avons vu associé aux diverses entreprises industrielles d'Henri, resta dans une réserve plus discrète encore. Et même s'il n'eut pas un grand rôle dans cette histoire, son ombre manquerait si on la laissait de côté. Personnalité attachante, il sut garder l'amitié indéfectible de Degas qui dînait chez lui avec Henri Rouart et quelques amis un mardi sur deux. C'est à lui que Degas écrivit un jour, parlant également de son frère : *Vous êtes ma famille*[1].

Alexis habita dans l'usine boulevard Voltaire avant de s'installer dans un hôtel familial au 36, rue de Lisbonne. Comme son frère, il épousa une femme issue d'une famille d'artisans d'art, Marie Lerolle. Cette jeune femme était la cousine du peintre Henry Lerolle, ils étaient à peu près du même âge. Elle disparut très tôt, à l'âge de trente-sept ans en 1882, laissant Alexis veuf jusqu'à sa mort en 1911. Notons l'entrée ici de cette famille de bronziers, les Lerolle, avec laquelle les Rouart s'allièrent plusieurs fois.

Initié par son frère, Alexis commença lui aussi une collection d'art. Il acheta des œuvres diverses, dont des Pissarro, et acquit pour trois mille francs chez Durand-Ruel, le marchand des impressionnistes, le pastel de Degas *Les petites modistes*, deux jeunes femmes essayant des chapeaux sur fond vert clair rayé de vert, la plus belle pièce de sa collection d'art occidental. Mais rapidement, les goûts d'Alexis le portèrent vers les arts asiatiques et les objets d'art de Chine, d'Inde, du Japon.

Il entra alors en relations avec un personnage remarquable du paysage parisien de l'époque, Tadamasa Hayashi, premier Japonais de Paris, venu en interprète pour l'Exposition Universelle de 1878 et qui vécut en France jusqu'en 1905. Cet homme fin et cultivé comprit très tôt la beauté de la peinture

---

1. Degas, *Lettres*, p. 238, Carte-lettre du 27 décembre 1904, Grasset, 1997.

impressionniste, dont il se constitua une collection importante ramenée plus tard au Japon, et créa un magasin à Paris où on pouvait acheter d'authentiques œuvres d'art japonais. Hayashi fut l'ardent propagandiste de l'art occidental et impressionniste au Japon, mais nul n'est prophète en son pays : le Japon militarisé qui considérait les artistes comme des artisans sans grande importance, dédaigna son action. La collection Hayashi fut vendue après sa mort en 1913 aux États-Unis.

La passerelle était pourtant jetée par lui entre les deux mondes, et l'impressionnisme gagna la faveur que l'on sait au pays du soleil levant. Monet, Degas, Pissarro, échangèrent avec Hayashi des toiles ou des dessins contre des œuvres japonaises. Après la mort de Sisley, Hayashi fut l'un des souscripteurs avec Henri Rouart, pour l'achat d'un tableau du peintre à offrir à l'État afin de soutenir financièrement ses deux enfants.

Comme l'atteste leur correspondance[1], Alexis lui acheta nombre de pièces pour sa collection d'art asiatique, qui fut l'une des plus belles de son temps.

---

1. *Correspondance adressée à Hayashi Tadamasa*, précédée de plusieurs essais, Tokyo, 2001.

II

Degas, le dieu de la famille

La désastreuse guerre de 1870 commence et Henri Rouart est mobilisé dans l'artillerie comme capitaine chargé de défendre Paris dans les fortifications, Bastion 12, au nord du bois de Vincennes. Il a sous ses ordres les membres de la garde nationale, une « réserve » comprenant toutes sortes de Parisiens, soldats de pacotille et d'un âge respectable pour beaucoup, bedaine avancée, parfois des trognes violacées à trop fréquenter Bacchus, indiscipline caractérisée, incapacité manifeste à affronter l'armée prussienne aguerrie.

Henri Rouart qui produit comme métallurgiste des canons et des tubes de toutes sortes pour la fabrication d'armes, perçoit l'amateurisme de la préparation militaire française et la bêtise de cette guerre lancée ainsi contre la Prusse, après avoir laissé celle-ci se renforcer en 1866 par l'écrasement de l'Autriche isolée à Sadowa. Au nom d'un principe, celui d'encourager l'unité nationale, de l'Allemagne en l'occurrence…

Napoléon III, qui avait permis une industrialisation de la France sans précédent, fut l'un des plus médiocres stratèges politiques sur la scène internationale que le pays ait connus. La politique extérieure de la France devait-elle obéir à un principe ou à ses intérêts ? Et ceux-ci ne commandaient-ils pas de soutenir l'Autriche face à la Prusse de Bismarck dès 1865 ? En quoi l'unité de l'Allemagne était-elle une nécessité absolue pour les intérêts d'une France à la démographie déjà affaiblie ? La réponse s'imposait d'elle-même et les contemporains les plus lucides le soulignèrent.

Une fois vainqueur de l'Autriche à Sadowa en 1866, Bismarck se retournerait immanquablement contre la France pour parachever à ses dépens l'unité de son pays.

Entré en fonction pour commander sa batterie, le capitaine Rouart a la surprise de trouver parmi les servants des pièces Edgar Degas, son ancien camarade et pensionnaire du Lycée Louis-le-Grand, qu'il avait perdu de vue depuis dix-sept ans, en 1853. Degas s'était engagé dans la garde nationale, mais au moment de tirer au fusil, on s'aperçut qu'il distinguait mal les cibles, il fut donc versé dans l'artillerie, sous les ordres de Rouart.

Les amitiés d'enfance peuvent être aussi limitées qu'indestructibles ; forgées hors du temps réel ou mesuré, elles sont peu sensibles à son action. L'amitié entre Henri Rouart et Degas ne faiblira jamais, et elle eut de telles conséquences sur le destin de la famille Rouart et du milieu qu'elle constituait par ses alliances avec d'autres familles, qu'on doit considérer Degas comme un second père fondateur dans cette aventure.

Les deux hommes sont heureux de se revoir, de se parler, de se découvrir intéressants par-delà les souvenirs mités du lycée Louis-le-Grand. Degas apprend que son ami Rouart peint des paysages dans la lignée de Corot et Millet, et qu'il aimerait acquérir des œuvres d'art. Rouart a sûrement demandé à son ancien camarade ce qu'il peignait en exprimant le désir de voir ses œuvres. Le loisir ne devait pas manquer pour causer tant ces batteries furent peu actives. Degas, qui a consacré sa vie à l'art depuis son baccalauréat, s'attache à Henri Rouart, aussi bon et amical que brillant. Les souvenirs d'enfance auraient pu rester sans lendemain, mais le partage d'une passion aussi forte que la peinture les lia pour la vie.

Cependant les événements ne laissent pas le temps de s'arrêter sur le chemin suivi par Degas jusque-là. Après une impressionnante série de défaites militaires, dont la capitulation de Bazaine à la tête d'une armée intacte de 170 000 hommes à Metz est le symbole, la France touche le fond en une succession de drames majeurs : souffrances du siège de Paris, humiliation de la proclamation de l'unité allemande dans la galerie des glaces à Versailles, amputation du territoire par la perte de l'Alsace et de la Lorraine, paiement de cinq milliards de francs or à l'Allemagne, guerre civile et Commune de Paris terminées par un bain de sang. Hugo avait raison d'appeler 1870 l'année terrible. Un tel effondrement, un tel gâchis, mettent Degas en rage, à l'image de nombreux Français désemparés.

L'Affaire Dreyfus et une vague d'antisémitisme sans précédent en France sinon au Moyen Âge seront les fruits différés et amers de cette catastrophe suivie de deux guerres mondiales ayant pour détonateur le conflit franco-allemand. Plus tard, en 1918, l'Allemagne vaincue tombera à son tour avec une tout autre profondeur dans l'antisémitisme de masse. Un parallèle peut être fait sur cette question entre les deux pays.

On a coutume d'occulter ou de traiter ces événements comme des parenthèses sans importance quand on parle de l'impressionnisme dont la première exposition eut lieu en 1874, mais c'est une erreur et on ne peut comprendre au moins en partie la violence de la réaction du public d'un pays si terriblement meurtri à Paris si on oublie ce contexte tragique. La grande amitié Degas-Rouart n'est pas née dans un salon, mais autour de canons, qui ne servirent pas beaucoup du reste.

Degas parcourait les rues dans des manifestations pour refuser la capitulation de Paris, il brandissait une pancarte sur laquelle il avait écrit : « Ne rendons pas nos forts ! », puis il exprima comme Manet son désaccord avec la répression sanglante de la Commune et se déclara solidaire des communards sans partager leurs vues. Henri Rouart, de même opinion, sauva de son côté le malheureux Julien Tanguy. Ce fournisseur de couleurs des peintres impressionnistes, les livrait jusque sur leurs lieux de travail en plein air, puis exposait leurs œuvres dans sa boutique du IXe arrondissement. Longtemps, ce fut le seul endroit où on pouvait voir des Cézanne à Paris. On avait pris Tanguy avec à la main un fusil dont il ne s'était jamais servi. Henri Rouart lui évita le peloton d'exécution. Plus tard, Van Gogh fit le portrait de cette figure attachante de l'impressionnisme.

La paix rétablie, la République s'affermissant peu à peu, la vie reprit dans un climat d'ordre moral qui sévit durant quelques années. Le corps social se recroquevilla sur lui-même en refusant bien des nouveautés. On hua *Carmen* de Bizet en 1875, après avoir ricané devant la première exposition impressionniste de 1874. Mais la vie impose ses droits, on bâtit des maisons, de nouveaux enfants naissent et en dix ans l'humeur d'un peuple s'apaise, malgré des retours de fièvre.

Henri Rouart se fit construire au 34 rue de Lisbonne, dans la plaine Monceau à Paris, un hôtel de deux étages avec des aménagements sous le toit. Il prit comme architecte le beau-frère de Degas, Henri Fèvre.

Un second garçon naquit après la tourmente, Eugène, en 1872, qui ressemblait à sa mère et avait hérité de ses cheveux roux. Puis vint Ernest en 1874, et enfin Louis Rouart l'année suivante.

Longtemps après, resté célibataire, Degas écrivit à son ami : *Tu seras béni, homme juste, dans tes enfants et les enfants de tes enfants*[1]. Et pour dire l'amitié fervente de Degas pour Henri Rouart on peut encore citer ce billet écrit en 1897 :

---

1. Degas, *Ibid.*, lettre à Henri Rouart du 25 mai 1896, p. 209.

J'ai été désolé, mon bon ami, de te savoir venu et parti. Ta lettre me disait que tu viendrais me voir, mais jamais je n'aurais cru que ce fût l'après-midi. Il n'y a pas de consigne pour toi, ni travail, ni rien que je ne quitte pour le plaisir de te voir, tu entends, mon vieil ami[1]. Ces mots cueillis dans la correspondance de Degas, si avare en épanchements, expriment mieux que tout témoignage l'affection, la tendresse qui le liaient à cet ami capable de susciter estime et admiration chez des créateurs aussi exigeants.

Henri Rouart recevait ses amis à dîner le vendredi et Degas fut l'un des invités perpétuels. L'hôte et son épouse se plaisaient à compter à leur table ce causeur brillant, caustique, déroutant, féroce parfois, qui exerça une influence d'autant plus grande sur la famille et les enfants Rouart qu'Henri l'admirait, l'aimait avec l'indulgence et la mansuétude qui le caractérisaient.

Edgar Degas était en effet le représentant le plus conscient peut-être de cette nouvelle peinture qui sera défendue par les Rouart.

Né en 1834, il était le petit-fils d'Hilaire de Gas qui avait fui la Terreur. Hilaire de Gas était né lui-même à Orléans et son père était un boulanger du nom de Pierre Degâst. Le nom d'apparence aristocratique n'avait donc aucune légitimité et Edgar abandonnera le « de Gas » de sa jeunesse pour rétablir une orthographe plus conforme à la vérité.

Degas a raconté que son grand-père, fils de boulanger, était marchand de blé durant la Révolution, et qu'un jour, à la Bourse aux grains qui se tenait au Palais-Royal, un ami vint dans son dos lui murmurer : « Fous le camp !.... Sauve-toi !.... On est chez toi ! ». Ces mots soufflés près de sa nuque lui donnèrent comme un frisson de guillotine... Hilaire de

---

1. *Ibid.*, à Henri Rouart, décembre 1897, p. 219.

Gas ne se le fit pas dire deux fois, il emprunta en assignats tout ce qu'il put trouver sur place, sortit immédiatement de Paris et chevaucha sans répit jusqu'à Bordeaux. Hors de portée pour quelque temps au moins (il fallait plus de cinq jours à la poste pour faire le trajet), il se rendit au port, prit le premier bateau qui le conduisit à Marseille, puis sauta dans un navire chargé de pierres ponces pour débarquer à Naples où il s'établit.

Cet esprit de décision fit rapidement sa fortune. Embauché chez un riche négociant, il épouse sa fille. En 1809, il est agent de change, puis il crée une banque avec trois de ses fils. Il envoie ensuite l'aîné, Auguste de Gas, à Paris en 1825, pour en diriger la filiale française. Auguste n'a pourtant pas le sens des affaires de son père, il sait à peine parler le français et se montre fort peu intéressé par la banque.

Il tente de développer tout de même sans grande réussite cet établissement financier. Sa tête est ailleurs, ayant grandi dans une ville comme Naples, il aime les arts. Il rencontre alors dans son voisinage Célestine Musson qui, elle, vient de la Nouvelle-Orléans. Le père de Célestine, Germain Musson, a fui Haïti en Révolution pour s'installer en Louisiane et y faire fortune dans le coton. Auguste et Célestine s'aiment et s'épousent à Paris. Edgar Degas, leur premier enfant, suivi de quatre autres, est donc issu de deux familles françaises expatriées, ayant fait fortune à l'étranger. Degas resta un solitaire. Il fit quelques voyages, dont un en Amérique, pour rendre visite aux siens, mais élit famille chez les Rouart.

Pensionnaire au lycée Louis-le-Grand, après d'assez bonnes études, il décida de se consacrer à la peinture après son bac. Nous avons vu quel enseignement il reçut en dessin aux côtés d'Henri Rouart. Même s'il eut un prix dans cette discipline, ce choix, chez un fils et petit-fils de banquier, étonne et mérite quelque explication.

Le jeune Degas avait vu son père s'ennuyer à mourir dans la banque où ses affaires périclitèrent. Les passions d'Auguste étaient la peinture et la musique ; il s'intéressa très tôt aux primitifs italiens, goût peu fréquent à l'époque, et avait commencé une collection d'œuvres d'art. Il emmenait donc souvent son fils chez des collectionneurs comme il en existait beaucoup en ces temps héroïques où les grands musées peu nombreux n'avaient pas encore une politique d'achat systématique, et où les œuvres d'art se négociaient à des prix abordables.

Le collectionneur d'œuvres même anciennes est une figure du XIXe siècle. Degas réalisa un portrait de l'un d'eux qui semble une confidence sur sa vocation de peintre. L'enfant voyait bien ce qui passionnait son père quand il l'accompagnait pour acheter des œuvres, fouiller, causer, se faire raconter l'histoire de tel tableau. L'intérêt pour les arts s'éveilla ainsi chez le jeune Degas qui prit en classe de dessin un plaisir croissant. Plus tard, il fut à son tour collectionneur.

Son père ne s'opposa pas longtemps ni vraiment à un tel choix, il conseilla son fils de manière avisée, lui demandant de ne pas céder au trait mou, sans énergie, de tel ou tel peintre, de s'inspirer des maîtres italiens au trait le plus nerveux. Degas fut en effet un dessinateur vigoureux et fin, dans la lignée d'Ingres. Feuilleter un ouvrage où figurent ses dessins fait immédiatement penser aux Italiens de la Renaissance, les Florentins surtout.

Peindre, mais quoi peindre ? Le jeune Degas n'a pas d'idées précises, et, en attendant, a la sagesse de travailler à maîtriser la technique. Il exécute des portraits, des dessins, et surtout des copies pour surprendre les tours des grands maîtres. Inscrit à l'École des Beaux-Arts, il n'y reste pas longtemps. Vient le moment où le voyage en Italie s'impose comme à tous les jeunes gens ; lui, le fera hors des circuits encadrés par l'École qui préparait ainsi au prestigieux Prix de Rome. Il avait de la famille sur place, à Naples et à Florence, les moyens financiers ne lui manquaient pas, pourquoi se mettre dans une structure officielle qui certes rapporterait ensuite des commandes et de quoi vivre, mais dont Degas au caractère déjà indépendant ne voulait pas ? Ce refus marque sa première rupture avec la voie classique, officielle. Il part pour deux ans en Italie et rend d'abord visite à son grand-père, le fameux Hilaire rescapé de la Terreur, parvenu au grand âge, qui vit dans un palais. Il laisse de lui un portrait magnifique.

Puis il va à Rome, Florence, Venise, et ne cesse de copier et de travailler. Là, il fait la rencontre capitale pour sa vie et son œuvre du peintre Gustave Moreau, son aîné de huit ans. Ils se voient plusieurs fois, longuement, vivent au jour le jour en échangeant mille propos sur l'art. Moreau a derrière lui sinon une œuvre, du moins des réalisations qui en annoncent une. Son père architecte le soutient par ses relations étendues et fait acheter plusieurs toiles de son fils par l'État. Petit, chétif, barbu, Gustave Moreau se fait le mentor du jeune Degas avide d'apprendre. Ils se retrouvent avec plusieurs jeunes peintres français qui suivront des carrières officielles. Moreau, conscient de sa supériorité, en fait étalage dans ses lettres à ses parents. Son influence sur Degas est considérable, tant pour les espaces qu'il lui ouvre que pour ceux que « l'élève » refusera d'emprunter.

Moreau permet à Degas de découvrir la grandeur de Delacroix et l'importance de la couleur. Jusque-là, Degas la considérait comme secondaire ; Ingres ne disait-il pas qu'elle était la « Dame d'atour » du dessin ? Et Degas, qui ne renonce pas à Ingres, rêve de réunir en une synthèse harmonieuse les deux pôles de la peinture de son temps, le dessin incarné par Ingres, la couleur par Delacroix. Moreau, qui recourt volontiers à l'aquarelle et au pastel, initie son ami à l'exploration des possibilités expressives spécifiques de ces techniques.

Degas lui doit beaucoup et le peint assis sur une chaise d'un peu loin. Mais la rencontre avec ce jeune peintre surdoué permet à Degas de se définir, puis de trouver sa voie, en s'opposant à celui qui deviendra comme l'antithèse de la nouvelle peinture et presque l'homme à abattre, car, au fond, on ne lui pardonne pas de construire une œuvre de premier ordre sur des idées rejetées par tous.

Soit qu'il n'ait pas eu à lutter contre ses parents pour choisir sa voie, soit par tempérament, Gustave Moreau inscrivit son œuvre dans le sillage de la peinture existante à dominante historique et mythologique. Il magnifiera ce choix et ces sujets jusqu'au sublime, utilisant notamment l'aquarelle pour en tirer des effets prodigieux. Et cette manière d'insuffler du génie à ces sujets le conduira vers le symbolisme, et l'onirisme, qui raviront les surréalistes, André Breton le premier.

Car l'enjeu véritable pour l'art de l'époque était l'Histoire. Fallait-il inscrire la peinture dans les sujets historiques ou chercher dans une autre direction ? La divergence entre Moreau et Degas permet de comprendre ce que fut cette nouvelle peinture française qui rayonna dans le monde.

L'Histoire avait fait son entrée dans l'art au siècle précédent en y prenant une place envahissante. Les découvertes de l'archéologie à Pompéi et Herculanum avaient suscité un intérêt puissant pour les choses du passé. Les cannelures des colonnes antiques se retrouvèrent dans les meubles du style Louis XVI et la mode frénétique de la rayure sévit dans le vêtement, à la fin si tourmentée de ce XVIIIe siècle parti sur une note légère. Mais c'est la Révolution, suivie de l'Empire, avec leurs guerres et leurs bouleversements stupéfiants, qui donnèrent une impulsion décisive à la science historique, d'abord pour comprendre ce qui s'était passé, ensuite pour analyser les causes et plonger le regard de plus en plus loin dans les siècles.

Au début de la Révolution, la représentation de la pièce *Charles IX* de Marie-Joseph Chénier, après de durs combats, en novembre 1789, avait quasiment intronisé l'Histoire en France. La pièce mettait en scène la préparation de la Saint-Barthélemy et ses suites. Elle fut l'occasion d'un travail historique et de recherches inconnues alors pour restituer avec la plus grande exactitude décors et costumes d'époque. David et ses élèves firent de la première à la Comédie française une illusion historique complète qui eut un succès tel qu'il démoda tout autre approche. Après *Charles IX*, on joua Caïn et Abel en peaux de bêtes, et Talma se montra sur scène, cheveux courts à la romaine, en tunique, jambes nues, dans *Caïus Gracchus* du même Chénier, durant la Révolution.

La peinture suivit le mouvement, l'Histoire y régna sans partage. Seul, le portrait de commande, le plus souvent en tenue solennelle, lui échappait. Quant aux paysagistes, ils restaient dans les marges ; à moins de meubler leur « nature » de monuments ou de ruines. Les jeunes élèves peintres des débuts du XIXᵉ siècle devaient donc passer par les fourches caudines de l'Histoire. Et Degas s'essaya à la peinture historique. Études, dessins préparatoires, quelques essais aboutirent, dont celui de *Sémiramis* où l'influence de Moreau, de ses couleurs, est évidente. Mais il abandonna cette voie pour s'orienter vers une peinture d'un autre ordre. La rupture de plus en plus profonde au fil des années avec Moreau n'eut pas d'autre cause. Leurs voies étaient devenues incompatibles.

La recherche de Degas fut longue, lente, difficile, avant d'apparaître en pleine lumière. C'est le lot des créateurs qui veulent intégrer à leur art le plus d'héritages et de pensées possibles. Son fil d'Ariane fut le mouvement, il le mena vers ce qu'il ignorait lui-même, au début du moins.

Il commence par animer le portrait. Plutôt que de montrer un personnage qui pose, il tâche d'introduire de l'action de manière à présenter un ouvrage où le modèle est comme surpris en train de faire quelque chose qui le révèle autant que son expression ou son costume. Puis il peint de plus en plus le quotidien et se détache résolument de la peinture officielle historique, de ses circuits, récompenses, et, hélas, commandes qui font vivre. Certes, il a quelques retombées de la fortune bancaire napolitaine et gèrera comme il pourra ce qui lui en arrivera, mais les choix qu'il fait dans son art le destinent aux difficultés matérielles chroniques. *Je fais d'amères réflexions sur l'art que j'ai eu d'arriver à la vieillesse sans avoir jamais su gagner de l'argent*, écrira-t-il à son marchand Durand-Ruel en 1904[1]. *Nous arriverons peut-être tous les deux à la fortune, au moment de n'en avoir plus besoin !* écrit-il encore au même vers 1909[2].

La peinture du quotidien, du banal, le refus de l'héroïque et de l'historique, le conduisent à une interrogation qui est au cœur de son art, celle de l'instant reconstruit. Non l'instant où Alexandre tranche le nœud gordien, où Pâris choisit Aphrodite contre Athéna et Héra, non plus que César franchissant le Rubicon, mais l'instant qui fait la chair de la vie, la nôtre, celle du peintre. Le moindre geste est arrêté, interrogé longuement en trente ouvrages différents, le choix d'un chapeau chez la modiste, ou la sortie du bain d'une femme comme surprise dans son intimité par un œil invisible.

Jadis, pour aborder ce dernier sujet, il fallait en passer par une *Suzanne au bain* de rigueur. Là ce sera n'importe quelle femme qui entre dans le bain, se lave, ou en sort. Degas traque l'instant en peinture et sera aussi excellent photographe, parmi les premiers à illustrer ce nouveau moyen d'expression. Mais où trouver un art plus tourné vers l'instant que la musique et la danse ? Degas s'attachera à peindre ce monde de musiciens et de danseurs en approfondissant toujours plus son regard.

Il fait d'abord des portraits de musiciens jouant dans la fosse, tout en esquissant les danseuses sur la scène au-dessus, va dans d'autres œuvres représenter les danseuses elles-mêmes sur scène, puis il remontera le courant, sentant ce que l'instant du spectacle a encore d'apprêté, vers les exercices des

---

1. Degas, *Lettres*, p. 236.
2. *Ibid.*, p. 243.

danseuses à la barre, puis vers les examens de danse, les répétitions dans des cadres qui n'ont rien de joli, puis ce seront les cours suivis par les petits rats de l'Opéra.

Et là, il touche au but, dans cette toile où on voit la leçon de danse qui va commencer[1]. Quelques demoiselles en jupon et pointes s'exercent déjà sur le parquet d'une grande pièce, tandis qu'une troupe de gamines dévalent à gauche un escalier de fer ajouré en colimaçon pour rejoindre celles qui travaillent déjà. On les a appelées, elles arrivent et on ne voit que leurs jambes chaussées d'adolescentes et leurs tutus. On croit entendre le son des pieds sur les marches et les rires babillards. Une fenêtre donne un jour d'après-midi, déjà jaune comme le temps qui fuit. Le parquet de bois dans des tons ocres indéfinissables, comme seul Degas savait les réussir, vibre soudain de toute sa plainte. Ces larges étendues vides retiennent l'attention on ne sait pourquoi les jours d'ennui ou les jours ordinaires. L'instant est là qui fuit, il recèle en lui le plus secret, le plus mystérieux et le plus mélancolique de la vie. À peine là, il est déjà mort, il est absolu par sa présence et non-être puisque le constater c'est déjà le perdre. La peinture de Degas va s'attacher, s'acharner éperdument à interroger cet instant suspendu. Une danseuse noue sa chaussure ; une autre bâille surprise par le peintre ; on n'a pas eu le temps d'enlever l'arrosoir près de deux jeunettes qui s'étirent à la barre, d'autres s'exercent près de fenêtres qui les éclairent d'une lumière d'autrefois, qui vous saute au cœur et ne vous lâche plus.

Qu'on regarde cette œuvre singulière et si difficile à percer, elle porte cette marque de l'action suspendue, de l'instant arrêté, non parce qu'il serait solennel, historique, grand, mais au contraire pour sa banalité assumée, avec l'espoir, en scrutant cet atome, de révéler le secret de la vie. Aucun hasard.

---

1. *L'école de danse*, 1873, The Corcoran Gallery of Art, Washington. On peut aussi voir au Musée d'Orsay, mais peint bien plus tard (1886-90), *Danseuses montant un escalier*.

Degas écrit en 1886 à son ami sculpteur Bartholomé : *Rien en art ne doit ressembler à un accident, même le mouvement*[1]. Paul Valéry a touché le caractère de cette peinture quand il dit que *la figure surprise dans son pli le plus spécial, à tel instant, jamais sans action, toujours expressive, me résument, tant bien que mal, Degas*. Et il ajoute : *Il tenta et osa tenter de combiner l'instantané et le labeur infini dans l'atelier, d'en fermer l'expression dans l'étude approfondie ; et l'immédiat, dans la durée de la volonté réfléchie*[2].

Mais dans quel but ? Degas s'en est lui-même expliqué en une phrase au détour d'une lettre à un ami peintre en 1890 : *ensorceler la Vérité, lui donner l'apparence de la Folie*. Tel est, dit-il, *l'art que nous avons le devoir d'exercer*[3]. On ne saurait mieux l'exprimer que dans cette formule superbe. L'instant est en effet le point de fuite constant où tout peut arriver, même la folie, la mort, le meurtre, l'amour, la liberté ou la soumission, et toute transgression. Il est le point qui échappe, le temps d'un point, à toute logique en s'ouvrant sur les plus noirs abîmes ou les lumières qui enivrent.

Parti d'une opposition à la peinture historique, et à Gustave Moreau, Degas portera son interrogation jusqu'au cœur du temps. Cela n'enlève rien à la beauté de *La fée au griffon* de Moreau ou à telle ou telle aquarelle incandescente du maître de la rue La Rochefoucauld. Le génie se moque bien des théories quelles qu'elles soient. Et pourquoi exclure telle manière, du moment qu'on a la faiblesse d'être plus sensible à une autre ?

Antonin Artaud distinguait le peintre qui « *déduisait le mythe du réel le plus terre à terre* » comme Van Gogh, de celui qui le cherchait dans les symboles et les grands mythes, comme souvent Gauguin. Et il écrivait que c'était

---

1. *Ibid.*, lettre à Bartholomé du 17 janvier 1886, p. 119.
2. Paul Valéry, *Degas, Danse, Dessin*, p. 1203.
3. Degas, lettre à Évariste de Valernes du 26 octobre 1890, p. 178.

Van Gogh qui avait *foutrement raison. Car la réalité est terriblement supérieure à toute histoire, à toute fable, à toute divinité, à toute surréalité. Il suffit d'avoir le génie de savoir l'interpréter*[1]. Quelques décennies plus tôt, le même parallèle aurait pu être fait entre Degas et Moreau. Quant à choisir entre les deux voies c'est l'affaire de chacun ; mais pourquoi faudrait-il exclure une manière ou une autre ?

Jamais certain d'avoir atteint ce point de repos où une œuvre peut être abandonnée à son sort, reprenant cent fois telle ou telle œuvre, Degas avait coutume de dire : *La peinture n'est pas bien difficile quand on ne sait pas... Mais, quand on sait... Oh ! alors !...c'est autre chose*[2] *!*

Le Salon, les instances officielles, la critique, les académies sont tenues par les maîtres ou prétendus tels de la peinture historique. Les amis de Degas, les futurs impressionnistes vont dans la même direction que lui, vers une peinture au présent, mais chacun l'exprimera à sa manière. Degas, lui, refuse les salons, et tout ce qui est officiel, tout en poursuivant une œuvre tellement pensée, et presque étrange au milieu de ces peintres de plein air, amoureux des couleurs les plus follement lumineuses. Lui distille ses bruns indéfinissables, ses associations de couleurs d'une grande subtilité au pastel qui devient pour l'œil une fête d'une rare qualité. Il cumule longuement les prestiges du dessin, du pastel et de la peinture en des œuvres d'une fragilité miraculeuse. Mais rapidement il sent ses yeux s'user, sa vue faiblir et le quitter bientôt. Comme Beethoven devenant sourd, Degas vit le drame de la condamnation prochaine de l'unique fenêtre ouverte sur son art.

Tel était l'homme qui entrait dans la vie d'Henri Rouart et devenait son ami le plus proche. Peut-être est-ce sous son

---

1. Antonin Artaud, *Van Gogh, le suicidé de la société*, Gallimard, 1990, p. 34.
2. Paul Valéry, ouvr. cité, p. 1214.

impulsion ou à la suite de conversations passionnées que Rouart se lança en grand dans la collection d'œuvres d'art, afin de décorer son hôtel du 34, rue de Lisbonne. La vocation artistique de Degas était née dans ce mouvement de collectionneurs qui se développait en France en révélant des personnalités originales. Après la guerre de 1870, Henri Rouart commença à amasser tableaux, aquarelles, dessins, pastels, gravures, avec passion, dit-il, et un sens de l'innovation que nous connaissons chez lui. Mais dans le temps même où il s'engageait sur ce nouveau chemin, le mouvement de la nouvelle peinture, celui de Manet et des impressionnistes, arrivait à maturité, apportant la révolution non seulement dans le choix des sujets comme Degas, mais dans la manière de les peindre. Avec l'appui déterminant d'Henri Rouart.

III

Berthe Morisot
et les frères Manet

Quand on consulte l'arbre généalogique des Rouart, au moins dans la première génération, mais dans les suivantes aussi, on constate une prépondérance de l'élément masculin. S'en tenir aux Rouart proprement dits serait donc une erreur doublée d'une injustice. Ce sont les Morisot, les Manet et les Lerolle, plus tard les Valéry, qui apporteront les femmes dans ce roman singulier de l'art français. Sous le parrainage du célibataire Degas qui sera curieusement à l'origine des mariages et des alliances entre ces familles.

Berthe Morisot s'est alliée à la famille Manet, puis sa fille unique a épousé un fils d'Henri Rouart, créant ainsi un rameau familial des Rouart qui rassemble aussi l'héritage des Manet et des Morisot. Elle est donc une mère fondatrice éminente dans cette histoire.

Longtemps méconnue, Berthe Morisot, qui fut si proche d'Édouard Manet, suscite enfin des ouvrages dignes d'elle. Durant des décennies, sa famille fut à peu près seule à se pencher sur son parcours de femme et d'artiste. Qu'on en juge : un premier catalogue de son œuvre fut préfacé par son petit-fils Denis Rouart. Le catalogue raisonné de toutes ses peintures, fut signé par son arrière petit-fils Yves Rouart, avec la collaboration de Delphine Montalant et d'Alain Clairet, descendant d'Henri Rouart, préfacé par Jean-Marie Rouart… Un livre pénétrant sur son œuvre a été publié par Jean-

Dominique Rey, autre descendant d'Henri Rouart. Louis Rouart, fils d'Henri et beau-frère de sa fille Julie, a laissé des articles et une plaquette sur elle. Enfin le catalogue des œuvres de Manet fut réalisé par Denis Rouart, petit-neveu du peintre, en collaboration avec Daniel Wildenstein. Berthe Morisot, c'était une affaire de famille.

Berthe Morisot est un cas rare en France d'épanouissement d'un génie féminin au XIXe siècle dans un art majeur, encore ne dut-elle cette étonnante faveur de la fortune qu'à un concours très particulier de circonstances.

Son père, Edme Tiburce Morisot était préfet quand elle naquit à Bourges en 1841. Troisième fille de la famille, sa sœur aînée s'appelait Yves, et la cadette Edma. Un garçon suivit, héritant des prénoms paternels. Le père était fils d'ébéniste, d'une famille vaguement liée au peintre Fragonard et avait fait des études d'architecture. Quant à sa mère, Marie Cornélie Thomas, elle était issue d'une famille de Trésoriers payeurs généraux. Elle aussi s'intéressait aux arts. Elle avait surtout épousé son mari à l'âge de seize ans. Edme Tiburce Morisot fut préfet en divers départements puis, avec les remous politiques (il était monarchiste et orléaniste), fut muté à la cour des comptes à Paris. Famille de hauts fonctionnaires, donc, qui n'ont aucune origine noble et doivent leur ascension aux conséquences de la Révolution.

Cela n'en fait pas pour autant des plaisantins ou des débraillés. La Vertu robespierriste est passée par là et donnera aux enfants et petits-enfants de la Révolution française un caractère rigoriste qui se veut plus sévère que les plus sévères, car il ne faut pas prêter le flanc aux critiques de l'Église ! Le père de Manet était lui aussi haut fonctionnaire, à la justice. Ces familles appartiennent à cette grande bourgeoisie qui allie des idées avancées, et peu de goût pour la religion, à un rationalisme, un rigorisme souvent étroits. *C'est curieux comme les Républicains sont réactionnaires quand ils parlent d'art*, notera un jour Manet avec perspicacité[1].

Des trois sœurs Morisot, peut-être parce qu'elle arrive en troisième position, Berthe a ou prend plus de libertés que les autres. Elle n'hésite pas à affirmer un caractère, une véhémence, parfois de la rébellion, qui la rendent peu facile à vivre et à soumettre. Mais enfin elle est la toute jeune, une brune au regard intense, à laquelle on passe beaucoup de choses.

Comme c'est l'usage, on veut donner une éducation artistique aux jeunes filles, il ne s'agit bien sûr que d'arts d'agréments. La mère, très juvénile, se passionne pour la chose et prospecte du côté de la rue Franklin où la famille s'est installée dans ce grand ouest parisien bourgeois. Elle conduit les demoiselles chez un musicien, puis chez un peintre, Chocarne, qui les assommera d'ennui. Yves, écœuré abandonne. Edma et Berthe continuent. Finalement, la mère trouve en Joseph-Benoît Guichard, bon peintre lyonnais, un voisin, l'homme de la situation.

Dès les débuts, il donne à ses jeunes élèves de dix-huit et seize ans et demi un travail à faire où il n'y a que des blancs afin de leur apprendre les valeurs. Est-ce là que Berthe Morisot prit ce goût pour le blanc dont elle montrera une maîtrise géniale dans ses tableaux futurs ? C'est possible, tant les premières impressions en art se manifestent avec une longue persistance. Avec Guichard tout va bien mieux qu'avec le triste Chocarne. Les deux jeunes filles sont enthousiastes après la première leçon purement orale sur l'art et la peinture. Elles ont enfin compris ! disent-elles. Elles semblent douées et se stimulent l'une l'autre, en demandant toujours plus. Leur mère assiste à toutes les séances de travail, cousant ou brodant quelque ouvrage. On ne laisse pas des jeunes filles de bonne famille seules ainsi avec un monsieur.

---

1. Pierre Daix, *Pour une histoire culturelle de l'art moderne, De David à Cézanne,* Odile Jacob, 1998, p. 212.

Guichard ne tarde pas à comprendre de son côté que ses élèves ont des dons réels et elles y mettent tant de passion que par honnêteté il tient à prévenir la mère en la prenant à part : *Avec des natures comme celles de vos filles,* lui dit-il, *ce ne sont pas des petits talents d'agrément dont mon enseignement les dotera, elles deviendront des peintres. Vous rendez-vous compte de ce que cela veut dire ? Dans le milieu de grande bourgeoisie qui est le vôtre, ce sera une révolution, je dirai presque une catastrophe. Êtes-vous bien sûre de ne jamais maudire le jour où l'art, entré dans cette maison si respectablement paisible, sera le maître de la destinée de deux de vos enfants*[1] *?*

La clairvoyance de Guichard sur ses élèves est remarquable dans ces mots, même quelque peu « arrangés », rapportés par le jeune frère de Berthe, Tiburce Morisot, qui laissa des souvenirs. Partout ailleurs, dans ce milieu, les choses en seraient restées là et il n'y aurait jamais eu le grand peintre Berthe Morisot. La France du temps ne laissait guère de place aux femmes. Si la droite monarchiste, bien que plus tolérante, on le voit ici, ne laissait que peu de liberté aux femmes, la gauche héritière des jacobins opposait un refus net à l'émancipation féminine. L'action de Flora Tristan n'avait pu inverser la tendance en profondeur. La Révolution fut en effet dans sa phase terroriste le tombeau des aspirations féminines nées au long du XVIIIe siècle et clairement manifestées au lendemain de 1789. Les Conventionnels décrétèrent au début de novembre 1793 que la femme devait rester au foyer, ne jamais faire de politique, ne pas voter, ne s'occuper que de son mari, de ses enfants et de soins domestiques. Et ils sanctionnèrent cette prise de position en interdisant toutes les sociétés et clubs féminins avant de faire guillotiner dans la même semaine Olympe de Gouges qui avait publié une *Déclaration des Droits de la femme et de la citoyenne.*

---

1. *Correspondance de Berthe Morisot*, Documents réunis et présentés par Denis Rouart, Quatre Chemins-Editart, Paris, 1950, pp. 9-10.

Ce fait explique le retard criant de la France pour l'émancipation des femmes. Elles durent faire face à un front du refus de toute la société masculine pour une fois réunie, par-delà les clivages politiques, droite et gauche confondues, mais avec la particularité toute française héritée de la Révolution d'une gauche vigoureusement antiféministe.

La chance de Berthe Morisot fut certainement la jeunesse de sa mère, son enthousiasme, sa candeur, son amour pour ses filles, et la nostalgie du père qui avait un destin d'architecte ou d'ébéniste manqué en lui.

La mère de Berthe et d'Edma écouta Guichard et sourit, jugeant le danger évoqué par lui chimérique. Le peintre avait fait son devoir, il s'inclina : *Alors, Madame, la première chose à faire est de demander pour elles l'autorisation de travailler au Louvre où je leur donnerai des leçons devant les maîtres*[1].

Ainsi commença l'engagement de Berthe Morisot dans la peinture. Cette affaire et sa conclusion entraîneront la famille vers un féminisme certain, dont Berthe laissera une tradition parmi les siens. Les deux sœurs allèrent au Louvre copier les maîtres, Le Titien et Véronèse, sous la direction de leur professeur et en présence de la maman qui brodait. Deux jolies jeunes filles s'exerçant à peindre attirèrent bientôt les artistes qui allaient de ci de là, d'un chevalet à l'autre pour bavarder, plaisanter, échanger, rencontrer. Fantin-Latour fut peut-être le premier à tomber sous le charme. Puis leur fut présenté Félix Bracquemond, dessinateur et graveur de talent, élève de Guichard comme Fantin. Bracquemond connaissait Baudelaire, Whistler ; il était un ami de Degas qui tenait son art en haute estime et lui écrivit souvent. Nous sommes en 1858.

Dès 1859, Berthe peint son admirable *Ferme en Normandie*, le plus ancien tableau connu d'elle. Dans une crise de rage, elle détruisit en effet tous les essais de ses débuts qui

---

1. *Ibid.*, p. 10.

ne la satisfaisaient pas. Ce tableau plein de charme chez une artiste de dix-huit ans nous permet de comprendre la justesse de la mise en garde de Guichard aux parents. Berthe était vraiment très douée. Est-ce ce tableau qui lui donne le goût irrésistible de la peinture de plein air ? On ne sait, mais peu après, elle mène bataille contre son professeur pour poser son chevalet dehors. Guichard, peintre d'atelier, qui considérait cet usage comme la négation de l'art, finit par céder et mit ses élèves entre les mains de Corot.

Âgé de soixante-quatre ans et la pipe au bec, Corot était un peintre ayant atteint une maîtrise sans égale dans l'art du paysage tout en équilibre. Émotion dominée et profonde, sens de la mesure dans l'écriture picturale, poésie rousseauiste de la nature, ce grand artiste, ce poète du paysage, resté en marge de la peinture officielle, qui avait été le maître d'Henri Rouart, le fut aussi de Berthe Morisot et de sa sœur. Il leur donna à copier certains de ses paysages italiens. Edma est plus soumise au maître, qui trouve son talent supérieur à celui de Berthe, et échange avec elle un tableau. En revanche, il demande à Berthe de recommencer sa copie : elle a oublié de peindre une marche ! À regarder la production des deux sœurs, on constate qu'Edma est plus poétique, plus rêveuse, ce qui la fit préférer par Corot et quelques autres, mais Berthe est plus volontaire, plus structurée, plus en recherche. Si pour l'une la peinture est un abandon qui s'exprime en réussites immédiates, mais sans véritable avenir car dépourvues de dynamisme intérieur, pour l'autre, elle est un combat riche de potentialités sans limites.

La jeune Berthe fut certainement mortifiée de cette préférence du maître qui trouvait en Edma une véritable élève bien dans son sillage de rêveur. Berthe qui, à la moindre critique de sa mère, lui répondait : « Prenez donc le pinceau vous-même ! », dut puiser un surcroît d'énergie secrète dans ce reproche d'un maître admiré. Edma avait un vrai talent, son beau portrait de Berthe peignant et d'autres ouvrages le montrent à l'envi. Mais elle est bonne fille, plus docile que sa jeune sœur qui sait faire la part des choses. Elle a encore trop à apprendre de Corot. Et les deux sœurs demandent à leurs parents la faveur de passer l'été 1861 à Ville d'Avray, près du maître, afin de profiter encore plus de ses leçons. La demande est acceptée, toute cette famille singulière suit maintenant les désirs de Berthe et d'Edma. Il ne s'agit pourtant que d'apprendre un art d'agrément et non se livrer à la passion de la peinture !

Corot devient un habitué de la maison rue Franklin, il y dîne chaque mardi, ayant reçu l'autorisation de fumer sa pipe après le repas, condition non négociable. D'autres habitués viennent dans ce salon où on parle art et peinture. La mère se dévoue à la passion de ses filles qui est la grande affaire de la maison. L'été suivant, Berthe et Edma voyagent dans les Pyrénées à cheval et à dos de mulet.

Puis Berthe fait une copie qui nous est parvenue de la *vue de Tivoli* de Corot où se manifeste sa force, la vigueur de son esprit. On y perd la douceur magique de la lumière chez Corot, mais une énergie dans la saisie de l'objet montre une puissance potentielle d'expression qui bouillonne. Les lointains de Corot sont plus près, les contrastes plus forts, l'artiste veut saisir, s'emparer avec impatience de l'objet soumis à son regard. On pourrait s'étonner que Corot n'ait pas perçu cette énergie naissante. Valéry remarquait que le pire des professeurs est l'homme de génie. Coïncidence amusante : l'original de cette vue de Tivoli copiée ici par Berthe appartiendra à Henri Rouart.

Mais en ce printemps 1863, une furieuse bataille fait rage dans le monde de la peinture. Édouard Manet, qui s'était déjà distingué par des tableaux de scènes espagnoles ayant recueilli éloges ou dures critiques, voit refusés les tableaux qu'il présente au Salon.

Ces Salons, une institution malheureusement disparue, montraient chaque année au public la production des Beaux-Arts en France dans l'année écoulée. Ils se tenaient au Palais de l'Industrie qui se trouvait à l'emplacement du Grand et du Petit Palais d'aujourd'hui à Paris. Des milliers de tableaux souvent mal accrochés, trop haut ou mal éclairés, étaient réunis en une gigantesque exposition. Mais il fallait obtenir d'abord l'accord d'un jury largement dominé par des officiels dont la pensée artistique très conformiste était l'héritière d'Ingres, sans le génie d'Ingres.

Même si les injustices commises par ce jury ont fait de ces salons un objet de brocarts dans la littérature, il faut leur reconnaître leur mérite. Ils témoignent d'un âge d'or de la peinture française, car tous les talents attirés par l'image, qui se répartissent aujourd'hui entre photographie, cinéma, télévision, peinture, vidéos et bien d'autres voies, n'avaient que la peinture ou la sculpture et les arts qui en dérivent pour s'exprimer. Cette énergie considérable qui se concentrait dans la même direction, provoquait une effervescence, un bouillonnement d'idées, d'œuvres et de querelles qui sont le terreau même des grandes floraisons artistiques.

Le temps des rois et des grands seigneurs étant passé, avec leur mécénat, la peinture entrait dans l'âge marchand comme la musique, et si on n'avait plus à subir les contraintes de cour d'autrefois, celles des temps nouveaux n'en étaient pas moins impitoyables. Il fallait vendre désormais pour vivre et non plus seulement plaire à un seigneur souvent lui-même peintre ou musicien amateur averti. Cela supposait séduire une opinion, celle d'une bourgeoisie inculte et peu raffinée que les audaces et les nouveautés incommodaient, irritaient ou faisaient ricaner.

Le jury conservateur du Salon refusa des peintres comme Courbet et bien d'autres. Les scandales éclataient, répercutés par la presse. Devant cette agitation, ces polémiques et ces contestations permanentes, Napoléon III, se donnant le beau rôle, décida de créer en avril 1863 un salon dit « des refusés » qui se tiendrait dans le même lieu. Le 15 mai, Manet y exposa entre autres œuvres, son *Déjeuner sur l'herbe,* refusé par le jury, qui déclencha les fureurs de la critique et de la presse.

On a peine à imaginer aujourd'hui ce que Manet dut endurer, dix ans avant les impressionnistes, qui avaient du moins l'avantage de constituer un groupe. Manet, seul, affronta les railleries, les injures, les caricatures d'une drôlerie et d'une férocité sans pareilles. Il est vrai qu'il y mettait du sien et que sa gaieté, sa joie de vivre, son allant, comme on le voit sur les photographies prises de lui ou dans sa peinture, lui faisaient tout oser avec un sens peu commun de la provocation. Henry Lerolle écrira dans ses souvenirs des salles du Louvre : *Je rencontrais souvent Manet, avec sa petite cravate bleue et son sourire moqueur*[1].

Appelé aussi *Le Bain* ou même *La partie carrée*, ce déjeuner montrait deux gandins bien contemporains, vêtus à la mode de la tête aux pieds, ayant terminé leur repas au grand air dans un bois et devisant près d'une femme nue assise, tandis qu'une autre fort peu vêtue se préparait à faire trempette dans une mare plus loin sous les arbres. Les deux hommes devisent d'on ne sait quoi, sans prêter la moindre attention à la jeune femme nue qui regarde le peintre ou le spectateur.

Des dames déshabillées, il y en avait autant qu'on voulait sur les murs du Salon officiel, mais toujours fardées de mythologie : des Vénus, des Suzanne au bain, des Lucrèce se perçant le sein, des nymphes à la pelle, et combien de scènes où, sous prétexte de montrer une maîtrise de la plus belle des académies, on donnait à voir au bourgeois des femmes, sans voile, et sans poils. La jeune personne de Manet, vue de côté, n'est donc pas de nature à choquer, la provocation était ailleurs.

Ce n'était plus de la « beauté » qui était montrée, mais du sexe, ou ce que la beauté contenait de sexe pour être belle, justement. Manet semblait dire au bourgeois : assez d'hypocrisie, voici ce que vous cherchez, voici le réel, la vérité. Et

---

1. Henry Lerolle, « Souvenirs autobiographiques inédits ».

il le disait avec une drôlerie, un humour ravageur de rapin ou de joyeux drille qui aggravait son cas. Le scandale et le chahut étaient inévitables.

Berthe est-elle allée voir ce premier Salon des Refusés ? Certainement. Et elle dut en penser beaucoup de bien. La rebelle qu'elle était ne pouvait que s'amuser de ce pied de nez irrésistible, tout en admirant la facture sensuelle du sous-bois et l'étonnante présence de cette image, sa puissance visuelle en coup de poing. Il y avait là quelque chose de plus que chez papa Corot. Si le tableau était un salut à la vie, la vie réelle, s'entend, le traitement des bois, du feuillage, et des personnages en montrait un amour joyeux. Manet a des yeux gourmands, et même gloutons, d'une avidité insolente, gaie, sans bornes, pour la beauté du monde. C'est un peintre à l'état pur, ni idées, ni théories, ni système, seul compte le « vu », de là cette *force du génie imposée avec une telle évidence* par ses toiles dont parle Jean-Marie Rouart[1].

L'attirance de Berthe pour cet artiste est certaine, mais elle ne fait rien pour le rencontrer, sans doute estime-t-elle avoir du chemin encore à faire pour ne pas paraître ridicule devant un artiste aussi remarquable.

L'été 1863 la famille Morisot se transporte près d'Auvers-sur-Oise. Corot qui doit partir en voyage, charge Oudinot, un peintre beau garçon, de le remplacer. Berthe et Edma ne cessent de peindre avec passion au bord de l'eau ou ailleurs. Le peintre Daubigny habitait à Auvers, son jardin sera peint par Van Gogh moins de trente ans plus tard. Les sœurs Morisot déjeunent chez lui avec sa famille, et en présence de Daumier. Dans la maison, elles ont pu admirer de celui-ci sur panneau décoratif un *Don Quichotte incliné sur la carcasse de Rossinante morte*. Conversation, échanges fructueux avec Daubigny, ce qui se sentira dans la peinture réalisée à Auvers.

---

1. Jean-Marie Rouart, *Une famille dans l'impressionnisme*, Gallimard, 2001, p. 57.

Ainsi, Berthe qui n'a pas fait les Beaux-Arts, l'École étant encore interdite aux filles, a eu la chance de rencontrer Corot, Daubigny et Daumier, avant vingt-deux ans, échappant ainsi aux maîtres de la peinture conformiste de son temps. Parfois, une difficulté n'est que l'envers d'une chance.

Une seule étude de l'été 1863 a survécu, échappée à la destruction par Berthe, le *Vieux chemin à Auvers,* une belle toile veloutée qui fut exposée au Salon de 1864 avec un tableau d'Edma sur les bords de l'Oise. Ce « vieux chemin » montre un personnage à peine esquissé qui se repose. La vigueur de la touche, sa vivacité, percent déjà. Peut-être est-ce la raison de la survie de cette toile. Nos deux jeunes peintres « publiaient » désormais au Salon. Les œuvres furent remarquées, mais Edmond About, le critique du *Petit Journal,* écrivit préférer celle d'Edma.

L'été suivant, elles firent la connaissance du peintre Léon Riesener, cousin de Delacroix, qui loua à la famille le moulin qu'il possédait en Normandie à Beuzeval. Cette fois Berthe n'hésite plus à partir le matin peindre la journée entière et ne rentrer que le soir. Elle suit la lumière, va sur les falaises, cherche le bon point de vue et ne cesse de travailler. Sac à dos, une ceinture de cuir à laquelle étaient attachés sa boîte de couleurs, un pliant et ses pinceaux, un grand parasol avec sa pique sous le bras, elle portait en plus une toile de deux mètres sur le dos. Malgré le vent sur les plages on la voyait trotter en robe longue, avec cet attirail, et les gens la trouvaient extraordinaire ou un peu folle. Elle fait la connaissance d'Henry Lerolle, nettement plus jeune qu'elle, qui s'adonnait à la peinture et habitait une maison dans le voisinage à Houlgate.

Il fut frappé, comme il le raconte, par sa mauvaise humeur permanente due à son insatisfaction devant sa peinture. Ils travaillèrent souvent côte à côte, et un jour qu'elle venait voir dans un pré ce qu'il avait peint, une vache s'approcha et lécha la toile de Berthe qui entra dans une rage folle devant ses couleurs toutes barbouillées. On imagine le museau de la vache et Henry Lerolle à qui il fut certainement interdit de rire !

Henry Lerolle dit lui aussi qu'Edma était bien plus raisonnable en tout que sa jeune sœur.

Peu importe ! Berthe est devenue peintre, passée de l'autre côté des choses, avec la perte de cette virginité du regard qui s'ensuit. Quand on commence à dessiner et peindre pour de bon, écrit Valéry, on ne voit plus de la même manière.

Au retour à Paris, les réceptions du mardi reprennent. Y viennent, entre autres, Degas, Bracquemond, Riesener et les frères Ferry, Charles et Jules, qui font une cour bien vaine à Berthe et Edma, peu séduites par leur manque de délicatesse. Jules Ferry se servit de propos du père Morisot, émis en toute confiance devant lui, pour lancer un pamphlet intitulé « Les comptes d'Haussmann » qui dénonçait des malversations lors des grands travaux de Paris. À la faveur de rencontres, Berthe s'essaie à la sculpture. Sans lendemain.

Monsieur Morisot est nommé conseiller-maître à la Cour des comptes et installe sa famille dans une maison avec un jardin à grands ombrages rue Franklin. Il y fait construire un atelier pour Edma et Berthe, les Morisot ont décidément des idées avancées sur l'éducation des filles.

En 1865, elles sont de nouveau admises à exposer au Salon. Berthe présente un chaudron en nature morte. Le critique Paul Mantz le remarque, non sans avoir classé dès l'abord cette peinture dans une catégorie qu'il appelle *peinture de ménage*, dans laquelle, écrit-il, *les femmes réussissent bien.* Et une fois lancée cette bordée, il ajoute : *Mlle Berthe Morisot y apporte vraiment beaucoup de franchise, avec un délicat sentiment de la couleur et de la lumière*[1].

---

1. Alain Clairet, Delphine Montalant, Yves Rouart, *Berthe Morisot, 1841-1895, Catalogue raisonné de l'œuvre peint*, précédé d'une chronologie détaillée, préfacé par Jean-Marie Rouart, Collection Le Catalogue, Céra-nrs Éditions, Montolivet, 1997, p. 39.

Ce chaudron ira rejoindre les nombreuses toiles qui s'entassent dans l'atelier, puis disparaîtra, détruit par Berthe dans un accès de colère, sans doute au grand dam de la mère qui écrivit un jour à Edma : *C'est un crève-cœur pour moi de voir jeter dans des coins, toutes les œuvres de chaque saison, quelques-unes me rendent les impressions des moments où vous les faisiez, tous vos efforts, toutes vos fatigues et une partie de vous-mêmes.*[1] Cette frénésie pour détruire ce passé fut-elle pour Berthe une manière de réaffirmer son indépendance vis-à-vis d'une mère gentille, mais envahissante, toujours là à broder pour surveiller, causant de tout à tort et à travers, se mêlant des processus créateurs qui sont l'intimité la plus secrète d'un artiste ? C'est très probable.

Les conseils des uns et des autres m'obsèdent et me dégoûtent des choses avant qu'elles soient en place[2], écrit Berthe. Elle ressentait, à juste titre, ces incursions qui ne laissent pas le processus créateur suivre son cours, sa maturation, comme des viols. Mais comment, pour une femme du temps, conquérir l'indispensable solitude ? Un mariage ? Avec qui ? Tout mari lui semblait un envahisseur et un destructeur potentiel de cette solitude vitale face à l'œuvre en train de se faire. Un homme artiste pouvait quitter ses parents et habiter seul de longues années avant de se marier, une femme non. La contrainte de vivre avec cette mère ne fut pas toujours de tout repos pour cette jeune femme à la sensibilité de grande brûlée.

L'insatisfaction devant des essais au demeurant souvent remarquables n'est pas la seule explication à ces destructions. Berthe avait une telle exigence qu'elle ne supportait certes pas ce qu'elle avait été, au moment de devenir autre. Mais ces toiles devaient aussi l'insupporter par ce regard de juge

---

1. *Correspondance de Berthe Morisot,* lettre de Mme Morisot à Edma, p. 16.
2. *Ibid.*, p. 35.

perpétuel jeté sur elle. Madame Morisot lui écrivit un jour : *La fantaisie c'est très gentil, mais pas quand elle augmente les difficultés. La vraie science de la vie dans les petites comme dans les grandes choses est de toujours aplanir, faciliter, se faire aux choses au lieu de vouloir qu'elles se fassent à vous*[1]. Inutile de préciser la réaction de cette rebelle née, toute tendue vers cette échappatoire au cocon familial qu'est la difficulté. Cette insatisfaction permanente avait un terreau fertile.

On comprend d'autant plus l'admiration pour celui qui ose et brave le monde entier. En cette année 1865, Manet récidive dans la provocation, et avec quel panache ! Il expose au Salon officiel son *Olympia* que le jury n'a pas osé refuser. C'est aussitôt le scandale et un déferlement extraordinaire d'injures, de caricatures indignées ou hautement comiques dans la presse. Reprenant le thème de la *Vénus d'Urbino* de Titien et sans doute aussi, par la bande, celui de la *Maja nue* de Goya, Manet peint une petite soubrette déshabillée d'une vulgarité accomplie qui regarde le spectateur avec une effronterie où on chercherait en vain une concession à la pudeur, à la culpabilité, ou à la moindre politesse. Une domestique noire vient lui apporter le bouquet de quelque galant qui laisse la demoiselle indifférente. Elle a juste ses mains posées sur le ventre pour cacher ce que même les Vénus ne montrent pas. Voire ! Le chat, ou la chatte, est bien là à ses pieds chaussés de mules atroces. Le poil hérissé et tout noir, ce « noir joyeux » selon Dominique Bona, l'animal crache en faisant le gros dos, la queue en l'air.

Quelle rage, quelle puissance paternelle inexorable il faut avoir subie pour en arriver là ! Il est des génies qui font leur entrée en scène sur la pointe des pieds et d'autres, comme Manet, qui défoncent les portes à coups de marteau avec d'énormes éclats de rire. *J'ai toujours pensé*, nota-t-il

---

1. *Ibid.*, p. 17.

un jour, *que les premières places ne se donnent pas, qu'elles se prennent*[1].

L'Empereur lui-même s'en mêle pour faire cesser le scandale qui parcourt la France entière. Lorsqu'il voyagera en Espagne en août, Manet sera reconnu à la frontière basque par les pandores, tant sa réputation s'étend loin, sans télévision ni internet pourtant !

Du coup, l'année suivante, son beau *Joueur de fifre* est refusé. Émile Zola prend alors la plume pour le défendre et écrit un article tonitruant dans *L'Événement* où on sent la vigueur de son futur « J'accuse ». Ce texte se termine par ces mots vengeurs et prophétiques : *Il est impossible – impossible, entendez-vous, – que M. Manet n'ait pas un jour de triomphe et qu'il n'écrase pas les médiocrités timides qui l'entourent*[2]. Manet ne connaît pas Zola. Il lui écrit aussitôt pour le remercier et demander à le rencontrer.

Yves Morisot, la sœur de Berthe, se marie en 1867 avec Théodore Gobillard, officier ayant perdu un bras dans la guerre du Mexique, devenu percepteur à Quimperlé. La fille aînée s'en va en Bretagne où Edma et Berthe la rejoindront pour peindre ce pays encore à l'abri du monde moderne.

Puis, au début de 1868, alors qu'elle copie un Rubens au Louvre, sous la surveillance de sa mère qui brode (Berthe a 27 ans !), elle fait enfin la rencontre décisive d'Édouard Manet qui lui est présenté par Fantin-Latour. Peintre remarquée plusieurs fois au Salon, Berthe a la réputation de ne pas vouloir se marier. Manet lui propose aussitôt de poser pour son fameux *Balcon*. Les familles se lient. Elles sont du même milieu : de hauts fonctionnaires ayant la passion des arts.

---

1. Sandra Orienti, *Tout l'œuvre peint d'Édouard Manet*, Flammarion, 1970, p. 8.

2. Denis Rouart – Daniel Wildenstein, *Édouard Manet, Catalogue raisonné*, Paris, 1975, p. 14.

Berthe et Edma, chaperonnées par leur mère, vont chez madame Manet mère qui reçoit le jeudi. Outre Édouard et sa femme Suzanne, une imposante Hollandaise, Berthe est présentée aux frères de Manet, Eugène, peintre à ses heures, et Gustave lancé en politique. Le père autoritaire, Auguste Manet, étant décédé depuis quelques années, les soirées de réception sont animées. On y rencontre des critiques et écrivains comme Zola ou Astruc, mais aussi des musiciens tels Emmanuel Chabrier, le poète Charles Cros qui déclame des vers, l'inévitable Degas, et bien d'autres esprits brillants. Suzanne Manet joue Chopin. Fille d'un organiste, excellente pianiste elle-même, elle ne tarde pas à être surnommée « la grosse Suzanne » par Berthe qui a une taille fine comme toutes les femmes Morisot.

Sa mère l'accompagne avec son ouvrage de couture à l'atelier de Manet, tandis qu'il la peint pour le *Balcon*. L'important entre eux se passe donc en silence, bien que Manet ne cesse de plaisanter et d'animer la conversation. Dans ce premier portrait, Berthe Morisot regarde ailleurs, hors champ. Il est trop tôt pour poser, les yeux dans les yeux, durant des heures. Elle accepte volontiers de longues séances d'immobilité pour ce peintre qu'elle admire et qui va tant compter pour elle.

Manet est alors, à trente-six ans, un maître. Lui aussi, comme Degas, s'est dégagé de la peinture historique. Mais si Degas s'y est opposé d'abord par le choix des sujets dans une démarche hautement intellectuelle, Manet, qui n'est pas un penseur, mais un instinctif, a remis en question la peinture dont il hérite en s'attaquant à la facture.

Il affronta les maîtres de la peinture historique de façon détournée, en prenant souvent ses sujets contemporains en Espagne, lieu d'exotisme à la mode pour l'époque, et en les peignant de façon très particulière. Élève de Couture, l'auteur du tableau pompier à souhait *Les Romains de la décadence*, il avait rompu avec lui en rejetant la manière dont on enseignait l'art de peindre par la multiplication des gradations de tons entre ombres et lumières, qu'il appelait par dérision *les ragoûts et les jus*[1]. Manet, voulant restituer le « vu » avec toute sa force, schématisa sa peinture pour donner plus de relief aux lumières et aux ombres en supprimant toutes les gradations intermédiaires. Il affirmait *qu'il était préférable de passer brusquement de la lumière à l'ombre plutôt que d'accumuler les choses que l'œil ne voit pas et qui affaiblissent la vigueur de la lumière et atténuent la coloration des ombres*[2]. Qu'on regarde les tableaux de sa première grande période, on remarquera comment le passage de l'ombre à la lumière se fait par aplats de couleurs tranchées, ce qui donne un relief saisissant à l'objet peint. Le « vu » étant par nature inscrit dans le présent de l'artiste, nous retrouvons ici, autrement que chez Degas, la volonté de revenir à l'instant présent vécu, et non à quelque image d'Alexandre ou de César lors d'une bataille. Ce choix technique renvoyait à terme la scène historique ou mythologique au grenier des accessoires, mais il avait d'autres conséquences révolutionnaires.

Manet était allé en Espagne pour voir ceux qui étaient ses véritables maîtres, et en premier Vélasquez qu'il qualifia de « peintre des peintres », de « roi des peintres », à lui seul valant le voyage, malgré les désagréments : Manet ne put jamais se faire à la cuisine espagnole et ne mangea presque rien durant son séjour. Il écrivit ses impressions, à Baudelaire, Astruc et d'autres. Son art apparaît comme le résultat d'une prise de conscience de la leçon et des interrogations propres aux peintres espagnols. Il ouvrit ainsi la voie à toute la peinture moderne, encore faut-il comprendre en quoi.

Vélasquez avait en effet posé, vers la fin de sa vie, la question cruciale soulevée par la peinture classique en peignant

---

1. *Manet, catalogue raisonné...*, préface de Denis Rouart, p. 3.
2. *Ibid.*, p. 3.

son célèbre tableau, *Las Meniñas*, (Les Suivantes). Cette question remettait en cause la conception de l'art qui dominait les esprits en Europe depuis la Renaissance. L'art de la représentation, rêve de tous les peintres, depuis la nuit des temps, était interrogé par Vélasquez dans cette œuvre aussi belle que profonde.

Il s'y était représenté en train de peindre le roi et la reine d'Espagne sur une toile, dont l'envers seul était visible. Un miroir au fond de la salle derrière lui renvoyait l'image des souverains, tandis que l'infante Marguerite jouait près de lui avec ses suivantes et son gros chien. Vélasquez, pinceau et palette à la main, regarde le roi et la reine, autrement dit le lieu où se trouve le spectateur.

La question posée par cette œuvre venait du miroir au fond, entouré lui-même de grands tableaux sur les murs comme autant de concurrents : si la peinture doit être représentation parfaite, le miroir où l'on voit le sujet du tableau en train de se faire n'y sera jamais surpassé, donc moi, Vélasquez, quelle est ma place, ma fonction, mon rôle ? Certes, l'image du miroir ne dure que le temps où le sujet reflété est devant, mais si l'objet de la peinture est d'abord la représentation exacte, l'image qu'elle produit durera peut-être, en restant cependant définitivement imparfaite, comparée à celle du miroir.

Peindre n'est-ce, ne serait-ce que cela ? Rivaliser vainement avec un miroir ? Qu'est-ce donc que la peinture ? Quelle est sa mission, par-delà la durée assurée quand les couleurs ont séché ? N'a-t-elle pas plutôt d'autres fins que de lutter vainement avec un miroir ?

Cette question, au cœur de la peinture issue de la Renaissance, la remettra en cause dans son principe et son ambition de réaliser la représentation parfaite du monde.

Dans le tableau suivant, appelé *Les Fileuses*, où on perçoit une sorte d'impressionnisme avant la lettre, Vélasquez commença à répondre à cette question.

70

Vingt ans plus tôt, Descartes, son exact contemporain, avait donné à l'homme l'idéal technicien de *maître et posses-seur de la nature*, et la peinture pouvait légitimement traduire cela par « maîtrise parfaite de la représentation ». Dans *Las Meniñas*, Vélasquez suggérait que cet idéal cartésien était discutable et faux, dans son art.

Édouard Manet qui fut le plus profond disciple du maître espagnol répondit lors d'un propos rapporté par son ami Antonin Proust : *La vérité est que l'art doit être l'écriture de la vie*[1]. Non sa représentation, mais son écriture, et celle de Manet, refusant les fondus entre la lumière et l'ombre, procédant par contrastes puissants et aplats pour accentuer la saisie de l'objet par l'œil, offre à l'amateur ce bonheur de la prédation absolue, carnassière, par le regard. Il ne s'agit pas de représenter, mais de susciter le sentiment de s'emparer de la scène, personnage ou chose, et d'en jouir pleinement, follement, par les yeux. On comprend pourquoi la saisie de la lumière impressionniste n'intéressera pas vraiment ce peintre prédateur. L'objet vu, compte encore trop pour lui.

Mais quand Manet dit que « l'art doit être l'écriture de la vie », mesure-t-il l'importance de ces mots pour l'évolution de l'art ? Ce n'est pas certain, comme on le verra. Il s'agit comme souvent chez lui d'une fulgurance. Écrire en grec se dit « graphein » et a donné la racine « graphe » en français. Dire que l'art doit être l'écriture de la vie ouvre la voie à une synthèse de la peinture et des arts graphiques avec leurs caractéristiques proches de l'écriture : inachèvement, signes partiels pour signifier le tout d'une forme, utilisation du vide ou blanc du papier, art de la suggestion par des traits discontinus. En supprimant les transitions entre ombres et lumières, Manet commence cette marche irrésistible de la peinture qui abandonne la représentation analogue à celle du

---

1. Antonin Proust, *Édouard Manet, Souvenirs*, Paris, 1913, p. 126.

miroir, pour aller vers le graphisme. L'art devient une infra-écriture qui s'adresse à l'inconscient et au cerveau profond, autant sinon plus qu'au siège en surface de la rationalité. Ces caractères des arts graphiques existaient bien sûr, inclus dans la représentation picturale classique, par les artifices de la composition, la mise en relief de telle ou telle forme, par la couleur ou la place dans le tableau, mais, avec Manet s'ouvre un chemin où on veut extraire cet essentiel contenu dans la peinture classique en rejetant peu à peu le reste. C'est la victoire du signe sur le miroir. Nous sommes bien dans la continuité de Vélasquez qui posait cette question dans le tableau *Las Meniñas*. Manet a certes ouvert cette voie dans laquelle Berthe Morisot va s'engouffrer avec plus de ténacité et de profondeur que lui. Car Manet, trop instinctif, donc instable, revient souvent à sa manière ancienne, moins novatrice.

Un autre caractère des arts graphiques est la promptitude de la saisie, la rapidité de l'exécution. *Il n'y a qu'une chose vraie*, dit Manet. *Faire du premier coup ce qu'on voit. Quand ça y est, ça y est. Quand ça n'y est pas, on recommence. Tout le reste est de la blague.* Ou encore : *Il faut traduire ce qu'on éprouve, mais le traduire instantanément pour ainsi dire.* Non sans préciser que *pour avoir la spontanéité, il faut être maître de son art*[1]. Autrement dit de son écriture, puisque l'art pour Manet, ne saurait être un reflet, mais un ensemble de signes simplifiés qui nous donne l'objet vu avec une puissance incomparable.

Manet n'a pas la démarche d'un Degas. Confronté, comme lui, à la même dictature de la peinture historique, il chercha à lui échapper par un traitement nouveau dans sa technique de sujets espagnols moins choquants pour les jurys que des scènes de la vie de tous les jours en France.

L'Espagne était alors l'exotisme à portée de voyage facile par chemin de fer. Le pays très pauvre, dont les grandes

---

1. *Manet, Catalogue raisonné…*, préface de Denis Rouart, pp. 3 et suiv.

heures étaient passées depuis longtemps, faisait figure d'« ailleurs » à bon compte, parfois de modèle pour certaines valeurs chevaleresques, ou passions vraies, chantées par Hugo. Entre scènes espagnoles magnifiquement peintes et provocations, Manet s'était fait un nom sulfureux. Sa rencontre avec Berthe, prélude à son compagnonnage avec les impressionnistes, fut aussi importante pour lui que pour elle.

Pour la jeune Berthe Morisot encore à la recherche d'elle-même quelle difficulté de se définir face à ce peintre qui renverse tout, scandaleux, à qui tout est dû, puisqu'il est, en plus, un homme ! Elle y parviendra pourtant, en allant plus loin que lui, ce qui donne la mesure de sa personnalité et de son génie.

Se sont-ils ou non aimés est l'une de ces interrogations qui hantent la peinture, comme celle du conflit entre Van Gogh et Gauguin. Aucun document ne permet de trancher et toujours, ou presque, madame Morisot accompagnait sa fille durant les séances de pose devant cet homme marié. Mais il reste les portraits de Berthe, par Manet, qui parlent à leur manière jusqu'à un certain point. Onze tableaux dont nous connaissons l'ordre chronologique, où l'examen des yeux de Berthe laisse deviner bien des choses. Son regard suit une étonnante courbe, d'un tableau à l'autre, qui dit beaucoup sur leurs relations. Si chaque portrait était une lame d'un éventail, la ligne en serait parfaitement régulière, de la naissance à la fin.

Dans *Le Balcon*, Berthe regarde hors champ à sa droite, ses yeux sont visibles et on parla de femme fatale. Elle se trouva « plus étrange que laide ». En tout cas, l'exercice lui plut puisqu'elle recommença. Comment affronter innocemment durant de longues heures les yeux de Manet, tels qu'on les voit sur des photos, ou dans ses portraits, et qui vous transpercent en ne laissant rien de vous dans l'ombre ? Elle mettra quatre ans à le regarder, en peinture, dans les yeux. On pourrait objecter que c'est Manet qui tient le pinceau et représente ses yeux, mais nous savons la rigueur qu'il adoptait devant le « vu ». De plus, Berthe, elle aussi peintre, pouvait vérifier ce qu'il faisait à la fin de la pose, un « mensonge » sur la toile était impossible entre ces deux personnalités. Il est quasiment certain que le regard de Berthe était celui qui fut peint.

Le deuxième portrait *au manchon*, la montre de profil en léger trois quarts, les yeux détournés. Le troisième est un profil parfait où, bien entendu, elle est ailleurs, comme absente. Dans le fameux quatrième, *Le Repos*, où elle repose sur un canapé dans une grande robe blanche, elle est peinte de face, et fixe quelque objet hors champ sur sa droite. Nous sommes en 1870.

La guerre passe, et ses vicissitudes. En 1872, il la peint de nouveau, en pied, en fond sur la toile, *Berthe Morisot au soulier rose*, et là elle regarde Manet, pour la première fois, mais de loin, comme si ce premier échange devait rester distant. Il faut attendre le portrait suivant, *La jeune femme voilée*, pour avoir la confrontation pleine face entre le modèle et le peintre... derrière une voilette qui couvre le visage... Jeu ou convenances, chaque étape est mesurée. Enfin, toujours en cette année 1872, le masque tombe et ils se sont regardés les yeux dans les yeux durant de longues heures, avec délices assurément, dans le fameux *Berthe Morisot au bouquet de violettes*. Ce tableau est suivi du petit tableau dédié à Mlle Berthe Morisot montrant le bouquet de violettes et cet éventail si important entre eux. Nous sommes du reste dans la lame du milieu. Le portrait suivant est des plus libertins, Berthe épie son peintre à travers la voilette basse de son éventail ouvert et son pied chaussé divinement sort de la robe noire pour dévoiler une jambe fine à l'érotisme ravageur. On sait que Manet raffolait des pieds chaussés de femme, il en couvrira les marges de lettres qui nous sont parvenues. Ce tableau coquin dit la complicité entre le peintre et son modèle, quelque chose a été rompu (la glace ?) et on en joue dans ce *Berthe Morisot à l'éventail*. Le neuvième rendez-vous en 1873 montre Berthe *étendue*, visage offert, confiance totale et intimité pleine avec le peintre. Elle est entière dans son regard, une pointe d'ironie peut-être pour ce garçon qui s'échine et se tue pour la saisir, suprême intelligence de femme, elle est son égale maintenant et se donne à son pinceau sans plus même y penser... L'avant-dernier la montre en deuil de son père, de face, visage ravagé, torturé, déformé, peu reconnaissable, autre façon de se livrer sans réserve dans un moment d'intimité douloureuse. Enfin l'éloignement : le onzième et dernier portrait la représente de nouveau les yeux ailleurs comme au début, *Berthe Morisot à l'éventail*, toujours l'éventail, qui se referme ici, profil trois quarts. Nous sommes en 1874, elle a trente-trois ans, expose avec les impressionnistes, sa main infiniment gracieuse triture l'éventail noir orné d'une fleur rose, son cou encore une fois porte un collier de chien noir, mais le petit doigt de sa main gauche se soulève pour montrer l'annulaire cerclé d'une bague de fiançailles ou de mariage. Berthe épouse bientôt Eugène, le frère d'Édouard, ou vient de l'épouser. Ils ne peuvent plus se regarder en face, une certaine fête est finie entre eux. Voici le cadeau pour la noce que fut ce portrait. Rideau ! Ou claquement sec de l'éventail qui se referme.

Ce parcours montre une intimité croissante, qui fut lente à s'installer, puis une distance. Quelque chose s'est passé assurément entre violettes et éventail. Quoi ? Aucune certitude. Une amitié profonde, très intense, de la tendresse, un don réciproque et tout le jeu d'une séduction pleine d'humour... La peinture le dit. Autre chose ? Impossible d'aller plus loin. Pourtant, il manque sûrement des lettres comme l'a montré Dominique Bona. Pourquoi Manet se serait-il arrêté de la peindre au moment où elle épouse son frère, si l'exercice n'avait jamais rien eu de « coupable » ? Mais c'est oublier les bienséances et les mœurs du temps. Berthe n'est pas une jolie grisette comme Manet en levait au coin des rues, elle n'est pas Victorine Meurent, le modèle d'*Olympia*. C'est une grande dame de la haute société. On en reste aux conjectures... Après tout, ce mystère leur appartient, Berthe en a décidé ainsi. *Mieux vaut brûler la lettre d'amour*, a-t-elle écrit. Nous reste le plaisir de rêver en rouvrant et refermant l'éventail des visages de Berthe, à l'infini.

Entre-temps, elle est devenue le grand peintre qu'elle rêvait d'être. Sa sœur Edma épouse Adolphe Pontillon, un officier de marine, en 1869. Thiers est l'un des témoins, indice sans équivoque sur la couleur politique de la famille Morisot, orléaniste et monarchiste, tandis que les Manet sont à gauche et républicains. Les Pontillon vont s'installer à Lorient et Edma ne tarde pas à être enceinte. Une correspondance commence entre les deux sœurs qui ne s'étaient jusque-là jamais séparées.

Edma qui a abandonné la peinture se désole et s'ennuie dans cette province, loin du salon Morisot où viennent tant de beaux esprits. Lors d'un séjour pour lui rendre visite, Berthe peint une vue du petit port de Lorient considérée souvent comme son vrai début. À tort. *Les paysages m'ennuient*, écrit l'ancienne élève de Corot.

Elle exécute alors un portrait d'Edma dans un petit format qui est le véritable départ de son œuvre. Berthe n'aime pas faire poser des gens qu'elle ne connaît pas ou qui n'ont pas la docilité nécessaire, elle prendra donc comme modèles les siens et particulièrement sa sœur, plus tard sa fille. Edma connaît les nécessités de la peinture, elle participe à sa manière à l'œuvre de Berthe en posant de longues heures, assise, étendue, debout.

Ce portrait d'elle la représente assise près d'une fenêtre ouverte dans une robe blanche éclatante, mousseuse, occupée à jouer par désœuvrement et ennui avec un éventail. Les immeubles de la rue en face montrent des volets de ce même vert qui avait scandalisé dans *Le Balcon* de Manet. Le tableau nous donne à voir l'un des thèmes majeurs des œuvres de

Berthe durant une douzaine d'années : la jeune femme en intérieur parée d'un blanc, puis de blancs mis en scène avec une puissance lumineuse incomparable. Berthe Morisot est l'un des plus grands maîtres du blanc dans l'histoire de l'art. On se souvient de ce premier tableau tout de blancs demandé par Guichard et qu'elle a détruit. En art comme dans la vie on revient souvent sur ses premiers pas réussis.

Ce portrait d'Edma la renvoie à elle-même : désormais Berthe sera seule dans l'art et ne manifeste guère l'intention de se marier dans les conditions de ses sœurs. La solitude qui sera la sienne, et la mélancolie de sa sœur si douée, ne lui laissent plus de choix. Il faut aller de l'avant dans l'art où est son salut. Le tableau résonne comme une prise de conscience, une libération de l'énergie encore retenue en elle. La grand route est ouverte. Berthe ne s'arrêtera plus. Du reste, Manet qui verra ces réels débuts lui dira que son exposition est faite.

Commence alors une série de chefs-d'œuvre où la touche ne cesse de se dissocier, tout en exprimant la vigueur du tempérament de Berthe. Curieux mélange de délicatesse et de véhémence dans cette écriture picturale de plus en plus fougueuse, de plus en plus détachée, discontinue. La définition de l'art comme écriture de la vie par Manet pousse Berthe à aller bien plus loin que lui dans ce sens. La forme chez elle prend une autonomie croissante. *Les sujets traités sont des plus simples*, écrivait à son propos Louis Rouart, le plus jeune fils d'Henri. *Une grande artiste qui transfigure toutes choses sur lesquelles elle jette les yeux n'a que faire du pittoresque.* Il voit aussi dans l'œuvre de Berthe *une étincelante féerie de lumières et de couleurs*[1].

Elle n'en est qu'au début de cet envol quand la guerre éclate en juillet 1870, peu après le Salon dont Berthe a fait

---

1. Louis Rouart, *Berthe Morisot*, Plon, Paris, 1941, p. 38.

l'analyse lucide dans ses lettres à Edma. Les Morisot restent à Paris, Edma et sa famille vont à Mirande dans le Gers. La défaite met en fureur les Parisiens ; le 4 Septembre, la République est proclamée par la foule. *Il me semble que ce n'est plus la même ville*, écrit-elle à sa sœur[1]. Le siège de Paris par les Prussiens débute le 19 septembre et ce sont des bombardements continus. Le jeune frère Tiburce, capturé par les Allemands, s'est évadé et reprend du service. Les frères Manet se sont engagés dans la garde nationale, mais Édouard n'a pas la chance de Degas sous les ordres de son ancien camarade Henri Rouart : il se retrouve sous ceux du colonel Meissonnier peintre officiel historique, s'il en fut, et opposé irréductiblement à la peinture de Manet ! Peut-on imaginer pire punition pour notre insolent provocateur ?

Berthe Morisot travaille à peine pendant la guerre. Des aquarelles, peu de choses. Le réel est trop tyrannique. Les privations du siège altèrent sa santé. La Commune embrase Paris, les Morisot vont loger à Saint-Germain-en-Laye, mais Berthe n'arrive pas plus à y travailler qu'à Paris. Elle écrit alors à sa sœur installée à Cherbourg : *Peut-on travailler à Cherbourg ? J'espère que tu te mets à ma place pour comprendre que c'est là le seul but de mon existence et qu'une inaction indéfiniment prolongée me deviendrait funeste à tous points de vue*[2]. Cette confidence doublée d'une profession de foi donne une information précieuse sur son état d'esprit face à elle-même et aux événements, écartelée entre les Morisot à droite, dont Thiers est un familier, et les Manet républicains, à gauche et solidaires de la Commune de Paris. Sa Révolution elle l'a faite, comme femme et comme peintre ; elle sent que l'énergie énorme qui sommeille en elle commence à peine à se libérer. Elle ajoute dans cette lettre : *Je ne veux plus travailler pour travailler. Je ne sais si je me fais des illusions, mais il me*

---

1. *Correspondance de Berthe Morisot,* lettre du 18 septembre 1870, p. 42.
2. *Ibid.*, lettre du 24 mars 1871, p. 52.

semble qu'une peinture comme celle que j'ai donnée à Manet pourrait peut-être se vendre et c'est là toute mon ambition[1]. Il s'agit de la *Vue du petit port de Lorient* exécutée en même temps que le portrait d'Edma en robe blanche. Elle veut vivre de son art comme femme indépendante, ne pas être nourrie par un homme et sa sujette. Pour le XIXe siècle c'est révolutionnaire.

Berthe rejoint sa sœur à Cherbourg en mai, elle réalise des aquarelles, pas de peinture, tandis qu'à Paris les communards tombent par milliers. Un artiste est une éponge, parfois même à son insu, il est des situations qui n'incitent guère à se livrer. Manet fait plusieurs dessins dont un rehaussé de couleur, il réalise *La Barricade* qui représente un mort de la Commune.

Puis, la paix retrouvée, Berthe rentre à Paris. Edma revient aussi chez ses parents pour accoucher. Berthe la fait poser près de l'enfant endormie et réalise son sublime *Berceau*, l'une des plus belles maternités qui soient, si différente de celles que réalisent les hommes, avec une fête des blancs, bien sûr, et qui se présente comme une promesse d'avenir après toutes ces horreurs. Edma pose encore pour Berthe au balcon de la maison des Morisot face à Paris avec à ses côtés la petite Paule, fille d'Yves Gobillard la sœur aînée.

Puis c'est au tour de Berthe de poser pour Édouard Manet, les yeux dans les yeux, enfin. Nous sommes en 1872.

L'année suivante, Berthe voyage en Espagne, visite Madrid avec sa sœur Yves dont Degas a fait un portrait au pastel qu'elle considère comme un chef d'œuvre. Berthe peint et pose pour Manet. M. Morisot prend sa retraite et meurt un mois après, en janvier 1874, l'année décisive de la vie de Berthe. Elle expose au printemps avec ceux qu'on va appeler bientôt les impressionnistes, un groupe dont elle est la seule

---

1. *Ibid.*

femme. *Le Berceau,* très remarqué, fait partie de sa contribution. Exposent aussi Monet, Degas, Bracquemond, Cézanne, Renoir, Sisley, Pissarro et Henri Rouart. Degas, toujours au cœur de cette galaxie de l'art français, tel un unificateur ou un catalyseur, a incité ses amis Henri Rouart et Berthe Morisot à participer à l'exposition.

Les Morisot et les Manet se fréquentent. On part à Fécamp, et tandis que Berthe peint ses *Bateaux en construction,* une idylle naît entre elle et Eugène, le frère d'Édouard, qu'elle connaissait depuis longtemps. Les fiançailles sont annoncées aux familles, Manet peint Berthe pour la dernière fois, le mariage a lieu, presque un an après la mort du père Morisot, en décembre 1874, dans l'Église de Passy.

Berthe a senti que cet homme ne s'opposerait pas à son destin, elle a trouvé enfin la solution à la quadrature du cercle.

Qui était ce mystérieux Eugène Manet ? On le décrit souvent comme faible ou quasi transparent. Rien n'est plus faux. Eugène s'essaya à la peinture et fit même quelques essais intéressants et originaux, mais il ne persista pas dans cette voie. La clef de sa personnalité est à chercher dans un roman de 347 pages publié en 1889, tel un testament peu avant sa mort, nous y reviendrons, mais dont il faut dire quelques mots ici. Son titre : *Victimes !*

Bien mené, bien écrit, dans les goûts du temps, et plus lisible que beaucoup d'autres, ce roman singulier raconte l'insurrection qui eut lieu à Clamecy contre le coup d'État du futur Napoléon III pour s'emparer du pouvoir en décembre 1851.

Mais ce livre est l'occasion pour Eugène Manet de lancer une charge contre Napoléon III, les bien-pensants, et l'Église, d'une violence inouïe. Nombre de scènes sont parfaitement décrites et d'une force surprenante. L'insurrection, l'arrestation, la condamnation et l'exécution de certains insurgés passés à la guillotine sont restituées avec précision et hardiesse ; les conditions de la déportation au bagne de Cayenne et à l'Île du Diable où sera interné Dreyfus, donnent des pages évocatrices. Une histoire d'amour à la Tristan et Iseult sert de fil conducteur entre une jeune femme, fille d'un père défunt et voltairien, et un jeune homme ardent et romantique, le dirigeant de l'insurrection.

Quand les deux jeunes gens se déclarent leur amour, le héros, Eugène Mallot, projection à peine voilée de son auteur Eugène Manet, veut, par loyauté, prévenir Jeanne Duroy, en se présentant à elle sans ambages. Cela donne un dialogue entre les deux jeunes gens à la manière de Hugo, qui est le pic de la première partie :

— Je suis Républicain.

— Je pense comme vous.

— Je suis libre-penseur.

— Mon père l'était.

— Je suis franc-maçon.

— C'est un droit de plus à mon estime. Eugène, mon père était républicain, libre-penseur et franc-maçon, comment ne bénirait-il pas notre amour[1] *?*

Mais un prêtre fou, démoniaque, follement amoureux de Jeanne, s'acharnera à perdre les jeunes amants. Les scènes où ce prêtre déclare son amour à Jeanne Duroy sont d'une force stupéfiante pour l'époque.

Même en 1889, l'année de sa publication, ce livre à la gloire de la République, de la laïcité et de la franc-maçonnerie en toile de fond, était illisible et tomba dans un rapide oubli. Et pour cause, Eugène Manet s'y montre d'une audace et d'une originalité hors du commun, presque provocatrices. Ce grand bourgeois fortuné, mais artiste, est bien le frère de son frère, il n'a peur de rien.

La lecture de son roman laisse deviner un homme intelligent, ardent, attachant, chaleureux, fraternel, éperdument

---

1. Eugène Manet, *Victimes, Dédié aux proscrits du 2 décembre 1851,* Clamecy, 1889, p. 83.

attaché à la justice. Seul le style, surtout dans la seconde partie, n'est pas à la hauteur du reste. L'abus d'adjectifs crémeux, pâtissiers, dans le ton du XIXe siècle, de « doux battements de cœur », de « mols abandons », de « blanches mains », etc... renvoient certaines pages à leur époque et nous agacent, nous qui aimons l'écriture cynique et abrupte d'un XXe siècle qui en a trop vu.

Il n'empêche, nous avons lu ce livre avec plaisir et son excellente documentation en fait un roman intéressant par sa vigueur. On peut y voir qu'Eugène n'était pas inconsistant ou faible, loin de là, et qu'il était certainement aimable. Comme nous, Berthe Morisot dut découvrir cet homme secret, trouver en lui non sans surprise un frère en rébellion et finir par l'aimer. L'idée que Berthe, ce caractère indomptable, aurait aimé Édouard puis se serait en quelque sorte raccrochée par défaut à son frère, par convention peut-être ? ne tient pas debout un instant. Ce livre, seul document intime sur la personnalité d'Eugène, ne laisse aucun doute sur sa valeur humaine remarquable et l'intrépidité de son esprit.

Il n'est même pas dit que Berthe ait posé ses conditions, elle qui avait refusé tant de partis peu enclins à respecter sa liberté. En choisissant Eugène, elle épousa un homme qui dut l'aimer éperdument, sans être pour autant un paillasson. Elle était certaine de trouver en lui une compréhension pour son art qui ne lui fit jamais défaut. Eugène Manet fut exemplaire et dévoué au talent et au génie de son épouse. Reste la question malicieuse et impertinente de savoir jusqu'où Berthe, qui a lu ce roman et l'a vu s'élaborer, en a épousé les idées...

Après ce mariage, l'histoire de Berthe Morisot suit longtemps de près celle de l'impressionnisme avant de s'en détacher ensuite.

IV

Un homme-clé de l'impressionnisme

Après la guerre de 1870, Henri Rouart élargit son action en faveur de la nouvelle peinture. Degas l'introduisit, ainsi que Berthe Morisot, auprès des impressionnistes. Non seulement Henri Rouart exposa avec eux, mais il soutint le mouvement financièrement et par ses relations, enfin il constitua l'une des plus grandes collections d'œuvres d'art du siècle. Moins connu que celui de marchands comme Durand-Ruel, son rôle pour le succès de l'impressionnisme fut important et ne se borna pas au soutien matériel : il usa de psychologie pour aplanir les querelles entre des artistes à l'ego démesuré. Monet et Degas s'estimaient, s'admiraient, mais n'étaient d'accord sur rien. Il suffit de voir comment l'un et l'autre peignaient pour le comprendre. Henri Rouart agit toujours dans le sens de la conciliation. Habitué à organiser de grandes expositions industrielles, il apporta son dynamisme au mouvement et fut un mécène efficace.

La première exposition eut lieu en 1874, elle fut organisée par une Société coopérative d'artistes. Sept autres suivirent en 1876, 1877, 1879, 1880, 1881, 1882 et 1886.

Ces expositions présentèrent de copieux ensembles qui comprenaient, selon les années, de 165 œuvres à plus de 250. Nombre de peintres tombés dans l'oubli, parfois injustement, en firent partie et le qualificatif d'impressionnistes ne pouvait convenir à tous, tant s'en faut. On invoqua alors, sous l'impulsion de Degas, le nom d'« artistes indépendants » et pour une fois, Monet se rangea à cet avis.

Il ne faut pas imaginer des ensembles exclusivement consacrés à Monet, Renoir, Pissarro, Degas et les autres peintres du groupe. Colin, Meyer, Béliard, Attendu, y exposaient… Et qui se souvient de Durivage, Debras, Bureau ou Desboutin ? D'Alphonse Maureau ou de Charles Tillot ?

Manet refusa de participer, il s'obstina à vouloir s'imposer (en vain) au Salon officiel. Au fil des années, on vit arriver des peintres nouveaux comme Gauguin, puis Signac et Seurat en 1886, en compagnie d'Odilon Redon dont on ne peut dire qu'il était « impressionniste ».

La première exposition qui se tint à l'angle de la rue Daunou et du boulevard des Capucines, dans les studios Nadar, attira 3500 visiteurs environ. Elle fut un échec financier et critique. En dépit de quelques articles favorables, on vint pour huer ou ricaner. Ces artistes qui n'avaient aucune chance de plaire aux jurys officiels, furent accusés d'avoir peint en fumant du haschich ou posé « des grattures de palettes sur une toile sale » et d'autres amabilités du même genre. À la fin de l'exposition, le bilan, hormis les 3 500 francs de tableaux vendus, était déficitaire, chaque artiste devait 184 francs à la Société, son assemblée générale chargea Renoir, Sisley et Bureau de la liquider. On n'innove pas impunément en art.

Henri Rouart exposa en 1874 onze œuvres, dont deux eaux-fortes, une aquarelle et huit toiles, des paysages de Bretagne et de la région de Melun. Il fut présent lors de sept expositions sur les huit qui furent organisées. Degas s'étant retiré de la septième en 1882, pour protester contre l'éviction de certains de ses protégés, Henri Rouart refusa d'exposer, par solidarité avec son vieil ami, suivi en cela par l'Américaine Mary Cassatt.

Rouart donna sept tableaux et trois dessins à la IIe exposition ; quatre paysages et un portrait à la suivante, neuf tableaux (dont des vues de Monaco et d'Égypte) et quatorze dessins à la quatrième ; quatre tableaux et huit aquarelles de Venise à la cinquième en 1880 ; quinze toiles de Bretagne, d'Antibes et du pays basque à la sixième et vingt sept œuvres à la huitième et dernière en 1886, dont vingt-trois aquarelles, vues de Venise de toute beauté, du Béarn ou de Blois. Une centaine d'œuvres en douze ans dont plus de cinquante tableaux. Tout en poursuivant son travail d'ingénieur...

Cette seule énumération suffit à montrer l'ampleur d'une passion et la poursuite de ce qu'on peut appeler une œuvre.

On connaît l'impécuniosité de ces artistes. L'argent est le nerf de toute guerre. Henri Rouart, dont l'usine de Montluçon tournait à plein régime en 1874, devint l'un des mécènes du mouvement.

Il paya la location des lieux de trois expositions sur huit, acheta les œuvres de ses amis, et les prêta ensuite chaque fois que nécessaire pour des rétrospectives, il fit des avances d'argent régulières à Monet en situation financière difficile chronique, participa aux souscriptions en donnant des sommes importantes en faveur des enfants de Sisley après sa disparition, ou pour offrir au Louvre l'*Olympia* de Manet afin de soutenir sa veuve. Enfin c'est lui, avec Renoir, qui amena Gustave Caillebotte au mouvement et quand on sait le rôle financier de celui-ci dans l'aventure, on mesure la valeur de l'action d'Henri Rouart.

Caillebotte, à la tête d'une immense fortune, se consacrait à la peinture, et il habitait rue de Lisbonne. Fils d'un fournisseur des armées, il était aussi un ancien élève du lycée Louis-le-Grand. Tant de similitudes et ce voisinage ne pouvaient que rapprocher les deux hommes. Caillebotte avait croisé Degas, mais c'est Henri Rouart, avec l'appui de Renoir, qui le persuada de se joindre au groupe. Dès la deuxième exposition, Caillebotte donnait ses *Raboteurs de parquet* et sept autres toiles. Il s'enthousiasma pour le mouvement, acheta à tour de bras, se constituant une collection d'une beauté fabuleuse léguée plus tard à l'État (*Le Moulin de la Galette* de Renoir, *Le Balcon* de Manet, la sublime *Étoile*, pastel sur monotype de Degas, *L'Estaque* de 1878 de Cézanne, les *Figurants* de Degas, *La Balançoire* et la *Liseuse* de Renoir, *Les Toits rouges* de Pissarro, les *Régates à Argenteuil* de Monet et son *Effet de neige à Vétheuil*, pour ne citer que quelques œuvres). Caillebotte fut, comme Rouart, un soutien financier sans faille pour les impressionnistes. Il disait devant telle ou telle toile : « Personne n'en veut, je l'achète ! » Il consentit des avances régulières d'argent à Monet et paya le loyer de son pied-à-terre parisien. Il prêta de l'argent à Renoir et n'hésita pas lui aussi à laisser partir les œuvres qu'il avait achetées pour rehausser les expositions de ses amis. Les IIIe et IVe expositions impressionnistes se tinrent grâce à son aide financière.

L'appui d'Henri Rouart et de Gustave Caillebotte fut déterminant pour le succès du mouvement. Sans leur concours, il est probable que l'impressionnisme aurait eu bien du mal à s'installer dans la durée et imposer en douze ans de luttes une nouvelle sensibilité. On peut citer aussi comme « mécène exposant » Berthe Morisot, qui permit, avec l'aide financière de son mari Eugène Manet, la tenue de la huitième et dernière exposition de 1886, celle qui révéla le *Dimanche à la Grande Jatte* de Seurat.

Et pour mesurer la chance qu'eut cette génération d'avoir un Rouart à ses côtés, il suffit de songer aux conditions si difficiles que rencontrèrent les peintres de la suivante : Van Gogh, Toulouse-Lautrec, Anquetin et Bernard, avec Gauguin qui participa aux deux mouvements. Là, pas d'expositions dans un lieu bien aménagé, pas de public averti, pas de presse même hostile, rien. Ils eurent des cafés de troisième ordre, des restaurants cantines et des entrées de théâtre pour montrer quelques œuvres.

Henri Rouart agit aussi par son activité de collectionneur. Il avait acheté quelques toiles avant la guerre de 1870, mais il ne commença réellement à réunir des œuvres en grand nombre qu'après les retrouvailles avec Degas. Son appartement dans le XIᵉ arrondissement ne lui aurait du reste pas permis d'en accrocher beaucoup. Il fallut attendre la construction de son hôtel du 34, rue de Lisbonne pour avoir le lieu propice à une telle entreprise. Et là aussi, il montra une passion et une constance peu communes.

Dès sa journée d'ingénieur terminée, il ne rentrait pas toujours chez lui, mais allait rue Lafitte, quartier où on pouvait trouver la nouvelle peinture. Il fréquentait assidûment les marchands comme Durand-Ruel, mais aussi les salles des ventes, puis devint un familier et client bien connu à qui on proposait des œuvres avant de les mettre en vente. À flâner si longtemps dans les galeries, il rentrait tard pour dîner, mais avec, sous le bras, une œuvre ou deux emballées qu'il n'attendait pas de se faire livrer, trop impatient de les voir immédiatement chez lui et de les montrer à Hélène son épouse.

Parmi les gens qu'il fréquentait, il y avait rue de Mogador, celui qu'on appelait le Père Martin, un de ces personnages originaux de l'époque. Comme Julien Tanguy, le marchand de couleurs, et plus tard le facteur Joseph Roulin de Van Gogh, Pierre Firmin Martin était un ancien ouvrier dénué de préjugés qui s'était enthousiasmé d'emblée pour la nouvelle peinture. Longtemps ouvrier sellier, il avait joué le mélodrame à Montmartre, avant de tenir une boutique où il achetait et vendait des Corot et des Millet, des Delacroix et les nouveaux peintres encore peu coûteux. On pouvait croiser chez lui Corot, Millet quand il venait à Paris, Degas et quelques autres. Sa boutique était pompeusement appelée « Le cercle de Mogador ». Le Père Martin offrait un bon verre de rouge bien charnu en montrant ses dernières acquisitions. Henri Rouart passait le voir très souvent et en revenait rarement les mains vides. Au premier coup de cœur, il achetait sans tergiverser.

En fin de semaine, il partait dans sa maison de La Queue-en-Brie en Seine-et-Marne, mais n'y restait pas toujours. Le samedi matin, à la belle saison, il reprenait le train pour Barbizon par Fontainebleau dans le sud du département et passait deux jours chez Millet avec qui il peignait, échangeait des vues en admirant les œuvres du peintre des paysans. Le lundi matin, il repartait, emportant une toile ou des dessins, pastels ou aquarelles emballés.

Il acheta aussi ses amis et co-exposants impressionnistes, enleva lors d'une vente du 24 mars 1875 deux Monet, un Renoir, deux Morisot. Monet lui vendit *Effet de neige* et Renoir sa fameuse *Parisienne*. Degas lui avait dit : « Tu viens à l'atelier et tu prends ce que tu veux. » Henri Rouart protesta, il tenait absolument à payer et ne se servit jamais comme on l'y invitait. Il passa donc par Durand-Ruel et les marchands pour acquérir ses Degas, ce qui explique peut-être leur nombre restreint malgré tout, chez l'ami intime du peintre.

Il s'intéressa aux anciens, et fut l'un des premiers à acheter des Greco, réhabilitant ce peintre oublié. Il acquit des Vélasquez de toute beauté, et des maîtres du XVIIIᵉ siècle français comme Chardin et Fragonard, des Allemands, des Italiens de la Renaissance, et de nombreux Delacroix, Daumier, Jongkind, Isabey, un autoportrait dit « à la ceinture de cuir » de Courbet.

Peu à peu, le 34, rue de Lisbonne se couvrit de toiles et de dessins sur un étage, deux, puis trois étages. Il fallut accrocher dans les escaliers.

Sa collection qui comprenait des dizaines de Corot devint rapidement célèbre et d'autres collectionneurs venaient la voir, tandis que Rouart rendait la visite pour admirer les plus belles pièces de ses collègues en passion.

L'un d'eux, un certain Cherfils, possédait un joyau : *La moue* de Goya, un portrait d'une femme brune, la frange sur le front, vêtue d'une laine qui moussait dans un bleu impalpable sur fond gris. Elle faisait la moue, entre deux boucles d'oreille en or. Une merveille devant laquelle les deux hommes se pâmaient à l'infini. Un jour ce pauvre monsieur tomba malade et aussitôt Henri Rouart d'aller prendre de ses nouvelles. L'affaire était sérieuse. M. Cherfils, alité, était persuadé de mourir bientôt, il se releva un peu et murmura à son ami qu'il lui destinait le Goya et qu'il devait partir avec. Henri Rouart, surpris, refusa, jamais il ne ferait pareille chose, c'était inconcevable.

– *Il n'y a que vous qui puissiez l'avoir après moi*, lui dit M. Cherfils[1].

Non, c'était impossible. Rouart prit bientôt congé et promit de revenir s'enquérir de la santé du malade.

Hélas, quelques jours plus tard, il apprenait le décès de cet ami et le lendemain arrivait le Goya avec la dernière volonté du mort qui l'accompagnait. Il déballa le tableau. La dame en bleu lui faisait toujours la moue.

L'histoire ne dit pas près de qui il accrocha une personne aussi exigeante.

D'autres anecdotes sur cette collection viendront en leur heure. Ces choix où la nouvelle peinture dominait ne sont judicieux qu'à nos yeux, nombre de ses amis, et des parents, venus lui rendre visite, lui demandaient pourquoi il avait mis « tant d'horreurs » sur les murs d'un hôtel si confortable et si agréable. Comment pouvait-il accrocher les « inachevés » de Corot, les « caricatures » de Daumier, les « rusticités » de Millet, les « ébauches » de Manet, les « esquisses » de Berthe Morisot, les « barbouillages » de Monet et Renoir ? Il était fou ! Certains le pressaient : « Mais pourquoi avez-vous acheté cela ? » Il répondait non sans humour en tirant sur sa pipe : *C'est parce que cela me plaît beaucoup*[2].

---

1. *La collection Henri Rouart*, préface d'Arsène Alexandre, Goupil, Paris, 1912.
2. *Ibid.*

L'Allée cavalière au Bois de Boulogne de Renoir, cette symphonie de gris et de noirs fut refusée au salon de 1873. Le lendemain de la décision du jury, Henri Rouart se rendit à l'atelier du peintre pour lui acheter avec enthousiasme cette toile de grande dimension qui prit aussitôt le chemin de la rue de Lisbonne.

La leçon de musique de Manet, *Sur la plage*, sans parler de la ravageuse *Brune aux seins nus* du même, avaient été raillés, hués par la presse et le public. Rouart qui les avait remarqués, les acheta immédiatement quand l'occasion se présenta.

Lors du retour de Gauguin de Polynésie en 1894, Henri Rouart venu voir ses toiles rapportées de là-bas lui demanda :

– *Monsieur Gauguin, est-ce que le sable de Tahiti est aussi rouge que dans vos tableaux ?*

– *Non, Monsieur Rouart, mais j'aime tellement le rouge*[1] *!*

Henri Rouart acheta deux toiles de Gauguin, dont plus tard l'énigmatique *Nave Nave Mahana* de 1896 (« jours délicieux » en maori), qui fut l'un des chefs-d'œuvre de sa collection, aujourd'hui au musée des Beaux-Arts de Lyon.

Plus tard, en 1905, s'exprimant dans la revue *L'Occident* où travaillait son fils Louis Rouart, il écrivit : *Ce qui m'intéresse dans une œuvre d'art c'est sa qualité et nullement le nom y attribué ou sa valeur commerciale*[2].

On ne trouve, en effet, aucune des gloires du temps dans sa collection, ni Bouguereau, ni Gérôme, ni Couture, ni Cormon, dont les prix flambaient et semblaient des investissements prometteurs, et hélas pas un David et une seule toile d'Ingres, malgré Degas qui l'aimait tant. On devinait là de vieilles rancunes contre les élèves tyranniques du maître de la *Grande Odalisque*.

---

1. Cet échange si révélateur de l'art de Gauguin est resté dans la famille Rouart et nous fut rapporté par Jean-Marie Rouart.
2. *L'Occident* n° 44, juillet 1905.

Le vendredi il ouvrait sa collection à tout visiteur qui le désirait, après avoir caché soigneusement ses propres toiles. Il avait coutume de dire aux admirateurs : *Je n'ai jamais eu ici que des choses de passion*[1]. Sa maison devenait ainsi un cabinet d'études de la nouvelle peinture.

Les tableaux de taille moyenne, sauf exception, étaient accrochés à touche-touche et lui-même ne les comptait plus. Ce n'était pas une maison, mais un musée, un temple, une caverne d'Ali Baba regorgeant de trésors. Cinq cents toiles de maîtres, grands ou petits, et quatre cents dessins, aquarelles ou pastels. Cet ensemble fabuleux donne la mesure de la rage et de la constance nécessaires pour le réunir. On reste confondu, et tous les témoins du temps le furent, devant l'énergie d'un homme pareil. Mais quelle difficulté à venir pour ses fils. Comment se mesurer à un tel père ?

Henri Rouart installa son atelier dans la pièce à plafond haut couverte de toiles. Il y peignait ou finissait ce qu'il avait entrepris dehors.

Degas, qui ne travaillait qu'en atelier (*une bonne fenêtre* suffisait, selon lui, pour dessiner *toute espèce d'arbres, de fleurs de montagnes*[2]...), le raille souvent dans ses lettres pour son goût de la peinture de plein air. Arrivé en 1884 dans l'Orne et tout étourdi par le grand air, Degas écrit à cet ami qu'il connaît bien : *Comment faites-vous donc pour arriver dans un pays, non préparé, et y travailler le lendemain à 6 h du matin, le jour même si vous avez passé la nuit en voyage ? Vous aimez la nature plus que moi, me répondrez-vous*[3].

Il y a chez Henri Rouart un étonnant et déroutant mélange de démesure et de maîtrise. Il avait une voix claire et douce, souriait souvent selon ses amis, et poursuivait obstinément son chemin de bâtisseur que rien n'arrête.

---

1. *La collection Henri Rouart...*, préface.
2. Degas, *Lettres*, à Henri Rouart, vers 1888, p. 129.
3. *Ibid.*, 22 août 1884, p. 83.

À cinquante ans, vers 1883, il estima qu'il avait assez travaillé comme ingénieur et décida de se consacrer uniquement à la peinture et à ses collections.

V

Berthe Morisot, symphonie de l'inachevé

Berthe Morisot exposa huit œuvres en 1874, dont le fameux *Berceau*, deux pastels et trois aquarelles. Seule femme à participer, elle faisait son entrée dans le mouvement, aux côtés de ses pairs et bientôt amis proches. La presse lui fut assez favorable. À la vente, ses tableaux partirent à un prix plus élevé que ceux de Monet, Renoir et Degas. Henri Rouart lui acheta une peinture et une aquarelle.

Comme lui, elle œuvra beaucoup pour apaiser les querelles entre les uns et les autres et il devint un de ses amis. Mais il ne semble pas qu'ils se soient fréquentés. Elle participa à sept expositions sur huit, manquant la quatrième, celle de 1879, après avoir accouché de sa fille Julie.

Outre son parcours biographique, le plus intéressant est l'évolution fascinante de sa peinture. La facture de ses tableaux présente en effet une audace croissante, marquée par la dissociation de la touche, jusqu'à laisser visible la toile nue dessous. Son ambition se borne, explique-t-elle, *à vouloir fixer quelque chose de ce qui passe, oh, quelque chose, la moindre des choses. Eh bien, cette ambition-là est encore démesurée*[1]. Berthe n'a pas eu à lutter contre les maîtres de la peinture historique pour s'imposer. Elle a d'emblée et très naturellement, sans conflits inutiles, trouvé sa voie dans cette peinture

---

1. Berthe Morisot dans ses carnets, in *Berthe Morisot, Catalogue raisonné...*, p. 9.

du temps qui passe, ou au cœur du temps, de l'instant, qui caractérise le mouvement impressionniste.

Manet avait certes ouvert cette voie, dans des œuvres d'une facture, une « écriture », dirait-on, pour employer ses mots, toujours plus libre. Pourtant, l'examen de son catalogue raisonné montre que la dissociation de la touche dans sa peinture, n'apparaît pas avant sa rencontre avec Berthe Morisot pour son fameux *Balcon*. Jusque-là, tout en schématisant sa peinture en allant droit de la lumière à l'ombre sans transition, il en était resté à une facture classique. On lui connaissait des dessins ou lavis qui jouaient avec le vide du papier à la manière de Rembrandt, mais l'idée de faire de même en peinture ne lui était pas venue. Et longtemps, il est malaisé de distinguer dans ses œuvres à la touche dissociée et rapide ce qui relève de l'inachèvement par abandon et ce qui est délibéré.

Il est remarquable que ce soit dans le portrait de Berthe au manchon vers 1869, aujourd'hui à Cleveland, qu'apparaît pour la première fois cette « écriture » picturale où les pleins et les « vides » s'entrecroisent pour rendre des effets saisissants. L'œuvre, conservée jusqu'à sa mort dans son atelier, apparaît néanmoins comme le témoignage d'une unique séance de pose enlevée très vite et restée inachevée. Peut-être aussi le peintre et son modèle qui échangeaient tout le temps durant le travail ont-ils convenu que c'était aussi bien ainsi.

Y eut-il dans cette recherche comme une « collaboration » entre les deux peintres ? On ne le saura sans doute jamais.

Toutefois, et pour souligner le côté instinctif de toutes choses chez lui, même lorsqu'il expérimente cette nouvelle façon de peindre, Manet revient dans le tableau d'après à une facture plus classique. Par exemple, le *Chemin de fer* à la touche si sage est l'exact contemporain de *La dame aux éventails* de 1879 à la touche tourbillonnante, parfois en zébrures sur le canapé.

Plus loin que Manet, et longtemps avant Van Gogh qui recherchera consciemment cette discontinuité du trait dans ses lettres, puis dans sa peinture, Berthe Morisot réalisa ces toiles « inachevées » selon les canons classiques, mais plus dynamiques, plus émouvantes pour l'œil et l'esprit.

N'ayant rien à prouver aux officiels comme Manet croyait devoir le faire, réalisant une sorte de peinture privée, quasi familiale, à l'abri du besoin financier, elle a pu approfondir ses recherches en toute liberté, jusqu'à créer une écriture picturale d'une étonnante hardiesse, poursuivie avec acharnement durant une longue période. Manet avait dit que l'art doit être l'écriture de la vie. Berthe Morisot s'avança dans cette voie pour donner non une représentation classique, même noyée dans l'impalpable de la lumière comme Monet, mais un ensemble de signes en touches violentes, rageuses, détachées, comme admirablement pensées, qui disent le « vu » autrement que par une imitation du réel.

Une telle écriture qui utilise tous les moyens du graphisme au service de l'acte de peindre, à commencer par le vide du papier transposé sur la toile, cherche à nous toucher à la racine de nos sensations.

La recherche contemporaine en neurosciences a apporté des lumières inattendues sur cette question. Devant semblables images « inachevées », ne donnant que des informations parcellaires, ce n'est plus notre raison qui décrypte l'image sur la toile, mais un sens plus archaïque du cerveau profond, que nous partageons avec les grands prédateurs et avec leurs proies : cette aptitude que nous avons, au départ pour la chasse ou la sauvegarde, à interpréter dans un état de concentration maximale et à une vitesse fulgurante, puisque la survie en dépend, des signaux très partiels, intermittents, d'une extrême fugacité, « inachevés » en un mot. Pour la même raison, un feu clignotant sera toujours plus visible qu'un feu fixe même plus intense.

Un prédateur n'attend pas d'avoir tous les signes sous les yeux pour lancer son attaque avec quelque chance de réussite, et si sa proie attend d'avoir le lion bien en face pour fuir, elle est perdue. Le cerveau profond possède donc une aptitude à construire à une vitesse folle un scénario à partir de signes parcellaires visuels, entre autres.

Ces grands peintres comme Berthe Morisot, plus tard Van Gogh et quelques autres, ont dans leur création reconstruit des images dont l'inachevé parfait nous mobilise immédiatement. Les toiles de Berthe, ces blancs qui scintillent, agissent sur nous comme des appels éternels qui nous comblent tout en nous laissant perpétuellement inassouvis[1].

Manet, par son refus d'user de tons intermédiaires de l'ombre à la lumière, en procédant par aplats de couleurs tranchées, avait esquissé cette forme d'écriture picturale simplifiée qui donnait la jouissance maximale à l'œil du spectateur. Berthe Morisot explora avec plus de ténacité la même voie, se donnant ainsi le moyen de saisir d'emblée ce que l'instant peut avoir de plus fugitif. Or ce caractère évanescent, si on le reconstruit par toutes les nuances voulues dans un tableau, demandera à notre cerveau un long temps de décryptage qui ne lui permettra pas de ressentir la fugacité extrême de l'instant. Par cet ensemble de signes brefs, nerveux, épars, produits d'un labeur acharné et d'une habitude telle que la main trouve les solutions presque sans le recours de la pensée, Berthe Morisot nous permet de saisir sans retard, entraves, ou temps perdu, cet instant qu'elle a voulu nous transmettre. L'inachèvement de cette écriture picturale de type graphique devient le seul moyen pour le cerveau du spectateur de saisir dans l'instant de la vision la fulgurance de l'instant représenté.

---

1. Depuis dix ans les neurosciences explorent avec succès ces mécanismes de la perception chez l'homme. Les ouvrages d'Alain Berthoz donnent les conclusions de ces travaux fascinants par les conséquences qu'ils impliquent dans l'histoire du regard.

Un poète et critique lucide, Jean Ajalbert, le comprit dès 1886 en écrivant à propos de la peinture de Berthe qu'*elle a un style télégraphique avec des vocables bien choisis ; deux mots suffisent à traduire sa pensée.* Elle-même notait à la fin de sa vie : *Je crois que, quand nous pensons très vite, nous omettons les verbes et soulignons les adjectifs*[1].

Parmi les tableaux qui illustrent cette manière, celui qui montre Eugène Manet et sa fille dans le jardin de Bougival daté de 1883 est l'un des plus grands. Eugène est comme surpris par le peintre alors qu'il lisait peut-être quelque histoire à sa fille assise de dos. Un chapeau de paille sur la tête, il lève les yeux vers sa femme. Le père et l'enfant sont assis sur des pliants. Entre eux un petit bateau flotte apparemment dans une mare esquissée, et toute l'œuvre est une extraordinaire symphonie de l'inachevé. Tous les prestiges de l'art de peindre et ceux du dessin fusionnent dans une écriture d'une exactitude absolue pour nous restituer ce que cet instant peut avoir d'éternel par sa fugacité même.

Berthe Morisot devait être d'une folle impatience, cela se sent et se voit dans ses choix esthétiques. Sa place est à situer entre Manet et les impressionnistes purs comme Monet et Renoir. Elle utilise les prestiges de la couleur des seconds au service d'une idée de la peinture du premier en allant plus profond encore vers ce qui la hantait, le rendu de l'instant, de l'éphémère, et plus tard de la jeunesse des adolescentes dans son premier éclat.

Il n'est pas étonnant que Mallarmé fût devenu son ami le plus proche avec les années, il était peut-être le seul à l'avoir vraiment comprise, car dans sa poésie on retrouve la même recherche de concentration absolue.

On sait qu'elle fut à ses débuts une aquarelliste d'une étourdissante virtuosité. Il semble bien que l'habitude de

---

1. Cité par Dominique Bona, *Berthe Morisot, le secret de la femme en noir*, LGF, 2008, pp. 342-343

l'aquarelle, sa rapidité, et la rencontre avec Manet, aient été des jalons qui l'ont conduite jusqu'à cette maîtrise. Dans sa *Liseuse de l'illustré* de 1879, on constate que Manet subit son influence, juste retour des choses. Il suffit d'observer comment il représente le col de tulle de la liseuse... C'est un hommage à sa belle-sœur et amie.

L'art de Berthe Morisot n'a toujours pas reçu une reconnaissance universelle, comparable à celle dont les autres impressionnistes ont bénéficié. Pourtant, nombre de ses toiles ont plus de tenue, bavardent moins que d'autres plus connues, comme les Renoir de la dernière période. Sa qualité de femme l'a beaucoup desservie. Il faut lui redonner la place qui est la sienne, sans doute la première de toutes les femmes qui ont peint, malgré Frida Kahlo, Elisabeth Vigée-Lebrun, Artemisia Gentileschi, et quelques autres.

On s'en doute, cette peinture ne se fit pas ainsi, aisément. Plus Berthe Morisot s'éloignait des canons, même impressionnistes, plus elle doutait, se tourmentait, entrait dans des accès de fureur aveugle où elle détruisait des œuvres qu'elle ne reconnaissait pas dans l'instant de la colère. Francis Bacon fera de même, il rachètera 50 000 dollars un tableau qu'il n'aimait pas dans une galerie pour le détruire aussitôt sorti sur le trottoir devant le galeriste médusé. Pas facile de s'aventurer si loin aux limites du visible avec l'indispensable haine de soi chevillée au cœur.

En 1878 naît sa fille Julie Manet, alias Bibi. Berthe est comblée. Toute au soin de sa fille, elle n'expose pas avec les impressionnistes en 1879. Elle qui a tant peint sa sœur, ses nièces, quelques fois son mari, va pouvoir prendre son enfant comme modèle, inlassablement. Berthe reçoit quelques-uns des plus grands esprits du temps, et Mallarmé entre dans son cercle d'amis pour y rejoindre Monet, Renoir et toujours Degas.

Par son génie, par sa recherche aussi acharnée que désespérée, Stéphane Mallarmé tient une place éminente dans cette aventure de l'art français dont il fut le créateur le plus ambitieux. Il fut aussi l'ami proche des Rouart, de Berthe Morisot, et le tuteur légal de sa fille Julie.

Né en 1842, il est fils de Numa Mallarmé, un prénom qui renvoie directement à la Révolution, et d'Elizabeth Desmolins. Numa Mallarmé est employé à l'administration de l'Enregistrement et des Domaines. Une fille, Maria, naît en 1844 ; puis la mère meurt en 1847 au retour d'un voyage en Italie, Mallarmé a cinq ans. Le père se remarie un an plus tard, les deux enfants sont confiés à leurs grands-parents maternels qui ne remplaceront pas, tant s'en faut, l'amour de leur mère. Le jeune Stéphane et sa sœur fonctionnent alors en circuit fermé, pourrait-on dire, dans une vie affective mélancolique, hantée par le souvenir de la mère et du foyer d'autrefois. Las, Maria meurt en 1857, le 31 août, quand le jeune Stéphane atteint ses quinze ans. Cette disparition qui ravive la perte ancienne, crée au cœur du jeune adolescent du lycée de Sens, une blessure incurable et une souffrance indicible.

Depuis que Maria m'a quitté pour aller dans une autre étoile – laquelle, Orion, Altaïr – j'ai toujours chéri la solitude… Etrangement et singulièrement j'ai aimé tout ce qui se résumait en ce mot : chute. Ainsi, dans l'année, ma saison favorite, ce sont les derniers jours alanguis de l'été, qui précèdent immédiatement l'automne et, dans la journée, l'heure où je me promène est quand le soleil se repose avant de s'évanouir, avec des rayons de cuivre jaune sur les murs gris et de cuivre rouge sur les carreaux[1].

Cette confidence rare, avec le fameux poème *Sur les bois oubliés quand passe l'hiver sombre*, révèle la source où va s'abreuver la poésie de Mallarmé.

Le jeune homme renvoyé à une solitude douloureuse va se réfugier dans la poésie pour laquelle il se découvre d'éton-

---

1. Stéphane Mallarmé, *Divagations, Œuvres complètes* II, Gallimard, Pléiade, 2003, p. 84.

nantes facilités auxquelles il tourne vite le dos, car il cherche à exprimer ce que sa souffrance a d'indicible, puis ce que la vie même contient de mystères sans paroles.

Commence un chemin poétique riche en œuvres sublimes et de plus en plus obscur (*Tristesse d'été, Azur, Tombeaux, Sonnets, Hérodiade, L'Après-midi d'un faune,* etc). L'acharnement à vouloir retranscrire l'indicible le conduit à devenir une sorte de gourou lu par quelques disciples enthousiastes. À la fin de sa vie, il se consacre à la composition d'un livre ou plutôt du Livre qui serait celui de l'Absolu et réinventerait le monde en mots. Ce Livre avait l'ambition de tout dire et finalement d'« être » son auteur dans la forme d'un texte définitif. Mais cette tentative échoue et il demande à sa femme et à sa fille de détruire ses papiers au seuil de la mort causée par un spasme très symbolique de la glotte. Il laisse une enveloppe cachetée portant les mots « ultimes recommandations » écrits de sa main. L'épouse et la fille l'ouvrent, elle est vide… Échec définitif du fameux Livre ou suprême humour anglais de Mallarmé qui était angliciste, et sans doute les deux à la fois.

Mallarmé aura poussé jusqu'à la limite ultime l'illusion romantique qui croyait pouvoir exprimer l'inexprimable par les moyens de l'art, transmettre, dans une transparence absolue, ce qu'un être a ressenti ou ressent. Objectif évidemment impossible à atteindre, car il se heurte fort heureusement à la barrière infranchissable qui fait que nous sommes des individus biologiquement différents.

L'art ne donnera, par les sons, les mots ou les formes, que des images de ce qu'un créateur ressent ou a ressenti. Le jaillissement secret de ses sentiments, de ses sensations et leur chair, il est seul à les connaître, ou plutôt les reconnaître chaque fois qu'ils sont là, mais il ne pourra jamais les communiquer sans passer par une médiation imaginaire. Même géniale, une musicienne, poète ou peintre, ne pourra jamais transmettre cet inexprimable qui fait sa jouissance dans l'amour ou toute autre sensation qui fait qu'elle sent comme un individu qui ne ressemble à aucun autre et sera enterré avec ses trésors.

Elle donnera quelques images à partir desquelles on pourra supputer à l'infini, mais dont on ne tirera jamais une seule certitude vécue dans sa chair, identique aux sensations qui lui ont permis d'écrire telle musique ou tel poème. De là le caractère de l'émotion esthétique, sans racines, sans pesanteur, qui donne l'illusion de pouvoir exprimer l'inexprimable. Mais il n'en est rien, on ne peut donner à son semblable qu'une analogie qui soulève le coin du voile, ce qui est déjà beaucoup. La communication, même en art, se fait sur fond de silence absolu.

Que la création doive aller au plus profond, nul ne le conteste, mais elle doit se garder de cette aspiration implicite et mortifère à vouloir ou prétendre que nous sentions tous de la même façon, ce qu'une transparence parfaite permettrait. L'impossibilité à dire l'indicible, autrement dit l'opacité biologique qui constitue chacun de nous comme un être différent fait de chair et d'os, est la plus belle qualité de notre espèce. Si par malheur cette muraille devait tomber, par quelque manipulation génétique ou autre, il vaudra mieux ne plus faire partie des hommes et quitter au plus vite un monde amibien condamné tôt ou tard à une mort inéluctable par annulation progressive de tout ce qui fait sens et sensation.

Il y avait dans cette ambition mallarméenne l'idée implicite que l'humanité puisse être un tout indistinct non fractionné en individus séparés comme autant de citadelles. Loin d'être une malédiction, cet état de choses apparaît comme un bonheur.

L'échec de Mallarmé, dont il tira des accents extraordinaires pour parler de son « impuissance », ne fut pas immédiatement compris. On croyait encore pouvoir traverser la barrière biologique et mettre en mots ce que nous sommes, autrement dit ne plus être matière et devenir des mots !

Tentation aussi ancienne que les grandes traditions mystiques.

Berthe Morisot dans sa première peinture allait dans la même direction que Mallarmé, désirant déchiffrer le mystère du monde dans l'instant qui passe, mais elle changera de manière après avoir longtemps cheminé au prix d'efforts et de souffrances inouïs sur cette crête entre ordre et chaos. L'amitié de plus en plus grande entre ces deux êtres n'était pas un hasard.

Ce mouvement de l'art français qui allait toujours plus vers l'individu, son présent, trouvait donc sa limite avec Mallarmé. Nul n'est allé aussi loin que son *Coup de dés qui n'abolira jamais le hasard.* On a pu dire de lui fort justement qu'il était un mystique laïc. Franc-maçon et fasciné par les ténèbres de l'occulte, il sort, dans ses ultimes tentatives, de ce qu'on peut appeler l'art.

Vers la fin de sa vie en 1896, un jeune écrivain inconnu de vingt-cinq ans, qui signait Marcel Proust, l'attaqua sans le nommer dans un article intitulé *Contre l'obscurité.* Pressentant quelque chose de cette impasse, sans en deviner les raisons, Marcel Proust disait du poète : *S'il parcourt la nuit, que ce soit comme l'Ange des ténèbres, en y portant la lumière.* Il écrivait aussi : *Que les poètes s'inspirent plus de la nature, où, si le fond de tout est un et obscur, la forme de tout est individuelle et claire*[1].

Malgré ou à cause de cette tension vertigineuse qu'il s'imposait, qui lui faisait vivre tant d'heures stériles supportées avec un humour ravageur, Mallarmé était le plus délicieux des êtres en société. Son intelligence et sa sensibilité en faisaient un critique hors pair tant en poésie qu'en musique ou en peinture. Son arrivée dans le cercle étroit des amis de Berthe Morisot fut pour elle d'une singulière douceur au moment où arrivait le temps des épreuves.

---

1. Marcel Proust, *Contre l'obscurité*, in *Contre Sainte-Beuve*, Gallimard, Pléiade, 1971, pp. 391 et suiv.

Si la vie lui a apporté jusque-là bonheurs, reconnaissance par ses pairs et promesses, la mort et une grande souffrance entrent dans l'existence de Berthe, précédées d'une ombre dévastatrice.

Édouard Manet, atteint par la syphilis, est détruit lentement. On dit qu'il a une ataxie, incapacité à mouvoir sa jambe gauche, manière de masquer la vérité. Il a bel et bien la maladie du siècle, dont on ignore tout et qui prend des formes variables à l'extrême selon les individus. La syphilis frappe une personne sur sept à Paris, 16 % de la population environ. Elle frappe bien plus encore le milieu de rapins, peintres, modèles féminins à la jambe légère, grisettes et titis. Elle ne connaît ni saison, ni répit, et touche parfois plus de monde que le rhume. On sait la décrire un peu, mais on ne connaît pas encore le germe découvert en 1905 et on ne comprend rien à ses variations individuelles déroutantes. Tel sujet finira paralysé et aphasique comme Baudelaire, tel autre sera quasiment aveugle comme Degas, Manet ne peut plus se servir de sa jambe gauche, Gauguin en mourra comme Maupassant ; Van Gogh s'est suicidé avant d'en mourir, Renoir niait l'avoir eue, tout en assurant n'avoir rien fait pour l'éviter, mais si on en juge par l'évolution de ses mains, on peut en douter. Et la liste n'est pas close.

Comme on ne savait rien de la maladie et des processus contagieux, la plus grande incertitude régnait. Mieux valait s'abstenir de multiplier les partenaires. Quant aux traitements de l'époque, ils étaient inopérants et tuaient parfois autant que la maladie, comme le mercure. On envoyait le patient, se reposer, prendre l'air, la chaleur, les eaux ou des tisanes. Autant de plaisanteries thérapeutiques. Seuls les antibiotiques, la pénicilline dès son apparition, eurent raison du tréponème pâle, la bactérie responsable de la syphilis.

Manet entre donc dans la phase finale. Sa santé se dégrade de plus en plus. Il a accompagné les impressionnistes, s'est mis à peindre en plein air, a même subi l'influence de la touche dissociée de Berthe dans plusieurs toiles, puis est revenu à ses obsessions, son style, sa puissante saisie de l'objet sans suivre la voie de la nouvelle peinture. Il ne participera à aucune exposition impressionniste, pensant gagner sa place au Salon. Mais malgré tant de chefs-d'œuvre, la reconnaissance ne viendra pas, sinon, sur le tard, sous la forme d'une médaille de peu d'importance. Qu'il soit à Venise, devant une blonde ou une brune aux seins nus, dans un café enfumé parmi les buveurs de bière, au bord de l'eau à peindre Monet peignant, devant un bar aux Folies Bergères où il s'amuse à citer Vélasquez en plaçant un miroir derrière son modèle, son génie éclate de puissance pour donner aux yeux quelques-unes des plus belles fêtes de l'histoire de l'art.

Les médecins l'envoient de ci de là, lui font absorber des drogues et des poisons, il lutte avec ce regard farouche, presque fou, qui fait penser à celui de Van Gogh par moments. Non, il ne se rendra pas sans combattre. Mais il sent pourtant que la partie est perdue. Le voilà dans une maison l'été. Puis de retour à Paris, puis là, puis là, qu'importent lieux et places ? Une lutte s'engage entre lui, la maladie et son art. Il peint un tableau inachevé, *Le clairon* : un soldat au regard halluciné, qui souffle dans son instrument comme s'il annonçait la mort du peintre.

Il peint ensuite une femme, la fille d'un libraire de la rue de Moscou. Il l'a habillée de noir, elle avance, une barrière habillée de végétal derrière elle, qu'elle a comme refermée, en fuseau collant, visage presque asiatique, à peine suggéré, sous un haut-de-forme noir, et la cravache à la main. Elle est censée être une amazone descendue de cheval ou qui s'apprête à monter. Pleine face, les yeux plissés, elle ressemble plus à la mort qui vient chercher le peintre du noir. Manet l'a esquissée ou peinte sous un autre angle en d'autres essais, mais ici il la travaille de face, presque en pied, en apparition.

Puis un jour un ami, Pierre Prins, vient lui rendre visite et dans un accès de colère, il a sans doute compris, il lacère en sa présence cette Annonce de la Mort de haut en bas. C'est fini. Il n'y aura plus de figure de femme dans sa peinture. Son catalogue signale deux autres portraits féminins, l'un est une esquisse sans visage, l'autre un tableau douteux sur lequel est intervenue une main étrangère.

Il peint le jardin de la maison où il se trouve, un jardin désert, une allée dont on ne voit pas où elle mène, comme dans le fameux *Champs de blé aux corbeaux* de Van Gogh, ou ces oiseaux qui s'envolent au loin de Nicolas de Stael. Un arbre cache de son tronc l'entrée de cette maison que Manet déteste. Pas d'entrée, pas d'issue. Une prison.

Berthe, bouleversée, accourt, avec Eugène et Julie âgée de quatre ans. L'enfant joue près d'un arrosoir dans le jardin ou fait des pâtés de sable. Elle se tourne vers Manet, il la saisit à une vitesse folle, sans effacer les repentirs ni les à peu près de dessin. Seul le visage de Julie Manet est travaillé, et sous le chapeau qui la protège du soleil son regard d'enfant, tel une ultime promesse. Une œuvre pleine d'inachevés, un tableau esquisse comme ceux de Berthe Morisot. Ce sera le dernier visage de la peinture d'Edouard Manet, sa nièce, la fille de la femme qu'il a peinte tant de fois et peut-être aimée.

Dès lors, il ne peindra que des fleurs dans des vases, d'abord sur fonds bleus, puis sur fonds noirs, son noir. Lui dont le génie a été tant insulté, sur lequel on a tant craché, nous donne tels les grands et ultimes accords wagnériens du *Crépuscule des dieux* ou ceux des *Adieux de Wotan*, son salut et sa couronne mortuaire. Des fleurs, encore des fleurs, images somptueuses et déchirantes quand on sait comment elles sont venues à la lumière. Manet a une maîtrise absolue des reflets, des couleurs, des accords de tons, de la grâce rendue par ces corolles de velours. Le dernier tableau selon le catalogue raisonné dressé par Denis Rouart, le fils de la petite

Julie à l'arrosoir, montre une fleur rouge tombée et morte au pied du vase tandis que les autres rutilent là-haut. Sa propre vie qui s'achève. Cinquante et un ans.

La gangrène gagne sa jambe, on l'ampute en avril 1883, sans anesthésie, bien sûr. Souffrances atroces. Il meurt trois semaines après l'opération.

Berthe écrit à Edma : *Ces dernières journées ont été bien pénibles ; atrocement douloureux pour ce pauvre Édouard ! Son agonie épouvantable ! Enfin c'est la mort sous un de ses aspects les plus affreux que j'ai encore une fois vue de tout près ! Joins à ces émotions presque physiques, l'amitié déjà si ancienne qui m'unissait à Édouard, tout un passé de jeunesse et de travail s'effondrant et tu comprendras que je sois brisée*[1].

Elle l'est en effet. Un signe le montre : ses blancs purs, éclatants, s'éloignent dans sa peinture ; désormais, ils seront ombrés de jaune, de bleu, de rose, mais de jaune surtout, comme jeunesse qui se fane.

Manet était le peintre du noir ; tant qu'il vécut elle fut celui des blancs éclatants et festifs. Étonnante projection chez Berthe. À son insu selon toute vraisemblance. Comme s'ils formaient une sorte de couple pictural, par-delà l'impossible amour dans leur vie telle qu'elle se dessina au jour le jour. Cette attirance de Berthe pour le blanc face au noir de Manet, n'est-elle pas, inconsciemment, une forme de mariage symbolique ?

Une exposition des œuvres de Manet est organisée l'année suivante à l'École des Beaux-Arts en 1884. 179 œuvres sont présentées, dont 116 peintures ; le catalogue est préfacé par Zola. On espère une vente d'importance en faveur de Suzanne, sa veuve. Mais c'est une *déroute extraordinaire*[2] selon Berthe. Manet est encore un paria. Seuls quelques rares collectionneurs, les amis et la famille achètent. Sur les

---

1. *Correspondance de Berthe Morisot*, p. 114.
2. *Berthe Morisot, Catalogue...*, p. 58.

116 000 francs que rapporte la vente, Berthe et Eugène y sont pour 20 000. Henri Rouart, toujours là, achète des toiles comme le chef-d'œuvre *Sur la plage* aujourd'hui à Orsay, ou *La leçon de musique,* bien au-dessus du prix demandé, à plus de quatre mille francs.

Mais la maladie frappe encore autour de Berthe. À la fin de l'année, Gustave, le plus jeune frère Manet, qui faisait de la politique et était conseiller municipal de Paris, meurt probablement de syphilis, lui aussi. Eugène l'a accompagné dans le Midi pour l'aider à se soigner. Un mois plus tard, la belle-mère de Berthe, Madame Manet, meurt à son tour. On lui avait caché la mort de son dernier-né.

Eugène et Berthe partent pour Amsterdam avec Julie, mais Berthe est trop dans l'impressionnisme et au cœur d'elle-même, ou trop prise de chagrin pour aimer ailleurs, elle rejette le Rembrandt de la *Ronde de Nuit* : *Du bistre le plus désagréable,* précise-t-elle[1]. Seul Rubens trouve grâce à ses yeux, pour ses ciels de Flandre dont elle a pu apprécier la représentation si juste.

Berthe est devenue non seulement l'un des grands peintres impressionnistes, mais elle a réussi à réunir autour d'elle les autres génies du groupe. Renoir, Monet, Degas, se retrouvent régulièrement chez elle, bien que les deux derniers aient tant de mal à s'entendre. Mallarmé est toujours là lui aussi. L'amitié entre Berthe et lui n'a cessé de se resserrer et une importante correspondance a commencé entre eux. Il séjourne le plus souvent à Valvins, près de Fontainebleau, et on se promet de lui rendre visite.

Mallarmé allège les soucis et les angoisses de Berthe. Plein d'humour, il écrit des lettres dont l'adresse sur l'enveloppe est libellée en vers à destination du facteur et Berthe les collectionne :

---

1. *Correspondance de Berthe Morisot,* p. 127.

Apporte ce livre, quand naît
Sur le Bois, l'Aurore amaranthe,
Chez Madame Eugène Manet
Rue au loin Villejust 40

À Berthe encore qui séjournait à Mézy :
Sans t'étendre dans l'herbe verte
Naïf distributeur, mets-y
Du tien, cours chez Madame Berthe
Manet, par Meulan, à Mézy.

Sur l'enveloppe d'une lettre à Verlaine :
Je te lance mon pied vers l'aine
Facteur, si tu ne vas où c'est
Que rêve mon ami Verlaine
Ru'Didot, Hôpital Broussais.

Ou cette délicieuse trouvaille pour l'adresse de Renoir :
Villa des Arts, près l'avenue
De Clichy, peint Monsieur Renoir
Qui devant une épaule nue
Broie autre chose que du noir.[1]

Toutes ces lettres sont arrivées à destination.

L'autoportrait de Berthe réalisé en 1885 la montre dans ce style parfaitement « inachevé » qui lui est propre, saisie sans recherche de précision ou de ressemblance excessive bien qu'on la reconnaisse bien. Les cheveux noués en catogan, une veste brodée en des tons brun orangé, la poitrine presque arrogante qui affirme sa condition de femme, elle se regarde au milieu de coups de pinceau ou de brosse comme autant de coups de sabre. Ce n'est plus la jeune femme peu affirmée peinte par Manet, ni même la future épousée du onzième portrait à l'éventail ; ici, elle se

---

1. Mallarmé, *Œuvres* I, pp. 264 et suiv.

112

montre dans sa maturité et son génie de peintre, femme et mère. La toile est visible sous les traits jetés dessus, de larges parties sont à peine esquissées. Sa fille Julie crut longtemps que le tableau était inachevé. Mais non, Berthe l'avait voulu ainsi, on retrouva un document qui prouvait qu'elle l'avait exposé, donc considéré comme « fini ». Là, nous avons la Berthe Morisot visionnaire qui avance dans une voie nouvelle, plus radicale que celle de ses amis impressionnistes, celle-là même que Van Gogh met au point et analyse à longueur de lettres au fond de sa Hollande depuis plusieurs années. *Trop de détails effacent la rêverie*, écrivait-il à Van Rappard de La Haye[1]. Berthe l'a compris aussi, de façon plus intuitive : certes, cette écriture très rapide permet la saisie immédiate de l'instant, mais son inachevé laisse les doutes et la rêverie s'installer. L'esprit, désorienté par l'incertitude, erre aux confins du possible devant un tableau ; Berthe Morisot place la peinture de la scène la plus anodine au voisinage singulier de la chimère.

Elle réalise au même moment un autre autoportrait proche de celui-ci et plus explicite puisque la petite Julie y figure à droite.

Le marchand Durand-Ruel expose à New York, l'envoi de Berthe compte six toiles. C'est un premier succès d'importance dans un pays où l'impressionnisme sera bientôt synonyme de peinture et follement aimé. Puis les Manet vont à Jersey en 1886. Au retour, Eugène tombe malade à son tour, d'une syphilis en phase terminale avec atteinte aux poumons. Ses forces ne cessent de diminuer au fil des mois. Il est épuisé, et résiste encore. *Mon mari tousse fort,* écrit Berthe. *Il ne quitte guère la chambre ; vous*

---

1. Sur ces mots si importants tirés de la lettre à Van Rappard n° 38 et l'analyse des recherches de Van Gogh sur le trait discontinu, nous renvoyons à notre ouvrage, David Haziot, *Van Gogh*, Gallimard, 2007, p. 171.

voyez d'ici un homme malade, s'asseyant sur tous les meubles, hor-riblement à plaindre et non moins nerveux[1].

Dès lors Berthe, tout en le soignant, prendra appui sur ses quatre amis. Les liens se resserrent aussi avec Monet dont elle admire l'œuvre à mesure que le peintre prend la distance avec le réel pour ne peindre que le chatoiement de la lumière sur les eaux, les nuages, les herbes, dans une symphonie cos-mique de bleus et de roses qui n'appartiennent qu'à lui. Elle reste, dit-elle, jusqu'à une heure devant un tableau de Monet. Mais nous connaissons sa propension au rêve méditatif. *On s'agite ; on se trémousse*, écrit-elle ; *on ne comprend plus que rien ne vaut deux heures étendue sur une chaise longue ; le rêve, c'est la vie, et le rêve est plus vrai que la réalité ; on y agit soi, vraiment soi. Si on a une âme, elle est là*[2].

Elle envoie sa contribution à la VIIe exposition impres-sionniste et à Bruxelles où Octave Maus expose la peinture d'avant-garde.

La VIIIe et dernière exposition impressionniste organisée par elle et Eugène est *un four, un désastre*, écrit-elle[3]. Les dis-sensions persistent dans le groupe. Monet a refusé de parti-ciper, sa position s'est affirmée, il se sent assez fort pour exposer en solitaire dans la galerie Goupil.

Renoir peint Julie à neuf ans avec son chat en soulignant la parenté entre le visage de l'enfant et la tête du chat. L'été, les Manet vont à Valvins chez Mallarmé, puis de là visitent les châteaux de la Loire, avant de remonter dans la Sarthe pour voir des cousins des Manet au château de Vassé. La santé d'Eugène s'aggrave encore, les médecins préconisent un séjour dans le Midi. La petite famille part donc pour de longs

---

1. Dominique Bona, *Berthe Morisot, Le secret de la femme en noir*, p. 304.
2. *Berthe Morisot, Catalogue raisonné…*, notes de voyage en Italie en 1882, p. 54.
3. *Correspondance de Berthe Morisot*, p. 135.

mois près de Nice. Eugène devient de plus en plus irascible, insupportable, et ce séjour si loin ne facilite rien.

Je travaille beaucoup mais rien ne vient. C'est d'une difficulté atroce[1], confie-t-elle à Claude Monet dans cette période si peu propice, vécue auprès d'un grand malade dont la fin iné-luctable ne cesse de se prolonger. Retour enfin à Paris en mai 1889 après quelque neuf mois d'absence.

Eugène, se sentant mourir, met la dernière main à son roman longuement élaboré qui paraît en 1889. *Victimes! dédié aux proscrits du 2 décembre 1851.*

Devant la menace de voir l'*Olympia* de Manet partir en Amérique, Monet organise une souscription pour l'offrir à l'État. Les amis, les admirateurs et les proches de Manet réu-nissent jusqu'à 19 415 francs. Eugène et Berthe sont dona-teurs comme Henri Rouart, Monet, Degas, Renoir et d'autres collectionneurs ou amateurs passionnés. Mais la commission de l'État où règne encore le conformisme pictural refuse de mettre le tableau au Louvre, il ira provisoirement et sans garantie au Luxembourg.

Berthe prend sous son toit de plus en plus souvent deux de ses nièces, les filles de sa sœur Yves, Paule et Jeannie Gobillard qui tiennent compagnie à Julie. Elle les peint et apprend à peindre à toutes ces jeunes filles. Il y a une tra-dition féministe chez les Morisot qui se perpétue dans cette famille comme dans une île enchantée où être femme n'est pas une malédiction. Puis tout le monde repart à Mézy entre Meulan et Mantes où une maison a été louée pour la santé d'Eugène.

Berthe a peu travaillé durant les longs mois passés à Nice et elle a du mal à renouer avec la haute concentration nécessaire…*Je suis dans un découragement complet,* écrit-elle à Monet. *Cette satanée peinture me torture et je ne*

---

1. *Berthe Morisot, Catalogue raisonné…*, p. 63.

puis rien faire. Je ne fais que gratter et crever des toiles. Je sais bien qu'étant restée longtemps sans rien faire, il fallait m'attendre à cela, mais c'est que ce que je fais est au-dessous de tout[1].

Quand on voit ce que Berthe peint juste avant et depuis son séjour à Nice, on constate chez elle une nouvelle manière, proche de celle de Renoir. La maladie mortelle d'Eugène qui doit l'emporter tôt ou tard, sa propre santé fragile, toute cette ombre qui s'étend sur sa vie la pousse dans une autre direction. Son style précédent résiste cependant et revient dans plusieurs œuvres. D'où l'hésitation, le conflit interne, l'indécision et le découragement.

Il reste que sa peinture change, presque malgré elle. Son art devient une célébration de l'enfance, de la jeunesse, du printemps, qui passent trop vite. Elle peint et dessine Julie sans relâche avec une frénésie qui s'explique par son état intérieur. Ses nièces, Paule et Jeannie Gobillard, qui ont perdu leur père et dont la mère est atteinte d'un cancer qui va l'emporter, vivent à ses côtés. Renoir lui envoie de jeunes modèles tous féminins. Cette maison froufroute de partout. Plus Berthe travaille, plus sa touche s'étire, s'allonge, et abandonne le dissocié de ses recherches de naguère pour célébrer les visages, les attitudes, les jeux, et les courbes de ces jeunes nymphes.

Elle s'est rapprochée de Renoir, non parce qu'il l'aurait influencée, mais parce qu'elle recherche autre chose. D'une peinture-vie, qui tâche d'être le miroir du frémissement des choses, elle est revenue à un art qui commente la vie ou la chante. Les dessins de Berthe, surtout loués par Degas qui les estimait autant que ses peintures, sont un hommage sans ambiguïté à la jeunesse, au juvénile si fugitif, à ces fleurs en boutons qu'elle observe autour d'elles

---

1. *Correspondance de Berthe Morisot,* lettre du 11 juillet 1890, p. 154.

et qu'elle saisit à tout instant. Ces dessins ont quelque chose du Quattrocento italien et font penser à certaines œuvres de Degas. On y retrouve une attirance irrésistible pour la grâce des très jeunes filles qui l'entourent et un esprit issu du XVIIIᵉ siècle comme le perçut Louis Rouart. Mais Berthe n'en fait pas que des modèles. Paule Gobillard et Julie Manet sauront l'une et l'autre manier le pinceau avec talent.

En cette fin d'année 1890, Berthe tombe malade. L'incertitude qui pèse sur son avenir la décide à demander à Mallarmé d'être le tuteur subrogé de Julie, âgée de douze ans. Il accepte et Berthe fait son testament en ce sens. Elle écrit à sa sœur Edma pour lui confier ses craintes. Elle a cru mourir d'un rhumatisme du cœur, c'est du moins ce que le médecin a diagnostiqué. *Ce n'est peut-être pas aussi dangereux que cela en a l'air pour le patient : la sensation est absolument celle de la vie vous abandonnant et comme cette éventualité se présentera certainement un jour ou l'autre, mieux vaut prendre ses dispositions à l'égard de ce qui vous est cher*[1]. Edma accepterait-elle de se « charger de la petite » ? Edma accepte. Berthe la remercie.

On le voit, elle minimise elle-même ce qu'elle a vécu et en parle au passé. En réalité, cette atteinte cardiaque réelle, mais peu dangereuse, puisqu'elle ne reviendra plus, agit ici comme un déclencheur. Elle sait Eugène perdu, et dans son esprit la situation est sans doute encore plus grave.

La vie reprend avec les amis. Eugène très affaibli décide d'acheter le château du Mesnil. L'achat de cette demeure le hante. Cette acquisition est son ultime don à sa famille. La maladie franchit un nouveau palier, il meurt de sa syphilis avec atteinte pulmonaire le 13 avril 1892. Berthe a entretenu Mallarmé par lettre de l'évolution et de la fin d'Eugène. Elle crie son désespoir dans ses carnets :

---

1. *Correspondance de Berthe Morisot*, p. 157

J'aime à descendre jusqu'au fond de la douleur parce qu'il me semble qu'on doit s'élever après ; mais voici trois nuits que je passe à pleurer, grâce ! grâce ! Elle évoque ses souvenirs puis conclut : *Je voudrais revivre ma vie, la noter, dire mes faiblesses ; non cela est inutile ; j'ai péché, j'ai souffert, j'ai expié ; je ne pourrai faire qu'un mauvais roman en racontant ce qui a été mille fois raconté*[1].

Et aussitôt se posent des questions qu'il faut bien poser : se croyait-elle atteinte par la syphilis ? Quand a-t-elle su qu'elle avait épousé un syphilitique ? Ou plutôt, quand Eugène lui en a-t-il fait l'aveu ? À la mort d'Édouard Manet ? À celle de son frère Gustave ? En a-t-il parlé avec celui-ci en l'accompagnant dans le Midi pour l'aider à lutter contre la mort ? Et est-il revenu dire la vérité ensuite à sa femme ? En un mot a-t-il menti au moment d'épouser Berthe en lui cachant qu'il était atteint, ce qu'il savait sans le moindre doute ? Car Berthe avertie ne l'eût jamais épousé pour faire un enfant. Depuis quand était-il atteint ? Sans doute dès sa jeunesse, comme ses frères, entre vingt et trente ans. Ce n'est sûrement pas Berthe qui lui a transmis la maladie, et pour cause. En a-t-il fait l'aveu sur son lit de mort en 1892, ou peu avant, à moins que le médecin n'ait informé Berthe de la réalité ? Ou qu'elle l'ait interrogé ? Ces questions jamais abordées ont leur importance.

Car dans l'état des connaissances de l'époque, Berthe Morisot, qui venait de vivre une affection cardiaque, a certainement pensé qu'elle était contaminée et mourrait dans un délai plus ou moins bref, laissant sa fille Julie sans appui dans la vie. On comprend mieux alors ce cri de désespoir.

Le dévouement extraordinaire d'Eugène à sa peinture et à son destin artistique de femme n'était-il dû qu'à son amour

---

1. *Ibid.*, p. 166.

pour elle ? Cherchait-il à se racheter de ne pas lui avoir dit qu'il avait la maladie ? Cet homme a peut-être vécu un tourment d'une cruauté sans nom toute sa vie de couple. Quel personnage de roman !

Étrange Eugène Manet qui écrivit un roman d'inspiration révolutionnaire situé à Clamecy. Et bon peintre. Pourquoi n'a-t-il pas donné à son talent réel l'essor nécessaire ? Un tableau de lui montre Berthe et Julie, ou quasiment leurs visages, comme émergeant de la nuée sur un fond bleu. Un ciel ? La mère et la fille se regardent dans un don réciproque, éperdu. Une œuvre étonnante, même si elle ne peut se comparer à celles de son frère Édouard, ni à celles de Berthe Morisot.

Les lettres que Berthe a écrites au moment de l'agonie d'Eugène à Mallarmé sont éclairantes. Le 24 mars elle veut reparler à son ami du tutorat qu'elle aimerait lui voir assurer pour sa fille. Puis, jusqu'au décès le 13 avril (*Mon cher ami, tout est fini.*), elle ne nomme pas Eugène en plusieurs lettres et ne l'appelle que « il », ou par un possessif qui commence la phrase, « Sa », « Son ». Ces billets très courts à Mallarmé qui est devenu son ami intime et son confident, ne montrent pas une femme amoureuse transie, mais au contraire une distance que n'expliquent pas seulement les convenances. Lui en voulait-elle ?

Or, ce qu'elle ignorait, c'est que le syphilitique n'est contagieux que durant une courte période, et par intermittence durant cette période. En gros, au-delà de deux ans après la contamination, un syphilitique n'est plus contagieux, bien que porteur de la maladie qui le mènera si lentement à la mort. Berthe se désespère donc, tragiquement, et à quel point, pour rien ! Eugène avait quarante-et-un ans quand il l'a épousée. Sa syphilis, avouée ou non, contractée au plus tard entre vingt et trente ans n'était plus contagieuse. Berthe n'était donc pas atteinte, pas plus que sa fille, puisque l'agent infectieux franchit, nous le savons aujourd'hui, la barrière placentaire chez une femme enceinte récemment contaminée. Mais persuadée qu'elle était perdue, que sa fille se retrouverait seule, sans mère et sans père, peut-être contaminée à son tour, Berthe vit une souffrance absolue.

Nous ne voyons pas trace d'amour dans les mots désespérés cités. Elle a certainement aimé Eugène, mais on sent maintenant une distance nette. Quelle est cette expiation dont elle parle ? Pour quel péché ? Est-ce d'avoir choisi la peinture ? Comment ne se serait-elle pas dit qu'elle a voulu engager sa vie dans l'art, qu'il lui a apporté de grandes joies, mais aussi une souffrance abyssale ? Ne valait-il pas mieux prendre la voie tranquille et bourgeoise de ses parents et de ses sœurs ? Même si elle répondit certainement par la négative à la question, elle n'a pu l'éviter. Au bout de ce voyage vers la beauté, la fête de la lumière, et cette orgie de la couleur, elle trouve le malheur et la mort. Mais elle l'accepte.

Le délicieux Mallarmé l'aide et s'occupe de la paperasse à laquelle elle n'entend rien. Elle accepte de faire sa première exposition personnelle qui a lieu au 19, boulevard Montmartre, dans la galerie tenue si longtemps par Théo Van Gogh mort depuis un an. Le succès est relatif, mais quelques toiles partent. Monet achète, ainsi que le musicien Ernest Chausson.

Le journaliste Alfred de Lostalot parle dans la *Chronique des Arts*, de *rare délicatesse où revit l'art impressionniste de Manet, affiné, quintessencié par une nature de femme... Ce ne sont d'ailleurs que des esquisses...* Il évoque aussi de *délicieuses ébauches*[1], montrant ainsi que l'art de Berthe lui est passé complètement au-dessus de la tête, sans parler de l'impressionnisme purement imaginaire de Manet.

---

1. *Berthe Morisot, Catalogue raisonné...*, p. 69.

Berthe, restée seule avec Julie, se désengage progressive-
ment de toutes ses demeures trop vastes. Elle met en location
le château du Mesnil ainsi que l'hôtel qu'elle a construit avec
Eugène au 40, rue de Villejust, et s'installe rue Weber en
aménageant un atelier dans des chambres de bonne. Sa sœur
Yves meurt. Berthe recueille ses nièces Paule et Jeannie, puis
emmène Julie, qui a commencé d'écrire son journal, à Valvins, chez Mallarmé, pour l'été. La voix si déliée de Julie
(elle a quatorze ans) entre dans cette histoire. Elle est la protégée de quelques-uns des plus grands esprits de son temps
et sera l'un des foyers de la galaxie Rouart. Berthe et Julie
font des promenades en forêt, en bateau sur la Seine avec
Mallarmé, elles rendent visite à Sisley installé à Moret-sur-
Loing, puis vont à Giverny où Monet leur présente sa splendide série des vingt-six cathédrales. Le chemin de fer a changé
la vie des Français, Berthe et Julie ne cessent de l'emprunter
ou d'essayer les voies nouvelles secondaires qui se créent.

De retour à Paris, Berthe reçoit le jeudi, comme d'habitude, dîne parfois chez Degas avec son ami le graveur Bracquemond, elle va aussi aux concerts Lamoureux et aux
concerts Colonne pour écouter Wagner avec Mallarmé et
Julie dont tous ces artistes assurent l'instruction, puisqu'elle
ne va jamais à l'école !

À la Toussaint, Julie note dans son journal : *Jour triste. Il
y a un an nous étions à Tours, et en 91 nous avions Papa avec
nous. Qu'il est triste de perdre un père, avec lequel on vit toujours : ne plus le voir jamais, jamais. Souvent quand je rêve de
Papa, je me sens si malheureuse en me réveillant, il me faut
absolument, je voudrais le voir, l'entendre, parler et être gentille
avec lui. Pourquoi n'ai-je pas un meilleur caractère avec
Maman ! Chaque jour je me le reproche, mais je ne m'y applique
pas assez*[1].

---

1. Julie Manet, *Journal, (1893-1899)*, Éditions Klincksieck, Paris, 1979,
note du 1er novembre 1894.

En mars 1894, Berthe et Julie sont à Bruxelles où Berthe expose au Salon de la libre esthétique. De retour à Paris, elles visitent avec Degas, Mallarmé, Renoir et le sculpteur Bartholomé la collection Duret, un ami de Manet, qui est mise en vente. Le soir même on dîne chez Berthe pour élaborer une stratégie et Durand-Ruel est mandaté pour acheter des portraits d'elle par Manet qui figurent dans la collection. Mais à la vente, si elle parvient à acquérir le fameux *Berthe Morisot au bouquet de violettes*, le tableau intitulé *le Repos*, où elle trône sur un canapé en grande robe blanche, lui échappe. Sur intervention de Mallarmé, l'État achète sa *Jeune femme en toilette de bal*.

Berthe et Julie dînent chez Renoir qui se met en tête de faire le portrait de la mère assise de profil et de la fille debout de face avec le grand chapeau qu'elle affectionne. Berthe de son côté ne cesse de peindre sa fille comme si elle voulait fixer son être pour l'éternité et lui en laisser une trace, sa trace. Que Julie la regarde, qu'elle joue du violon, qu'elle se trouve près de son lévrier Laërte, Berthe la peint sans se lasser. Pour épouser les ondulations de la jupe, dessiner le mobilier, sa touche s'allonge. Parfois, Berthe revient brusquement à son ancienne manière, toute en discontinuités, mais la nouvelle domine et l'emporte. Proche de Renoir, mais avec plus d'énergie, de véhémence. La couleur de la jupe de Julie semble dévaler comme l'eau d'une cascade. Et ses nièces se mettent de la partie, toutes ces femmes dessinent, peignent, s'adonnent à l'aquarelle. Les modèles viennent, envoyées par Renoir. Une flopée de jeunes filles graciles comme Berthe aime les peindre pour célébrer ces fleurs en boutons.

Vers quelle peinture Berthe se dirigeait-elle? On ne sait. Était-ce une transition ou se serait-elle installée dans ce style nouveau? Difficile de trancher. Une artiste toujours insatisfaite comme elle, eût certainement exploré bien d'autres voies. Nous sommes en été 1894, Gauguin peint à Tahiti, Klimt a trente-deux ans, Kandinsky vingt-huit, Braque et Picasso autour de treize. Berthe entre dans sa cinquante-troisième année. Elle aurait pu voir les formidables bouleversements de la peinture au tournant du siècle ; aurait-elle réagi en suivant comme Monet son sillon propre ou regardé ailleurs ?

Elle part en Bretagne l'été avec Julie et les inséparables nièces. Elles font un beau voyage aux nombreuses étapes dans ce pays qu'elles adorent. Paimpol, Bréhat, Tréguier, Perros-Guirrec, Ploumanach, Trégastel, Morlaix, Roscoff. Puis les cousines rentrent à Paris tandis que Julie et sa mère descendent à Vannes puis Nantes dont elles visitent le musée. Le pays est merveilleux, note Julie dans son journal. Elles ne rentrent que le 24 septembre à Paris.

Le 14 novembre, Julie fête ses seize ans et Berthe l'emmène à la Comédie-Française. L'année passe et en mars, le parrain de Julie, Maître Jules Dejouy, décède, elle en est très affectée et note tristement dans son journal qu'elle est l'unique descendante des trois frères Manet. Berthe travaille à un nouveau portrait de sa fille avec ce chapeau Liberty qu'elle aime tant, mais Julie attrape la grippe, avant que le tableau ne soit achevé. Berthe qui la soigne contracte à son tour la maladie qui se complique en infection pulmonaire.

Le 27 février 1895, elle écrit à Mallarmé pour lui demander de ne pas venir la voir, car elle ne parvient plus à parler. Le 1er mars, ses forces l'abandonnent. Elle fait écarter Julie de sa chambre afin de ne pas lui apparaître dans un état aussi grave et de ne pas la contaminer. Les cousines s'occupent de Julie qui attend avec angoisse. Elle ne note plus rien dans son journal. Berthe rassemble ses dernières forces pour écrire à sa fille une lettre bouleversante et désespérée dont la graphie s'effondre dans les dernières lignes :

Ma petite Julie, je t'aime mourante ; je t'aimerai encore morte ; je t'en prie ne pleure pas ; cette séparation était inévitable ; j'aurais voulu aller jusqu'à ton mariage... Travaille et sois bonne comme tu l'as toujours été ; tu ne m'as pas causé

un chagrin dans ta petite vie. Tu as la beauté, la fortune ;
fais-en bon usage. Je crois que le mieux serait de vivre avec
tes cousines, rue de Villejust, mais je ne t'impose rien... Tu
diras à Degas que s'il fonde un musée, il choisisse un Manet.
Un souvenir à Monet, à Renoir et un dessin de moi à Bar-
tholomé. Tu donneras aux deux concierges. Ne pleure pas ; je
t'aime encore plus que je t'embrasse. Jeannie, je te recommande
Julie[1].

Le 2 mars Berthe Morisot meurt des complications de cette
grippe que Julie semble avoir traversée sans difficulté.

Restent les mots énigmatiques écrits dans cette lettre : *cette*
séparation était inévitable. Pourquoi « inévitable » ? Berthe se
croyait-elle atteinte comme les frères Manet et pensait-elle
que de toute façon elle était condamnée ? Ou pense-t-elle à
ce « rhumatisme du cœur » dont elle avait parlé à Edma et
qui n'est jamais revenu depuis des années ? Ces mots donnent
à entendre qu'elle avait la certitude désespérée de mourir bien
avant l'heure. Cette conviction a-t-elle amoindri sa vitalité,
ses résistances à la maladie ? C'est fort possible, elle n'avait
après tout que cinquante-quatre ans. Ce qu'elle avait craint
est arrivé, sa fille de seize ans et ses nièces sont livrées à elles-
mêmes. Du moins peut-elle se dire que Mallarmé pourra
s'occuper de Julie et de ses cousines, aidé par Renoir, Degas
et Monet.

Dans ce mot ultime adressé à Julie, il n'est pas une seule
allusion à son père, le premier souci, la première pensée qui
occupe son esprit après Julie va à Édouard Manet. C'est une
signature. Sans le moins du monde diminuer l'attachement
et l'amour qui l'avaient liée à Eugène, Édouard Manet fut
l'homme qui l'a révélée à elle-même, qu'elle a sans doute
aimé, sans pouvoir vivre cet amour, et qu'elle a éperdument
admiré.

---

1. *Correspondance de Berthe Morisot,* p. 184-185.

Berthe a recommandé sa fille à sa nièce Jeannie. Le vœu sera exaucé. Elles resteront unies pour le restant de leurs jours.

VI

De la musique avant toute chose, Lerolle, Chausson, Debussy

Maurice Denis estimait à une centaine de personnes ce milieu qui soutint l'art français de cette période[1]. Ce microcosme de bourgeois ou grands bourgeois s'intéressa passionnément aux beaux arts, à la musique, à la littérature, manifestant une ouverture d'esprit digne des plus illustres mécènes de l'histoire, qui contredit l'image du bourgeois aux goûts vulgaires et étroits, tel qu'il ressort de tant de romans. Mais ils n'étaient, il est vrai, qu'une centaine.

Henry Lerolle fut l'un de ces « patriciens de Paris » selon le mot de Claudel. Ses filles ont épousé deux fils Rouart. Il fut pourtant plus que cela. D'une étonnante clairvoyance sur les créateurs de son temps, sa pratique artistique de belle facture, vivante, touchante, resta en dessous de son jugement. Malgré des dessins et gravures admirables, son œuvre révèle un refus de chercher à atteindre ce qu'il voit chez les autres pour devenir un vrai novateur. Il joua un rôle important et méconnu dans l'aventure de l'art français de la fin du XIXᵉ siècle. Avec sa famille, ses beaux-frères Ernest Chausson et Arthur Fontaine, il appartenait à ce cercle restreint qui permit à l'art français de s'épanouir. Il sut enfin comprendre, protéger et défendre Debussy au moment de la création de *Pelléas et Mélisande*.

---

1. Maurice Denis, *Henry Lerolle et ses amis,* p. 9.

Comme Chausson et Fontaine, il épousa une des trois sœurs Escudier. Et comme chez les Morisot, ou dans Tchekhov, l'histoire s'ouvre avec trois sœurs : Madeleine, Jeanne et Marie Escudier.

Elles étaient issues d'une famille très catholique et fort riche. Leur père, Philippe Escudier, disposait d'un important patrimoine immobilier. L'origine de sa fortune, peu connue, remontait, comme souvent dans ces familles si bien observées par Balzac, à la Révolution. Elle est exemplaire et montre une nouvelle fois comment le succès financier précède la passion pour les arts.

Avant 1789, Jean Escudier, l'aïeul de la famille, était marchand de dorures, tenant boutique à Paris. Durant la Révolution, il eut l'idée astucieuse et lucrative de recycler ce qu'on a appelé « les plus belles épaves de l'ancienne France ». Par besoin d'argent ou pour fuir la guillotine, les nobles et seigneurs se débarrassaient de leurs objets d'art ou meubles d'une valeur inestimable, sortis des mains des meilleurs ébénistes, parfois décorés par Boucher et ses élèves. L'industrie du luxe française qui s'était créée lors de la construction du château de Versailles, avait atteint au XVIIIᵉ siècle une maîtrise enviée dans toute l'Europe. Orfèvres, miroitiers, bronziers, faïenciers, rivalisaient avec les ébénistes pour créer des ouvrages d'une élégance et d'une distinction incomparables, exigées par des seigneurs et des dames que seule la beauté intéressait et qui n'avaient que mépris pour l'argent.

Jean Escudier racheta pour peu fauteuils, commodes, tables, bibelots, statuettes, lampes, guéridons, tableaux, miroirs ouvragés, un véritable trésor dont ses descendants gardèrent de belles pièces, puis il les revendit à haut prix aux nouveaux venus de la fortune, marchands de grains, fournisseurs aux armées, et divers entrepreneurs en produits de première nécessité comme les pâtes alimentaires ou le papier. Il fit ainsi la fortune rapide de sa famille. Son fils Étienne continua sur cette lancée et convertit cet argent en biens immobiliers. Il restait au petit-fils de Jean, Philippe, le père des trois sœurs Escudier, à gérer ce patrimoine afin de devenir rentier, le rêve de la bourgeoisie française dont la noblesse était le modèle de vie.

Les Escudier étaient de généreux donateurs, les archives gardent la trace de nombreuses interventions pour construire des biens publics, des écoles catholiques, ou secourir les indigents.

Madeleine, l'aînée de ces trois sœurs fortunées, épousa Henry Lerolle ; Jeanne convola avec Ernest Chausson, le musicien, auteur du *Poème pour violon et orchestre*, de l'opéra *Le roi Arthus* et de mélodies magnifiques ; Marie, la plus jeune, devint la femme d'Arthur Fontaine, polytechnicien, spécialiste du droit du travail. Les trois sœurs et les trois beaux-frères s'estimaient et s'aimaient bien au-delà du lien familial. Henry Lerolle et Ernest Chausson entretinrent une correspondance chaleureuse, fraternelle, de haute tenue, sur la création, les œuvres en cours, leurs difficultés, leurs relations avec les musiciens et peintres de leur temps. Ces trois couples, avec leurs enfants, ne tardèrent pas à former un clan attachant et raffiné, pour qui l'amour de Dieu, de l'art, et du genre humain étaient une seule et même passion.

Né en 1848, comme Gauguin, Henry Lerolle était le fils d'un fabricant de bronzes talentueux et d'une mère qui l'adorait et craignait sans cesse pour lui *qu'elle prenait pour une petite fille*, dit-il, dans quelques pages de souvenirs inédits qu'il a laissés[1]. Très tôt, il manifeste de l'intérêt pour les arts en restant dans l'atelier de son père, auprès des ciseleurs. Il moulait des bas-reliefs de bronze à sa taille, ou de menus objets comme un encrier et on pensa faire de lui un orfèvre. Mais il est rapidement plus attiré par le dessin et la peinture

---

1. Notes inédites autobiographiques d'Henry Lerolle communiquées par la famille. Le récit qui suit leur emprunte ou les cite.

parce qu'on peut y faire plus de choses variées, écrit-il. Il remarque pourtant qu'il a toujours pensé en sculpteur plutôt qu'en peintre.

Suivre les débuts d'Henry Lerolle permet de connaître au plus près le milieu des artistes du temps. Après quelques tâtonnements, il se retrouva à seize ans chez un ancien élève d'Ingres, Louis Lamothe, qui avait été aussi le professeur de Degas et dont Maurice Denis, plus tard, loua les qualités de dessinateur. Lamothe habitait rue Monsieur-le-Prince au deuxième étage, juste au-dessus de Gustave Doré, et il faisait travailler ses élèves dans une petite pièce au sixième. Il montait donc et descendait pour corriger le travail réalisé. Le premier dessin d'après plâtre du jeune Henry représentait une tête de la colonne trajane. Après une mise en place au fusain, Lamothe demanda à son élève ce qu'il pensait en faire.

— Je vais le repasser au crayon.

— Comment ? s'écria Lamothe en colère. Le repasser sans regarder le modèle ?

Quel sacrilège ! Telle fut la première leçon du jeune Henry. Même en mots, on ne devait jamais oublier de se soumettre au modèle.

Louis Lamothe, monté de Lyon à Paris avec les frères Flandrin, était entré dans l'atelier d'Ingres, mais n'avait pas eu de chance. Durant leurs débuts, ils vivaient dans une telle gêne qu'ils devaient se partager à trois un cornet de frites pour tout déjeuner. Hippolyte Flandrin remporta le prix de Rome et gagna beaucoup d'argent en devenant un peintre officiel d'un ennui consommé, mais Lamothe, qui ne manquait pas de talent, supérieur à Flandrin selon Lerolle, resta dans une grande pauvreté, peut-être parce qu'il était épileptique. Flandrin l'employait à la journée et nombre de ses compositions portent la marque de son ancien camarade d'étude.

Souvent Lamothe tomba frappé par le haut mal alors qu'il corrigeait le travail du jeune Henry, désemparé devant son professeur en proie à des convulsions. L'habileté ne manquait pas à Lamothe, mais Henry lui trouvait l'esprit restreint et plein de partis pris. Un jour, le jeune élève alla voir des Delacroix et le rapporta ingénument à son maître. Lamothe s'emporta :

– Ne parlez pas de ça ! Ne parlez pas de ça !

Quand le père Lerolle apprit que son fils étudiait chez un épileptique, il le retira. Mais Henry avait eu le temps d'apprendre l'essentiel de la technique. Pour le goût et le jugement, le jeune homme montra une lucidité précoce. Lamothe lui fit copier une copie par Flandrin d'une *Eve* de Raphaël qu'il trouvait très belle, Henry la trouva très laide. Plus tard, devant l'original, en Italie, il fut stupéfait de voir comment l'œuvre si remarquable de Raphaël avait été copiée par Flandrin. Henry se heurta aussi au goût d'autres tenants de ces couleurs brunâtres et sombres rapportées d'Italie qu'il découvrit lui-même : « un pays bleu et rose ». Comment en était-on venu à faire de ce qui est beau *un objet si ennuyeux, si embêtant* ? écrit-il.

Il alla copier au Louvre avec un parapluie les jours de pluie, car sa mère craignait qu'il ne prît froid. Les rapins qui étaient là, dont le jeune Rodin, le traitèrent aussitôt de « capitaliste » !

Il acquit ainsi une main sûre auprès des grands maîtres du passé, Véronèse, Titien, Rubens, tout en voyant Manet avec sa petite cravate bleue, gai et moqueur comme à son habitude, passer et repasser. Henry n'osait l'aborder. Il observa la technique de Fantin-Latour, sans oser non plus lui parler, attendant une absence du peintre pour aller regarder d'un peu plus près sa palette et ses brosses au poil rare avec lesquelles il parvenait peu à peu avec minutie au ton recherché.

Henry Lerolle poursuivit son apprentissage en dessinant à l'académie Suisse ou avec des amis rencontrés. Il domina le métier, montra une habileté remarquable, reçut des compliments, avait un jugement clair et juste, prisait peu les peintres académiques, et encore moins les ouvrages qui n'avaient rien de naturel, ou de vivant ; que lui manqua-t-il pour devenir un grand peintre ? Il s'en explique lui-même avec beaucoup de perspicacité et de franchise : il ne s'aimait pas, ou pas assez.

J'ai toujours aimé la peinture des autres plus que la mienne. Je faisais la mienne le mieux que je pouvais, mais une fois faite, je n'en voyais que les défauts et en la comparant avec tout ce que j'aimais tant chez les autres, je ne savais plus qu'en penser. C'est ce manque de confiance en moi qui est cause de mes hésitations. On ne saurait mieux dire que la création est d'abord une affaire de confiance en soi, de certitude de pouvoir y arriver un jour.

Ailleurs, dans ces souvenirs, il précise encore : *Je crois que ce que je faisais alors était souvent très bien. Je dessinais avec soin et exactitude, j'avais beaucoup de facilité comme peintre ; je recevais beaucoup de compliments – et je méprisais tous ceux qui me faisaient des compliments comme n'y connaissant rien. Et quand j'ai eu de véritables succès, j'étais si malheureux, je les recevais si mal, que j'ai été presque content d'en être débarrassé quand je n'en ai plus eu. Est-ce orgueil ou timidité ? Je ne sais – En tout cas, c'est regret d'être ainsi fait*[1].

Car les succès ne lui manquèrent pas et le récompensèrent très tôt. Il était encore bien jeune lorsqu'un marchand de bibelots venu traiter une affaire chez son père aperçut dans l'appartement une grande baigneuse de lui à peine terminée dont il proposa 2 000 francs, marché conclu le lendemain.

Henry Lerolle refusa d'aller aux Beaux-Arts, comme de concourir pour le Prix de Rome. Sa mère, d'après Maurice Denis, ne désirait pas le voir s'éloigner si longtemps. Puis les médailles et les commandes s'accumulèrent, avec de nombreux ouvrages pour des églises.

---

1. *Ibid.*

Il s'efforçait d'y mettre sincérité, naturel, vérité, mais sans trop s'éloigner de la peinture classique traditionnelle. Lerolle fut de ceux qui préparèrent les yeux du public à recevoir les audaces jugées encore scandaleuses des Monet, Renoir, Manet ou Degas. Il restait, quant à lui, à mi-chemin. Le plus étonnant chez ce peintre est sa clairvoyance, il perçoit le génie des autres, les soutient, achète leurs œuvres, les invite chez lui, mais ne cherche pas à les suivre dans cette exploration où tous les styles pouvaient trouver à s'exprimer. Sa collection personnelle comptait treize Degas.

On peut tout de même évoquer quelques beaux tableaux d'Henry Lerolle comme *A l'orgue* qui est au Metropolitan Museum de New York, ou *La lettre* au musée de Pau, d'une délicieuse sensibilité. Lerolle peignait au passé composé, louant les audaces d'autrui, en restant sagement à sa place.

La peinture ne fut pas sa seule passion, la musique l'attira. Il suivit les cours de Colonne et devint bon violoniste, puis mélomane raffiné et averti. *Si Dieu créa la femme, les fruits et les fleurs, l'homme fit la musique*[1], disait-il. Et là aussi, il sut apporter un soutien inconditionnel à des talents nouveaux tels Duparc, Chausson, Vincent d'Indy ou Debussy.

Son salon était fréquenté par les meilleurs esprits de son temps, reconnus ou non : on y rencontrait Degas, Renoir qui fit son portrait, Chausson, Mallarmé, Henri Rouart, Gide, Pierre Louÿs, Valéry, D'Indy, Debussy, Francis Jammes, Maurice Denis, Claudel, Odilon Redon… Dès qu'il remarquait pour la première fois l'œuvre d'un peintre intéressant, au langage neuf, il s'informait et allait lui rendre visite immédiatement dans son atelier, pour lui apporter appui, compliments, et acheter ses œuvres. Ainsi fit-il avec Maurice Denis, Bonnard et Vuillard. Il fut l'un des premiers à acheter des œuvres de Camille Claudel et de Paul Gauguin. Et cette

---

1. Maurice Denis, *Henry Lerolle et ses amis*, suivi de *Quelques lettres d'amis*, Paris, 1932, p. 6.

lucidité ne s'arrêta pas aux arts. Durant l'Affaire Dreyfus, il prit position pour Dreyfus. Sa foi chrétienne lui rendait l'injustice insupportable. Ce doute permanent sur lui-même le diminua comme artiste, mais le grandit comme homme.

Un jour de novembre 1890, rendant visite au peintre Eugène Carrière qui en faisait le portrait, il trouva Verlaine et écrivit sitôt après à son beau-frère et ami Chausson : *Il est aussi bizarre au physique qu'au moral. Il est bien dégoûtant et tous les chiffonniers de l'avenue de Clichy ont l'air aussi poète que lui. Je suis content de l'avoir vu. Et quand on voit ce qui sort d'un homme pareil, on doit se demander ce qu'il y a dans tous les hommes dont on ne connaît que l'extérieur ; et que ceux dont on n'a rien vu sortir ont peut-être au fond de belles luttes et de belles ardeurs. Ce que je crois du reste, la plupart du temps*[1]. Ces mots si révélateurs, expriment mieux que tout autres l'humanité profonde d'Henry Lerolle, ce grand bourgeois qui vivait dans un hôtel au 20 de l'avenue Duquesne... Il y a un sens de l'Autre chez lui qui confine au sublime.

De son mariage avec Madeleine Escudier, il avait eu deux filles, Yvonne et Christine, puis deux garçons, Jacques et Guillaume.

Madeleine étant l'aînée des sœurs Escudier, Henry Lerolle devint une sorte d'ambassadeur de la famille et lorsqu'en 1883 le musicien Ernest Chausson voulut demander en mariage Jeanne, la cadette, il lui fallut passer par la médiation officielle, mais bienveillante, d'Henry Lerolle et de son épouse.

Chausson dans la famille devint l'ami intime, le frère en art d'Henry Lerolle. Leur correspondance, d'une rare tenue, commença entre eux et ne fut interrompue que par la mort.

Chausson était né en 1855, dans une famille qui s'était élevée au fil des générations pour atteindre une belle aisance financière. De simples maçons en Brie au XVIIe siècle, les

---

1. Ernest Chausson, *Écrits inédits, Journaux intimes, Roman de jeunesse, Correspondance*, p. 246.

Chausson étaient devenus entrepreneurs de bâtiments et travaux publics au temps du Baron Haussmann et de la reconstruction de Paris. Pourtant la tristesse habitait cette famille devenue riche. Ernest Chausson était un « remplaçant » qui suivait un frère mort homonyme : un autre Ernest, né en 1845 qui mourut en 1851 âgé de six ans. Mais la mort ne s'arrêta pas là. Elle faucha le frère aîné d'Ernest à vingt-deux ans, quand lui-même en avait dix.

Le futur musicien partait donc dans la vie avec un fantôme qui l'avait précédé, et un grand frère qu'il avait vu mourir. Par la force des choses, il arrivait tard dans cette famille : à sa naissance, son père avait plus de cinquante ans et sa mère trente-six, âges presque canoniques pour l'époque, tant pour enfanter que pour élever un enfant.

Ernest Chausson était donc le sauveur tardif de parents terrifiés à l'idée de pouvoir le perdre. Entouré de soins obsessionnels dans cet appartement du boulevard Saint-Michel si sombre, comme l'étaient ces intérieurs du temps, il grandit avec la mort, ou son idée, comme compagne de chaque jour. On songe à ce tableau mélancolique de Monet qui montre un enfant solitaire et silencieux errant dans l'ombre d'un appartement trop chargé.

Cette mélancolie définitive imprégna la personnalité si délicate, si sensible, si chrétienne d'Ernest Chausson, et lorsqu'il se fit musicien, élève de Massenet et de Franck, fou de Wagner, courant sans cesse à Bayreuth ou à Munich pour l'entendre, y conduisant son épouse en voyage de noces, elle hanta sa musique. Chausson devint, avec un rare bonheur d'expression, le musicien des jours enfuis, du temps perdu, des amours mortes, des printemps défleuris et des extases retombées. Ses mélodies bouleversantes, d'une écriture raffinée, touchent par des accents, des notes qui révèlent une connaissance aussi profonde de l'art des sons que de la tristesse de vivre.

« Clown triste et fervent » avait dit de lui un de ses amis poètes. Qui n'a pas écouté « Le temps des lilas et le temps des roses ne reviendra plus… » par Sandrine Piau, et Susan Manoff au piano passe à côté de bonheurs intenses et persistants. Toutes les mélodies de l'opus 2 tel l'admirable *colibri* sur un poème de Leconte de Lisle, celles de l'opus 13, les *Serres chaudes* sur des textes de Maeterlinck, et bien d'autres, font entendre nombre de chefs-d'œuvres aux accents wagnériens envoûtants, où des notes surgissent, inattendues, qui donnent le frisson. Il y a dans cette musique non seulement la mélancolie propre à Chausson, mais la prescience fin de siècle, à la manière de Watteau, du destin d'un monde à la splendeur passée, d'une Europe hantée par la mort qui sera bientôt le théâtre des pires horreurs que l'humanité ait jamais conçues.

On comprend qu'Henry Lerolle se fût attaché à cet homme si plein de doutes, qui se battait avec sa musique en corrigeant sans cesse ses œuvres, un homme tout en devoirs, d'une rectitude morale exemplaire et presque ingrate. Longtemps Chausson fut relégué injustement à l'arrière-plan par des musiciens plus novateurs, Debussy au premier chef. Mais depuis que l'art expérimental a fait le tour de ses essais jusqu'à parvenir au point zéro de l'expression, des musiciens comme Chausson retrouvent la faveur d'un plus large public. « Le triste, c'est ma corde », disait Gauguin. Une image que Chausson aurait pu faire sienne.

Il présente à Lerolle des musiciens encore peu connus de l'École de César Franck : Vincent d'Indy et surtout, avec force éloges, un jeune homme à la corpulence un peu lourde, aux cheveux et à la barbe noirs, du nom de Debussy. Henry Lerolle fit une rencontre décisive avec ce nouveau venu, il devint son ami et ne tarda pas à deviner son génie. Qui était ce nouveau personnage ? D'où venait-il ? Et comment deviendrait-il si important au cœur de cette famille ?

À la différence de Lerolle et Chausson, Debussy était issu d'un milieu modeste.

Sa famille, originaire du nord de la Bourgogne, dans l'Yonne, appartenait à la paysannerie. Les ascendants du musicien font le saut vers la capitale ; divers métiers, la petite boutique, sans grande réussite. Le père de Debussy, Manuel-Achille, s'engage dans l'infanterie de marine pour sept ans, puis à son retour en 1861, épouse à Clichy, Victorine Manoury, fille d'un charron et d'une cuisinière. Le couple s'établit comme marchands faïenciers à Saint-Germain-en-Laye où naquit en 1862 Achille-Claude Debussy, qui abandonna plus tard le prénom Achille, quand il commença à faire carrière dans la musique.

Baptisé tardivement, à deux ans ou presque, il a pour parrain Achille Arosa, courtier en valeurs mobilières, et pour marraine sa tante couturière, Clémentine Debussy, maîtresse d'Arosa, qui se faisait appeler royalement Octavie de la Ferronnière ! Le monde est petit, cet Arosa, né de père espagnol, était le frère de Gustave Arosa, le tuteur de Gauguin, si important pour sa vocation de peintre.

Les deux Arosa collectionnaient des tableaux et faisaient preuve de goût et de culture. Achille Arosa offrit des cadeaux à son filleul, et même si la séparation des amants, parrain et marraine, eut lieu alors que notre futur musicien avait six ans, Arosa laissa sa trace dans la famille et dans les ambitions de sa maîtresse couturière.

Celle-ci le remplaça bien vite par un maître d'hôtel à Cannes qu'elle épousa. Femme généreuse, ambitieuse, qui ne manquait pas de panache, « Octavie » aimait les enfants, ceux de son frère en particulier. Les parents de Debussy abandonnèrent la boutique qui ne les faisait pas vivre et connurent une période dure où le père devint courtier en ustensiles de ménage et la mère assura des travaux de couture payés une misère à s'user les yeux. Finalement le père trouva un emploi stable dans l'imprimerie Dupont qui produisait des documents officiels.

Quand la guerre de 1870 éclata, le père de Debussy resta à Paris, et sa femme enceinte partit se réfugier à Cannes chez sa belle-sœur, avec ses enfants, pour mettre au monde son quatrième. Le petit Claude âgé de huit ans s'éveilla au contact de cette nature et cette ville qui sent déjà l'Italie. Il se souvint longtemps d'un chemin de fer qui semblait aller sur la mer et des roses pléthoriques et odorantes sur la route d'Antibes.

Sa tante, par ambition ou générosité de marraine, lui fit donner des leçons de piano à Cannes. Le destin de Claude Debussy qui avait des dons mais n'était guère enfant prodige, se joua ainsi.

Son père, licencié provisoirement par son imprimeur, travailla pour les services de la mairie du Ier arrondissement pendant le siège de Paris. Il avait été militaire et avait eu sa part de dureté dans sa vie de sans grade, il entra dans la garde nationale, devint un partisan de la Commune et fut promu d'abord sous-lieutenant, puis capitaine de compagnie. Il participa aux combats, fut arrêté et incarcéré par l'armée versaillaise, et passa en procès un an plus tard. Son épouse Victorine écrivit aux autorités militaires une lettre émouvante où elle plaidait pour l'indulgence, faisant état des quatre enfants dont Manuel Debussy était l'unique soutien. Jugé, il réussit à sauver sa tête devant le conseil de guerre, mais prit quatre ans de prison, car les juges estimèrent que l'acceptation de commandements engageait sa responsabilité. Il avait eu néanmoins beaucoup de chance et sa famille aussi.

Après un an d'incarcération, la peine fut commuée en quatre années de suspension des droits civiques et familiaux. Privée de ressources, Victorine loua avec l'aide de sa belle-sœur un deux-pièces mansardé du côté de Pigalle. Claude Debussy avait dix ans, sa mère se tuait au travail, elle pleurait souvent, la réfraction de ces événements dans son esprit d'enfant fut profonde, leur empreinte définitive.

La vie lui avait montré deux voies possibles, celle de sa tante vers les arts et la beauté, un certain luxe, et celle de son père, militant vaincu et châtié par la société, dont le destin ne valait que misère à sa famille. Le choix se fit sans grands états d'âme dans son esprit. Plus tard, il écrivit à Henry Lerolle en 1895 : « *Je hais les foules, le suffrage universel et les phrases tricolores[1] !* ». Des mots qui en disent long sur la rage de l'enfant et ses réflexions quand son père était en prison. Dans ce grand mouvement de l'art français qui se crée contre l'Histoire, ses thèmes, ses sujets, et à côté des préoccupations sociales, Claude Debussy était façonné pour tenir une place éminente. Mais on n'échappe pas au destin, il retrouvera son père en devenant un révolutionnaire, dans un autre domaine, d'une radicalité comme l'Europe en connut peu.

Son père, durant son internement au sinistre camp de Satory où les communards attendaient d'être jugés dans des conditions effroyables, avait rencontré un musicien, Charles de Sivry, qui lui avait suggéré de confier le petit Claude à sa mère Antoinette Mauté, professeur de piano. Celle-ci disait avoir été élève de Chopin et sa fille Mathilde était l'épouse de Paul Verlaine. Dès qu'elle put l'écouter jouer, elle fut la première à déceler les dons de l'enfant et le fit travailler durant un an à un rythme intensif. Bonne pédagogue, elle conseilla de présenter Claude Debussy au Conservatoire après une cure exemplaire de Bach, qu'elle jouait en y mettant de la vie, selon son élève. Il fut parmi les 33 reçus sur 157 candidats. Premier succès dans une famille qui en avait tant besoin.

Il n'allait pas à l'école, sa mère Victorine ayant décidé de l'instruire elle-même. Longtemps il dut lutter contre diverses lacunes, mais il obtint en échange un destin de musicien.

Dix longues années au Conservatoire lui permirent de gravir les échelons en se consacrant exclusivement à la musique.

---

1. Debussy à Henry Lerolle, le 17 août 1895, *Correspondance*, Gallimard, 2005, p. 268. Cité par Jean-Michel Nectoux, *Harmonie en bleu et or, Debussy la musique et les arts*, Fayard, 2005.

Il échoua comme pianiste virtuose, n'obtenant qu'un second prix de piano et un premier prix d'accompagnement, sans doute était-il trop indépendant pour s'astreindre à la discipline requise. Il déçut en cela les espoirs mis en lui par sa famille. Mais il se tourna vers la composition où il manifesta une originalité, un goût pour les chemins de traverse et un sens de l'innovation qui désolèrent la plupart de ses professeurs.

Rapidement, Debussy se découvre comme un esthète raffiné, un amoureux des bibelots, des objets rares et de la beauté sous toutes ses formes.

Dans une lettre à son ami le prince Poniatowski, il écrivit en février 1893 à propos de sa passion des beaux objets des mots révélateurs qui résonnent comme une confidence intime sur son lien à la vie, aux êtres et aux choses : *Le désir est tout, on a une envie folle et sincère, presque un besoin d'un objet d'art... Quelle joie le moment où on le possède, c'est vraiment de l'amour. Au bout d'une semaine, rien – l'objet est là – on passe cinq ou six jours sans y laisser tomber un regard*[1]. Perpétuelle fuite, instabilité chronique, vertige de la nouveauté, satisfaction éphémère et quête nouvelle tournée vers l'inconnu salvateur. Toute la musique de Debussy est enfermée dans ces quelques mots.

Si Chausson était le musicien de la mélancolie incurable devant la fuite du temps, du printemps et des paradis perdus, Debussy est cette fuite même mise en musique, qui ne voit de salut qu'en avant, et il n'a guère de paradis derrière lui à regretter, les frères nés après lui l'en ont vite expulsé et son père était loin ou en prison.

Officiant comme pianiste accompagnateur ou pianiste de compagnie, Debussy se retrouva dans les bagages de la baronne russe Nadejda von Meck qui avait besoin d'un pia-

---

1. Claude Debussy, *Correspondance*, Gallimard, 2005, lettre à Poniatowski de février 1893, p. 114. Cité par J.-M. Nectoux, *Harmonie...*, p. 28.

niste à tout faire (professeur pour les enfants, accompagnateur de sa fille au chant, et partenaire avec elle pour pièces à quatre mains). Nadejda, personnage haut en couleur, était une admiratrice passionnée de Tchaïkovsky qu'elle ne rencontra jamais et qu'elle finançait chaque mois. Elle correspondait avec lui et lui parlait beaucoup de son petit pianiste français. Elle s'attacha au jeune Debussy qui se vit ouvrir ainsi l'Europe en allant avec la baronne et ses enfants de ville d'eau en ville d'art, autant de décors nouveaux pour lui, où le luxe des villas italiennes le disputait à celui des palais russes de Saint-Petersbourg. Il gardera toujours une tendresse particulière pour la musique et le monde russes.

Lors d'un autre emploi pour accompagner cette fois des choristes, il croisa une belle rousse aux yeux verts et à la voix haut perchée, Marie Vasnier, pour qui il écrivit ses premières mélodies. Mariée à Henri Vasnier, greffier expert pour documents juridiques en architecture, passionné d'archéologie et d'hellénisme, membre de sociétés savantes, et jacobin anticlérical, elle en avait eu deux enfants devenus adolescents. Henri Vasnier s'était-il trop détourné d'elle par une curiosité aux multiples horizons ? Elle introduisit chez elle Debussy, qui en tomba amoureux fou. Elle avait trente-deux ans, lui vingt, elle s'éprit de lui et se laissa aimer.

Deux initiations à la vie, l'amour et les lointains, fort bien réussies. Tous les grands artistes n'eurent pas de telles chances, mais Debussy avait du charme, des yeux qui parlent et une intelligence hors normes.

Entre-temps, il se discipline assez pour remporter le Prix de Rome et séjourne deux ans à la villa Médicis de 1885 à 1887. On aurait pu penser que sa carrière académique était faite. Il n'en fut rien. De retour à Paris, il commença une vie de bohème, de cafés et d'errances sans le sou qui désespéra sa famille. D'un domicile à l'autre, il échoua dans un petit meublé rue de Londres dont le papier sur les murs avait pour motif infiniment répété la tête du président Carnot entourée de petits oiseaux. *On ne peut se figurer*, écrit-il, *ce que la contemplation d'une pareille chose peut amener, le besoin de ne jamais être chez moi, entre autres*[1]. Ni pianiste virtuose, ni compositeur convenable, Debussy restait un rebelle qui ne croyait qu'en ses idées musicales nouvelles, bien au-delà du wagnérisme qui envahissait la France.

Il avait écrit des mélodies sur des poèmes de Théodore de Banville, Paul Bourget ou Verlaine, ainsi que des pièces pour piano où son côté fantasque et imprévisible s'exprimait à loisir, mais son cycle de mélodies sur des poèmes de Baudelaire va le faire connaître d'un public restreint (la première édition compte 150 exemplaires), et clairvoyant. La méditation sur Baudelaire le conduisit à Mallarmé qui souhaitait un peu de musique pour son *Après-midi d'un faune*. Debussy composa son chef-d'œuvre, en 1891, en y revenant plusieurs fois par la suite. Mallarmé vint l'écouter le jouer chez lui, au piano, son fameux plaid écossais sur les épaules. Puis après la première à l'orchestre, il lui écrivit que son prélude *va bien plus loin, vraiment, dans la nostalgie et la lumière, avec finesse, avec malaise, avec richesse*[2]. Le mot « malaise » révèle à quel point Mallarmé avait compris cette musique. La critique, bien sûr, se déchaîna contre l'œuvre.

Cette musique ne commentait pas des sentiments ou des états d'âme par une forme extérieure, a priori, structurée comme la forme sonate. Elle épousait, elle était le mouvement intérieur du moi, ses flux, ses courses rêveuses qui alternaient avec des sautes d'humeur imprévisibles, dans un déploiement magique.

Debussy fut invité aux mardis de Mallarmé rue de Rome, faisant ainsi son entrée dans les cercles parisiens du mouvement symboliste.

---

1. *Journal musical français*, n° du 15 janvier 1953, article d'Henri Mondor sur Debussy et Mallarmé.
2. *Ibid.*

Mais c'est avec une autre œuvre, *La Damoiselle élue*, sur un poème de Rossetti qu'il fit la connaissance d'Ernest Chausson. Et leur amitié s'installa en brûlant les étapes. Chausson lui présenta Henry Lerolle qui aima d'emblée la musique de Debussy, comme l'art de tous les novateurs.

Chausson finança la publication de *La Damoiselle élue* et invita Debussy au château de Luzancy qu'il louait dans les environs de Paris avec Henry Lerolle. On s'y retrouvait à deux familles, avec les amis proches, durant une ou deux semaines, pour parler d'art, de beauté, lire, se promener, et jouer de la musique, en donnant à entendre les premières idées d'une œuvre encore inachevée. Plusieurs photos ont subsisté de ces séjours passionnés. Debussy avait trente ans, il déchiffrait avec une aisance reconnue les pages les plus difficiles, jouait et « chantait » Wagner *avec une mauvaise voix à laquelle on s'habitue, tant l'accent en est juste* écrira une mélomane avertie qui l'a entendu chanter[1].

Parmi les présents, Yvonne, la fille aînée d'Henry Lerolle attire l'attention. Elle a dix-sept ans, et beau visage. Sa jeune sœur Christine, encore dans l'adolescence, ne peut rivaliser avec elle. Yvonne a été peinte par Renoir avec sa sœur Christine dans *Les jeunes filles au piano*. Renoir préférait Christine, la brune piquante qui ressemblait à ses modèles de prédilection, et il n'a pas donné d'Yvonne un portrait à son avantage, selon Julie Manet. Maurice Denis a peint aussi Yvonne plus tard dans un triple portrait tout en bleus qui préfigure la période bleue de Picasso. Mais s'il a été moins injuste que Renoir, il n'a pas su capter ce que ce visage avait de si attirant, éthéré et altier à la fois. C'est Degas qui a laissé d'elle des photos qui lui rendent justice, où on l'aime dès qu'on la voit, assise de profil et songeuse, avec son père et sa sœur,

---

1. Marguerite de Saint-Marceaux dans son journal, citée par François Lesure, *Debussy, Biographie critique*, Klincksieck, 2003, p. 145.

ou de face près de Christine dans une ample robe claire, avec Degas lui-même en profil.

Debussy ne résiste pas à la beauté. Pour l'heure, il vit avec Gaby Dupont, une belle Normande aux yeux verts et au corps splendide, mais il ne la montre pas ou peu, et jamais dans ce monde de grands bourgeois et d'esthètes : elle est fille d'un employé d'usine et d'une couturière de Lisieux. Debussy est double, ce fils de communard fréquente les milieux du luxe, de l'art, de la fortune, les seuls à pouvoir comprendre sa musique, et, en souterrain, habite durant des années en des logements sordides, avec des filles du peuple, son milieu d'origine, jolies et bien faites. Plus tard, Lilly Texier, fille d'un employé de chemin de fer à Montereau, qui était mannequin, succèdera à Gaby Dupont dont le règne avait duré huit ans.

L'ennui, c'est qu'il s'éprend simultanément de femmes de la haute société dans un étrange double jeu. Et il commence à regarder Yvonne Lerolle qui doit bien lui répondre des yeux, puisque l'idylle, toute de regards, a duré assez de temps pour qu'il lui dédicace des œuvres, sa marche d'approche favorite avec les femmes qu'il désire.

Entre-temps, il est introduit chez Marie et Arthur Fontaine. Marie était la troisième sœur Escudier, la plus jeune. Jolie, espiègle et douée, elle chantait bien et jouait tout aussi bien du piano. Elle avait épousé Arthur Fontaine, personnage remarquable qui fait penser à Henri Rouart.

Né en 1860, fils d'une famille spécialisée dans la serrurerie et la quincaillerie d'art depuis Louis-Philippe, Arthur Fontaine n'a pas suivi la voie paternelle. Ses frères continueront à faire prospérer l'entreprise qui se lancera dans l'Art nouveau et l'Art déco pour donner au fer l'apparente ondulation des eaux. Quatre millions de francs-or de chiffre d'affaires, succursales jusqu'en Asie, au Tonkin et en Chine. Le jeune Arthur ne manque certes de rien, il montre au collège Stanislas des dons peu communs et une passion sans frontières pour les études. Il sort de Polytechnique en 1880, puis est diplômé de l'École des Mines en 1882.

Il ne sera pas longtemps ingénieur. Personnalité attachante, tourmentée, hypersensible, cet homme passionné de musique, de poésie, de peinture, est un chrétien fervent et généreux, il a la passion d'autrui, et fera une carrière impressionnante comme haut fonctionnaire dans le droit du travail. Directeur de l'Office du Travail au sein du ministère du même nom, Arthur Fontaine fera les lois qui marqueront des améliorations substantielles de la condition ouvrière. La loi de dix heures en 1900, c'est lui, celle du repos hebdomadaire obligatoire de 1906, aussi, et celle des huit heures est encore de lui. Il présidera le Bureau International du Travail créé par la Société des Nations au lendemain de la Première Guerre mondiale.

Son ami Francis Jammes dira de lui après sa mort : *Il fut un irréductible pacifiste, un ingénieur de Paradis terrestre comme en rêva Jaurès.* Fontaine lui avait écrit dans une lettre : *Oui, mon ami, vous avez raison, je me penche avec la même tendresse sur une misère et sur une rose. Mon cœur ne cesse de vibrer, de jouir et de souffrir*[1].

Arthur Fontaine invite chez lui tous ces artistes qui le fascinent et que Marie attire par sa grâce et son élégance. Plutôt massif, des yeux fiévreux, une barbe de prophète comme elle se portait à la mode russe, Fontaine aide les artistes impécunieux à leurs débuts. Il est peint par Carrière qui le montre surgissant d'un halo sombre, tourmenté, au côté de sa fille Jacqueline. Odilon Redon le dessine, Vuillard peint Marie et ses intérieurs en toiles brillantes et riches en couleurs qui scintillent, Redon la représente brodant en un pastel « sym-

---

1. Jean-Michel Nectoux, pp. 40 et 41. Pour un portrait complet de ce personnage étonnant que fut Arthur Fontaine, on se reportera à l'ouvrage que lui a consacré Michel Cointepas, *Arthur Fontaine, 1860-1931*, Presses Universitaires de Rennes, 2008.

phonique » comme il aimait à dire, tout en demi-teintes et en gris-vert mystérieux.

Debussy est vite compris, reconnu par les époux Fontaine, comme il l'était de Chausson et de Lerolle. On devine son génie à son aurore et on veut l'aider. On l'invite en permanence, on lui donne les moyens de déménager dans un trois-pièces pour avoir un cabinet de travail digne de ce nom. Et on organise des soirées payantes où son travail consistera à introduire cette bonne société à l'art et aux sortilèges de Wagner.

Tristan, *Parsifal*, les *Maîtres Chanteurs*, présentés, thème par thème au piano, expliqués, et chantés par Debussy de sa voix curieuse, quel privilège ! Chaque soirée lui rapporte mille francs. Il faut savoir qu'un fonctionnaire moyen, selon son grade, gagnait alors entre 1000 et 4500 francs par an. Cela donne la mesure de la générosité d'Henry Lerolle qui orchestrait ces soirées où on se bousculait et se retrouvait pour des heures de musique passionnée, avant d'aller plus tard assister au théâtre à la représentation de l'œuvre dont on jouissait mille fois plus fort. Wagner était mort dix ans plus tôt, sa musique inondait Paris comme une vague irrésistible. Chaque été, des dizaines d'artistes, de musiciens, dont Ernest Chausson, de mélomanes français se rendaient à Bayreuth pour vibrer à cette musique qui semblait indépassable.

Et quelle passion pour l'art dans ce milieu fin et cultivé qu'on peut aisément rapprocher des grandes familles qui firent le Quattrocento italien ou la peinture de Venise !

Mais l'aide au jeune musicien ne s'arrête pas là. Il découvre au théâtre l'œuvre de Maeterlinck *Pelléas et Mélisande* et se met en tête d'en faire un opéra. Maeterlinck donne son accord. Debussy se met aussitôt au travail et durant la composition, il vient jouer devant Henry Lerolle les scènes à mesure qu'il les compose. Henry Lerolle est donc le premier à découvrir la partition et à soutenir le musicien de toutes ses forces. Il écrit à Chausson qu'il aime, qu'il adore ce style nouveau, révolutionnaire que Debussy met au point pour cet opéra. Mais cette assiduité du jeune musicien était-elle purement musicale, ou inspirée par la seule gratitude envers un bienfaiteur qui le comprenait si bien ? Sans exclure ces raisons, il faut bien penser que la belle Yvonne y avait sa part. Debussy lui dédie des *Images* pour piano et lui offre un éventail japonais sur lequel il inscrit de sa main la partition où Mélisande apparaît les bras chargés de fleurs, et il lui dit qu'elle est la petite sœur de Mélisande… Il est certain que durant la fièvre créatrice du premier jet de *Pelléas*, Yvonne Lerolle fut l'inspiratrice de Debussy.

Le 21 octobre 1893, Henry Lerolle déclarait à Ernest Chausson : *L'idée m'est venue d'aller chez Debussy [...] Et je suis si heureux d'entendre de la musique… et la sienne [...] Mais il vient de me jouer aussi une scène de* Pelléas et Mélisande… *Ça c'est étonnant. Je trouve ça très, très… et puis ça fait froid dans le dos. Enfin c'est très bien. Du reste il en paraît content*[1].

En décembre, le 19, Lerolle organise une soirée où Vincent d'Indy joue et présente son opéra *Fervaal*. Lerolle juge dans une lettre à Chausson l'œuvre peu convaincante, mais Debussy est là parmi les assistants, et à minuit on lui demande de faire de même avec son *Pelléas* en cours de composition. Debussy se met au piano, l'assistance est surprise, un des présents sort en claquant la porte, d'autres se laissent prendre, Lerolle, averti par sa fréquentation de l'œuvre en gestation, est subjugué.

Un gros mois plus tard, en février, il confie à Chausson : *Donc, dimanche, je suis allé chez Debussy entendre la fin de son premier acte. Ça continue à me plaire énormément*[2].

Au même moment, Marguerite de Saint-Marceaux, une mélomane très avertie, qui tenait un salon le vendredi, boulevard Malesherbes, consacré à la musique et fréquenté par

1. Ernest Chausson, *Écrits inédits*, p. 356.
2. *Ibid.*, p. 377.

Chabrier, Fauré, Messager, Massenet ou le jeune Marcel Proust, invite Debussy à lui jouer quelques-unes de ses compositions, puis le fait revenir pour lui présenter « tout ce qui est fait de *Pelléas* ». Il s'exécute. Elle note dans son journal : *C'est une révélation. Tout est neuf, l'harmonie, l'écriture et tout reste musical*[1]...

On mesure ici quelle était la finesse de jugement d'Henry Lerolle qui accompagna et soutint sans répit la composition de *Pelléas et Mélisande*.

Dans le même temps, nous sommes entre 1893 et 1894, et toujours pour l'aider, on fiance quasiment Debussy à Thérèse Roger, jeune femme de cette bonne société au physique ingrat, amie des Chausson, qui a interprété en concert certaines de ses œuvres. Et le plus troublant c'est qu'il se laisse faire. Malgré Gaby aux yeux verts, malgré Yvonne qui l'inspire... On se souvient de sa relation à l'objet neuf désiré... et aussitôt oublié une fois acquis. Il y a chez cet homme de l'instant, comme très souvent chez ces grands créateurs, une ouverture excessive à la vie et à ses offrandes, ou une incapacité à rejeter la tentation d'ouvrir toute porte qui se présente, comme le regret de ne pouvoir emprunter à chaque instant une infinité de chemins, un vertige de la liberté, avant le sacrifice, avant la rature, qui est l'expérience intime du créateur.

Mais socialement cela peut créer quelques dommages. Tout le monde est aux anges, on imagine déjà le pauvre, jeune et si doué musicien enfin rangé. Les lettres s'échangent entre les uns et les autres pour commenter l'affaire, même Lerolle s'en félicite. Mais qu'en pensait Yvonne qui rêvait devant son éventail ? L'affaire est menée rapidement, on va l'officialiser et soudain, catastrophe ! On apprend l'existence de Gaby Dupont, ses origines, son côté « populo », ce genre qu'illus-

1. François Lesure, *Debussy, Biographie critique*, p. 145.

trera Berthe Sylva dans sa chanson « *Du gris que l'on prend dans ses doigts et qu'on roule…* » et du coup, la face cachée de Claude Debussy, le fils du communard jugé et emprisonné, apparaît, avec tous les fantasmes sexuels qui s'y rattachent.

Chausson qui s'est entremis en travaillant les relations est furieux, Thérèse Roger tombe de sa falaise, et le crédit de Debussy s'effondre, les séances wagnériennes si rentables s'arrêtent au deuxième acte de *Tristan*… Des calomnies sont répandues, il vivrait, dit-on, du commerce des charmes de Gaby, ce qui est faux. Pierre Louÿs, trop esthète, libertin et bohème pour s'en offusquer, défend son ami qu'il connaît bien devant vingt personnes, assure-t-il. Les réputations sont tenaces. Ainsi, chez le jeune pianiste de salon distingué et si délicat, un faune avide ou un satyre se dissimulaient ! Mais où croit-on qu'il ait pu puiser la beauté sauvage de son *Prélude à l'après-midi d'un faune* ? Il faut une écoute de soi sans le moindre fard, jusqu'aux émotions sexuelles les plus intimes, pour concevoir une musique qui monte ainsi et surgit du plus ténébreux de la sensation.

Si le vide se fait autour du musicien, Henry Lerolle lui reste fidèle, ainsi que les Fontaine. Avec Chausson un antagonisme esthétique couvait sous les frasques sociales. Leurs musiques différaient trop, l'homme du souvenir douloureux et celui de l'effervescence vitale ne pouvaient s'entendre, tant comme personnes que comme musiciens. Et puis Chausson composait son *Roi Arthus* aux accents wagnériens, un superbe opéra, peu représenté, hélas, qui s'inscrivait dans une forme d'écriture dépassée par le *Pelléas* de Debussy.

Le 17 août 1895, la partition de *Pelléas* est achevée comme l'écrit Debussy à Henry Lerolle, l'œuvre ne sera pourtant montée qu'en 1902 à l'Opéra-Comique. Debussy y allait plus loin que Wagner qui chantait encore trop à son goût. Dans ce drame étrange, crépusculaire, et non situé historiquement bien sûr, puisque l'Histoire est l'ennemie, nous le savons, Debussy retrouve une forme de « chant » plus proche de la psalmodie des origines de la musique et de l'opéra. Mais dans un raffinement extrême d'écriture. Ce chant qui ne s'abandonne qu'une fois à l'aria dans la scène de la chevelure, est ondoyant, sans formes attendues, accompagné à l'orchestre par une musique fuyante, instable, d'une grande finesse psychologique. Rien ne se conclut par quelque accord apaisant, la vie n'est qu'un perpétuel manque par son devenir toujours frustrant, les non-dits achèvent de montrer des relations humaines décevantes. Debussy installe un climat oppressant, envahi par une crainte perpétuelle, née de la jalousie de Golaud, dont l'épouse, Mélisande, venue de nulle part, est tombée amoureuse de Pelléas, le demi-frère de Golaud.

D'habitude, l'œuvre de fiction est l'occasion où, comme le dirait Flaubert, les personnages « gueulent » enfin leurs passions. Rien de cela ici, l'œuvre renvoie au spectateur une vie de demi-teintes frustrantes où même les crises n'éclatent que mal à propos.

Dès les premières mesures du prélude, un thème, joué par violoncelles, contrebasses et bassons, crée dans un raccourci saisissant et génial le climat de cette œuvre empreinte d'une indicible mélancolie. Paradis perdu de l'enfance, celle de Debussy et de tout un chacun, ou tristesse devant le temps qui fuit et qu'il faut fuir par vitalité, cette coulée sonore prend à la gorge et ne lâche plus le spectateur.

« ...*La musique,* dit Debussy, *commence là où la parole est impuissante à exprimer ; la musique est écrite pour l'inexprimable ; je voudrais qu'elle eût l'air de sortir de l'ombre et que, par instant, elle y rentrât ; que toujours elle fût discrète personne*[1]*... »*

---

1. Propos notés par Maurice Emmanuel lors d'entretiens de Debussy avec Guiraud, cité par Antoine Golea, *Debussy,* suivi de *Pelléas et Mélisande, analyse poétique et musicale,* Slatkine, Genève, 1983.

L'inexprimable est bien le mot clef de ce mouvement artistique français de la fin du siècle animé et soutenu par de grands bourgeois remarquables. Il s'est d'abord libéré non sans mal de l'emprise de l'Histoire avec Manet, Degas et les impressionnistes, pour se tourner vers l'instant vécu par le peintre, son présent à lui, puis sous l'impulsion de Mallarmé et de la musique française en plein essor, il s'est tourné vers le moi, aboutissement logique de ce refus de l'Histoire. Gustave Moreau, avec ses mythes, Zola, avec ses préoccupations sociales, sont des isolés dans ce monde.

Mais dès lors que l'art explore les subtilités de la conscience et de son langage, il veut s'aventurer toujours plus loin vers l'inexprimable, l'ineffable, la racine de toute pensée ou sensation, et qu'importe la forme qui en sort ? Musique, peinture, poésie, les arts se fondent, correspondent, les mots se veulent couleurs ou sons purs, la musique va vers le visuel, ou la couleur sonore, et la peinture se fait musique comme le dira Gauguin de la musique des couleurs qui exige tel violet ou rouge, là où le paysage vu n'en montre aucun. L'invention du cinéma, cette promesse de fusion de tous les arts, a du reste lieu au même moment en France, dans ce climat, dans cette attente. L'art abstrait qui remonte aux plus intimes des mécanismes perceptifs ou le surréalisme qui voulait traduire automatiquement les moindres mouvements de l'inconscient ne sont que les descendants de ce mouvement qui a tourné le dos à l'Histoire et à la société. Mais le danger est « l'aboli bibelot d'inanité sonore » de Mallarmé ou ce qu'on a appelé nombrilisme français de nos jours. À toujours évacuer le sens, on aboutit au plat, écrit Paul Valéry.

L'écueil était donc déjà cartographié. Ernest Chausson, avec son honnêteté coutumière, a bien senti le danger dans une lettre à Henry Lerolle de février 1890.

Parti rendre visite à son beau-frère Arthur Fontaine qui travaillait en pays minier dans le Nord, il se promène dans la campagne et il évoque *le brouillard et une sale boue noire épouvantable le long des routes.* Puis il enchaîne : *Et les pauvres diables de gens, quelle triste mine ils ont ! Rien qu'à les voir, on comprend les grèves, les révolutions, les meurtres. Il me semble qu'à leur place je n'aurais pas le courage de vivre et je me sens humilié devant eux.* Il remarque alors à propos d'une symphonie qu'il avait du mal à composer : *Aussi, rentré chez moi, quand la symphonie ne marche pas, j'ai la pudeur de ne pas grincher.* Ce contact avec le monde de la mine qui avait poussé Van Gogh vers l'art pour témoigner, le fait réagir à son tour : ... *Mais que notre art moderne est spécial et rétréci ! Nous en faisons presque un objet de luxe. C'est tout le contraire qu'il devrait être. C'est tout le contraire qu'il était aux belles époques, en Grèce ou dans le Moyen Age. Que faire maintenant ? Revenir en arrière ? Impossible. Se spécialiser toujours davantage ? Alors on tombe dans le bibelot, l'horrible bibelot. Sale temps*[1] *!*

À fuir l'Histoire pour aller toujours plus profond vers les méandres les plus secrets du moi, on peut finir par buter sur le vide ou le désert des sensations sans cesse rebattues, car qu'est-ce que l'individu, si grande soit son autonomie, sinon un être historique et social ? Mais l'art de cette époque déchiffrait, découvrait cette contrée nouvelle et se devait de tourner le dos à l'Histoire, plus tard, viendront les synthèses indispensables.

Les filles d'Henry Lerolle ont grandi. Yvonne a gardé le souvenir de Claude Debussy, et d'apprendre qu'il vivait avec Gaby Dupont lui a certainement ôté bien des regrets. La beauté de Christine s'affirme. Brune, visage piquant, presque japonais, elle enchante Renoir qui la peint en blanc dans un portrait où il a su faire passer l'énergie, la vitalité de la jeune femme, mais il la représente souvent en rouge vif qui

1. Ernest Chausson, *Écrits inédits*, lettre à Henry Lerolle du 21 février 1890, pp. 235-36.

contraste avec sa chevelure noire de geisha. Dans le tableau, elle brode tête baissée sur son ouvrage, tandis que son père peut-être et Henri Rouart regardent des peintures derrière elle. Dans la toile si célèbre, *Les jeunes filles au piano*, elle se penche près d'Yvonne dont les mains courent sur le clavier.

Degas aussi s'intéresse aux deux jeunes femmes, non pour les peindre, mais pour les photographier en noir et blanc après avoir longuement mûri la composition, les éclairages et les ombres. Cet homme qui a tenté de saisir l'instant quasi photographique dans sa peinture, crée des photographies où il met en scène une sorte d'éternité immobile, que le temps de pose ne suffit pas à expliquer.

Passionné par toutes les techniques, même les plus modernes, capables de fabriquer une image, il se fit durant quelque temps photographe frénétique. Qui l'invitait alors y avait droit. Après dîner, il allait chercher son matériel et demandait aux sujets une obéissance totale. Son ami sculpteur Bartholomé, rapportait ses propos caustiques et drôles : Degas disait n'opérer que *dans les familles où il n'y a ni chien, ni enfants, où on ne parle pas, où on ne rit pas, où on a des lampes, où on a la foi…* L'organisation de l'éclairage avec des lampes à pétrole sans cesse déplacées prenait un temps fou, Degas ravi construisait l'image en imposant telle ou telle attitude à ses amis. La pose en basses lumières prenait de longues minutes, les plaques étant fort peu sensibles. Paul Valéry se souvenait de neuf lampes et d'un terrible quart d'heure d'immobilité. Et gare à celui qui bougeait ! *Il faut être sérieux*, déclarait Degas. *Les soirées de photographies doivent être lugubres*[1]. Plusieurs chefs-d'œuvre de cet art nouveau sont issus de ces séances.

Ce maître de la lumière, des lignes et de la composition, a laissé de la famille Lerolle, du père et de ses deux filles

---

1. Henri Loyrette, *Degas*, Fayard, 1990, pp. 584, 585 et 587.

d'admirables clichés qui rendent justice à la beauté d'Yvonne et de Christine, qu'il aimait assez pour poser avec elles en tenant dissimulée la poire du déclencheur.

Yvonne et Christine, deux jeunes filles à marier.

VII

Alexis, le lettré chinois

Avec Hélène, qui portait le prénom de sa mère, et Alexis Rouart, qui avait celui de son oncle, on aborde la seconde génération, celle des cinq enfants d'Henri et Hélène Rouart : Hélène, Alexis, Eugène, Ernest et Louis. Douze années séparent l'aînée du dernier-né. Cette fratrie compte de fortes personnalités amenées à fréquenter quelques-uns des plus grands esprits du temps, comme Paul Valéry ou André Gide. C'est dire que les enfants d'Henri furent mêlés de près aux événements de la vie politique, comme l'Affaire Dreyfus, littéraire (naissance de revues importantes et de sensibilités nouvelles), artistique avec les expositions qui confirment les talents longtemps soutenus par la famille. Enfin ils eurent à se définir face aux nouveaux courants de la peinture. Leurs mariages amèneront la fusion des quatre familles évoquées, Rouart, Manet, Morisot, Lerolle.

Hélène et Alexis forment un groupe à part. Nés avant la guerre de 1870, ils ont grandi et se sont développés avec un père absorbé par sa carrière industrielle et une mère bien présente. Leur âge leur permit de subir moins durement la catastrophe que fut le décès prématuré de leur mère Hélène Rouart en 1886, à quarante-quatre ans. Hélène, la fille aînée, avait vingt-trois ans, Alexis dix-sept, mais le petit Louis, onze.

La vie de la fille aînée d'Henri Rouart ne fut pas un chemin de roses. Née en 1863, chérie par son père avec qui elle pose pour Degas, elle eut une enfance protégée au milieu d'une famille en pleine ascension. Rousse comme sa mère, elle inspira à Degas un somptueux portrait qui mérite le voyage à Londres pour le voir à la National Gallery. Peint en des tons étranges, entre orange, roux, bruns et violets, travaillés pour leur donner cet effet perturbant que recherchait Francis Bacon « sur le système nerveux », il surprend et fissure les certitudes de celui qui regarde. Degas s'est acharné à multiplier les couches différentes pour les regratter çà et là afin d'obtenir de l'indéfini sur de larges étendues de la toile. Peut-être est-il parti des cheveux roux d'Hélène en procédant par tons qui s'harmonisent ou s'opposent. Il y a dans ce portrait comme un avant-goût de Picasso période rose, en plus complexe, plus riche. Une exposition récente à Barcelone a attiré fort justement l'attention sur la parenté évidente entre ces deux peintres qui refusent la séduction immédiate. Ils vont vers l'austère, l'amère vérité, faisant le pari d'emporter la mise sans rien céder au pittoresque. Partie gagnée ici.

Hélène épousa en 1885 Eugène Marin, un ingénieur issu d'une famille qui avait compté des cadres dirigeants dans les chemins de fer. Eugène Marin permit à Henri Rouart d'arrêter son activité en reprenant la direction de l'usine de fers creux de Montluçon. Le jeune ménage partit s'installer dans cette ville, au plus près de l'activité du mari. Trois enfants naquirent : Henri en 1887, Hélène en 1891, Geneviève en 1893.

Mais la vie ne devait pas épargner Hélène. Après la mort de sa mère qui suivit de peu son mariage, elle perdit son époux dès 1899. Elle se retira alors dans la maison de La Queue-en-Brie avec ses jeunes enfants et s'adonna à la peinture.

Alexis, premier garçon, était censé faire polytechnique et prendre la succession de son père. Né à Melun en 1869, et bon en sciences au lycée, il commença par préparer le concours. Francis Poulenc qui l'a bien connu par la suite, raconte qu'il aurait été exclu de la prépa pour avoir lancé le chiffon du tableau noir à la tête de l'examinateur lors d'une épreuve orale ! Les fils d'Henri Rouart montreront tous une capacité à entrer parfois dans des colères d'une violence homérique, où ils perdent sérénité et jugement, tout en étant de parfaits hommes du monde par ailleurs. Quoi qu'il en soit, et c'était peut-être le but recherché, Alexis ne fit pas Polytechnique comme son père. Il se tourna vers le Droit qu'il ne prisait guère. Rigoureux, plein d'humour, il devint avocat et se consacra au barreau une dizaine d'années, mais sa passion était ailleurs. Il aimait la littérature et les livres, se constituant une remarquable collection d'incunables.

Francis Poulenc le décrit ainsi : *Un visage mince, prolongé d'une très fine barbe, le faisait ressembler à l'un de ces lettrés qu'on voit dans les peintures chinoises, un pinceau à la main. Affable mais très réservé, il m'intimidait horriblement, car je pensais qu'il ne voyait jamais en moi qu'un enfant, aussi n'osais-je lui parler de mes premières œuvres*[1].

En 1895, Alexis épouse Valentine Lamour, fille d'industriels de Valenciennes. Trois enfants naissent en dix ans : Madeleine (1896), Hélène (1901) et Paul (1906). Valentine Lamour était musicienne et passionnée de musique. Alexis, très déçu d'avoir à mentir dans son métier d'avocat, disait-il, et choqué par certaines procédures de divorce, décida d'abandonner le barreau et de créer une maison d'éditions musicales en 1905.

On retrouve chez Alexis, comme chez ses frères plus jeunes, la difficulté à trouver sa voie en étant fils d'un homme aussi remarquable qu'Henri Rouart. Et manifestement Alexis choisit

---

1. *Journal musical français,* organe des Jeunesses musicales de France, numéro du 15 janvier 1953, article de Francis Poulenc, *Souvenirs sur un grand éditeur, Alexis Rouart.*

une stratégie d'évitement : surtout ne pas se comparer à un père écrasant qui réussissait tout. Alexis évite Polytechnique à sa manière, va vers le Droit, l'un des rares domaines inconnus du père. Il collectionne, lui aussi, mais ce seront des livres précieux et rares, non des tableaux. Et puisque son père est mécène pour les peintres, sa femme lui ouvre un autre chemin : il sera mécène pour les musiciens. Un homme à coup sûr attachant et intelligent, avec la discrétion, la réserve des Rouart. Il ne prendra son envol comme personnalité liée au monde des arts qu'en 1905, quand il se fera éditeur de musique.

VIII

Une amitié particulière,
Eugène Rouart et André Gide

Troisième enfant d'Henri et d'Hélène, Eugène ne fut pas un homme ordinaire ou effacé. De violents contrastes caractérisent sa personnalité. D'une intelligence remarquable, mais dominé par ses passions, il pouvait se montrer odieux et plus souvent attachant. Comme tous ses frères il eut à résoudre une équation bien plus redoutable qu'entrer à Polytechnique : faire son chemin en étant le fils d'un homme exceptionnel. La grande affaire de sa jeunesse et de sa vie fut son amitié avec André Gide. Ils entretinrent durant une quarantaine d'années une magnifique et copieuse correspondance publiée récemment par David Walker envers qui nous reconnaissons notre dette ici. Par son énergie, Eugène Rouart a fasciné Gide dont le parcours ne peut se comprendre sans cette amitié.

Ils furent présentés l'un à l'autre dans le salon parisien de Marguerite Brandon qui était une amie de Juliette Gide, la mère d'André, et d'Henri Rouart, le père d'Eugène. Ce salon qui recevait artistes et écrivains fut donc le lieu de rencontre presque inévitable des deux jeunes gens au début de 1893. André Gide avait vingt-trois ans, Eugène vingt-et-un.

Grand comme son père, fin, une taille de lis, dira Gide, les cheveux roux et le nez busqué de sa mère, Eugène portait une moue ou un masque douloureux au bas du visage. Son frère Ernest fit un très beau portrait de lui de profil, *L'homme au chien*, en costume gris, assis dans un parc, sa chienne à

165

ses pieds, songeur, ses longues jambes allongées devant lui. Gide lui écrivit au début de leurs relations : *C'est ainsi que je vous songerai désormais, en ce jardin où des chiens vous escortent, trop grand, anglais, élégant et dépenaillé, à la façon d'un jeune lord, et sortant de verdures trop sombres comme dans un tableau de Gainsborough*[1]. Eugène se destinait à des études d'agronomie, mais était passionné de littérature et d'art. L'envie d'écrire l'habitait.

Gide venait de publier *Les cahiers d'André Walter*, à la diffusion confidentielle, mais qui le firent remarquer de quelques amis. Une photo le montre en dandy, portant barbe noire taillée court, chapeau et manteau jeté sur les épaules, gilet et cravate noirs, un regard pénétrant, « par en dessous », comme le dit Homère. Il maîtrise déjà l'écriture avec une précocité rare, se voit une œuvre devant lui, tant sa différence le hante parmi ses semblables, n'a aucun souci d'argent, de par son milieu de la bourgeoise protestante, mais il n'en est qu'à ses débuts.

Ils font connaissance le jeudi 2 février 1893, se retrouvent le samedi suivant et une relation de confiance réciproque s'établit immédiatement. Dès le mardi suivant, Eugène écrit à Gide : *Cher Monsieur, [...] Depuis samedi j'ai été à plusieurs reprises épouvanté de vous avoir avoué tant de choses que presque toujours je garde au fond de moi-même, et que des amis de très longue date ignorent*[2]...

À quoi Gide, plus réservé, répond qu'il ne laissera pas retomber cette amitié si nouvelle.

Aussitôt Eugène assure à son ami : *J'ai repris confiance en moi et les espoirs refleurissent*[3]. Il affirme avoir encore mille choses à lui dire, parle même d'une sorte de *confession*.

Ils se revoient chez Henri Rouart, rue de Lisbonne, dont Gide peut admirer la collection de tableaux, échangent encore

---

1. André Gide-Eugène Rouart, *Correspondance*, I, p. 110.
2. *Ibid.*, p. 95.
3. *Ibid.*, p. 97.

des heures. Puis Gide, de Séville où il séjourne, écrit : *La beauté de la race m'affole, et l'odeur des fleurs d'orangers. Je ne vous oublie pas (ce qui est vertueux ici) – d'ailleurs je ne vous oublierai pas*[1].

Cet aveu qui « épouvante » autant l'un que l'autre est l'homosexualité. À cette date, Eugène a déjà eu une relation ancienne avec un amant, Gide, pas encore. Eugène n'est pas attiré par les femmes, il dira l'année d'après qu'il s'est *infligé une maîtresse*, mais, assure-t-il, *j'ai bien vu qu'effroyablement vite, je la détestais, elle me fut pourtant agréable certains jours ; notre séparation fut pitoyable, rendez-vous différé, puis pas renouvelé*[2].

L'homosexualité est inavouable dans ce milieu comme en bien d'autres. Eugène cherchait un être avec qui partager cette passion et les profondes angoisses qui l'accompagnaient. Il gardait son secret avec une rigueur extrême et sa vie restait douloureuse ; il a un tempérament violent qui fait des moindres écorchures des blessures mortelles. La rencontre avec Gide est donc aussi vivifiante que le retour à l'air d'un homme qui se noie. Il veut tout dire et le dira par lettre, allant jusqu'à décrire les mécanismes intimes de son désir devant l'« acte » à commettre. Gide prudent l'arrête aussitôt : *À cette lettre je ne répondrai pas. J'aime mieux causer de ces choses que d'en écrire*[3]. Eugène se reproche aussitôt sa maladresse, il a tant à confier, les mots le brûlent, mais il ne respectera pas toujours la volonté de son ami. Il lui arrivera de revenir sur l'analyse de sa sexualité, et il écrira même une lettre qui est une scène d'amour apparemment dédiée à un mystérieux J.D.V., mais qui pourrait bien s'adresser à son ami.

Pour Gide cette rencontre est plus complexe. Il ne souffre pas des mêmes affres, la contrainte familiale pour lui est

---

1. *Ibid.*, p. 99.
2. *Ibid.*, p. 192.
3. *Ibid.*, p. 182.

moins forte, disposant de plus de liberté : sa mère est veuve depuis longtemps, et il commence à publier des livres. Enfant unique, il se cherchait un ami intime, un alter ego, un compagnon d'esprit et de cœur avec qui échanger en toute liberté. Il a cru le reconnaître en Pierre Louÿs, camarade de lycée rencontré sur les bancs de l'École Alsacienne. *Mais avec Louÿs on n'est jamais sûr*[1], écrit-il. À la première femme qui passerait, il le laisserait tomber. Aussi Eugène l'intéresse-t-il, avant de lui plaire, de le séduire, puis de l'enchanter. Trouver un ami passionné d'art et de littérature, et fin connaisseur, ayant les mêmes goûts sexuels que lui est inespéré. Et Eugène va devenir une sorte de miroir pour Gide, plus qu'un ami, un frère en qui il puisera la substance d'une bonne partie de son œuvre.

Dans un monde où l'homosexualité reste taboue, où ils sont victimes tous les deux d'une répression sexuelle indiscutable, ils sont condamnés pour longtemps à une solitude à deux, à une osmose fraternelle, dont leur correspondance bouleversante fait état presque jour par jour.

L'oubli de vous ne me viendra JAMAIS JAMAIS[2], s'écrie Eugène. Et Gide de faire écho de Biskra en Tunisie : *Vous êtes un de ceux qui eussiez le mieux compris mes pensées d'alors, trop graves ou dévergondées ; voilà pourquoi je vous souhaitais sans cesse*[3]. Gide est le premier à tutoyer. Eugène parle alors de lettre exquise, et ne cessera de clamer la puissance de son amour : *Tiens pour certain que je t'aime* beaucoup trop, *et que je crois assez en ton amitié pour ne jamais t'en vouloir de tes silences, malgré la joie que me donnent tes lettres*[4].

Gide qui compose son ouvrage *Paludes*, décide de le lui dédier : *Faut-il te dédier* Paludes ? *J'ai peur de ne pouvoir m'en*

---

1. *Ibid.*, p. 116.
2. *Ibid.*, p. 128.
3. *Ibid.*, p. 141.
4. *Ibid.*, p. 143.

empêcher : je songe à toi en écrivant chaque page ; je peux presque dire que je l'écris pour toi[1].

Une analyse de cette œuvre novatrice déjà si éprise de liberté absolue, et de l'instant fiévreux comme pure origine, l'obsession gidienne par excellence, montrerait tout ce qu'elle doit en effet à cette rencontre avec Eugène Rouart qui travaille à un roman de son côté, *La Villa sans maître*. Et dans les deux ouvrages des personnages portent le même nom, sont inspirés par les mêmes personnes dans la vie. C'est Eugène qui fit lire le *Banquet* de Platon à Gide qui y fait écho dans tout un chapitre de *Paludes*.

Lorsque Gide connaîtra enfin l'extase amoureuse et la ferveur existentielle en Afrique du Nord, l'abandon de toute morale puritaine, il écrira des lettres magnifiques à Eugène où on découvre avant l'heure le ton et parfois les mots des *Nourritures terrestres*. Il semble bien que ce partage constant avec son ami, ait libéré Gide, en lui donnant la force de s'accepter tel qu'il était. On peut affirmer que sans la rencontre d'Eugène, son œuvre eût été autre. Il dit lui-même : *Notre amitié jouera dans notre vie un rôle important [...] L'amitié devient importante, on s'aperçoit de cela, quand elle devient un facteur de n'importe laquelle de nos résolutions — lorsqu'on ne peut plus ne pas en tenir compte... [...] Je t'aime profondément et très noblement je t'assure. Je suis ton ami. André Gide*[2].

Mais si on sait tout ou presque de l'écrivain qui a tant parlé de lui-même, Eugène Rouart est resté inconnu, méconnu par la plupart des auteurs. Une esquisse de portrait moral montre pourquoi Gide s'est tant intéressé à lui. Ce grand jeune homme aux manières aristocratiques était pris comme en étau, entre un tempérament puissant et l'impossibilité de l'exprimer, tant à cause de son homosexualité, que

1. *Ibid.*, p. 162.
2. *Ibid.*, p. 186.

de la personnalité écrasante de son père, Henri Rouart, aux trop multiples réussites, dont le portrait se complètera ici dans la relation à ce fils impétueux. Que faire quand on vénère un père auquel on ne peut pas s'opposer ?

Henri Rouart fréquentait alors ses anciens camarades de l'École Polytechnique qui venaient chez lui le vendredi, « son jour », le mardi, une semaine sur deux, étant celui de son frère Alexis. Il n'y avait pas que des peintres et des écrivains ces soirs-là rue de Lisbonne. De grands ingénieurs, des hommes devenus savants et surtout des militaires des plus hauts grades venaient lui témoigner leur amitié. Parmi eux, un brillant officier, à qui tout réussissait, dont nous retrouverons le nom lors de l'Affaire Dreyfus, le général Mercier. Cet homme aux yeux bridés, aux paupières lourdes, aux capacités prouvées en maints domaines, apparaissait alors comme l'avenir de l'armée et il fut nommé ministre dans le gouvernement. *Il y a un nouveau ministère*, écrit Eugène à Gide le 6 décembre 1893, *c'est un très grand ami de mon père, le général Mercier, qui est ministre de la guerre*[1].

On devine la joie dans le clan Rouart, et surtout chez les jeunes fils du peintre-ingénieur.

Mais Eugène entretient une relation des plus ambivalentes avec ce monde qui le fascine et qu'il déteste. Il assure dans une lettre de juillet 1906 avoir été victime de *l'esprit militaire simplifiant, et ne se trompant pas, esprit dont parfois s'animait mon père dans notre éducation – ce qui me rendait autrefois fou furieux*[2]. Pourtant Henri Rouart, tout et tous l'attestent, et les lettres que nous avons de lui le montrent, était un homme d'une douceur infinie. On lui reproche même, Degas en tête, Eugène ensuite, d'être « trop bon ».

L'ogre doux, parfait en tout, n'est-il pas le pire obstacle pour le fils ?

---

1. *Ibid.*, p. 138.
2. *Ibid.*, II, p. 246.

Eugène n'a rien d'un pacifique, c'est un combattant né, rongé par ses démons, qui ne peut combattre. Aussi ne trouve-t-il de ressource que dans la fuite ou une stratégie d'évitement comme déjà son frère Alexis. Son père voulait qu'il fît Polytechnique pour prendre sa succession dans l'industrie, Eugène sera ingénieur, mais dans l'agronomie. Il fait la fameuse école de Grignon qui l'éloigne de Paris, puis il s'installe dans une ferme près d'Autun en Bourgogne d'où il écrit à Gide : *Tu penses bien, mon cher ami, que c'est pour échapper à une influence écrasante que je me suis résolu à aller habiter Autun et à y être un modeste vacher, mais je préfère être là moi, plutôt qu'uniquement un fils Rouart dans mon monde à Paris*[1]... Quand il aura besoin d'argent pour rejoindre Gide en Tunisie, il évitera d'en demander à son père et se tournera vers son ami. Et l'homosexualité, bien qu'elle ait aussi d'autres causes, apparaît comme une forme d'évitement ou de fuite. *Je n'aime pas les gens trop forts au-dessus des autres,* jette-t-il dans une lettre[2]. À qui pense-t-il sinon à son père ?

Les dons d'Henri Rouart ne sont pas tout dans ce roman familial, un autre fait empêchera ses fils d'avoir, en quelque sorte, prise sur lui. En 1886, son épouse Hélène mourait prématurément, à quarante-quatre ans. Et si la fille aînée appelée Hélène aussi avait déjà vingt-trois ans, si Alexis en comptait dix-sept, les autres garçons étaient bien jeunes, Eugène quatorze ans, Ernest douze, Louis onze.

Eugène dira souvent qu'il n'aime pas les fêtes comme Carnaval où *la joie grossière des foules s'exprime.* Il en frémit chaque fois, car sa mère est morte un 14 juillet : *Quatre jours après nous la perdîmes ; et tous quatre, les orphelins aux yeux épouvantés nous sanglotions dans les jambes de mon père, tandis que lui très tendre tout à coup et ployé sous le malheur, nous*

---

1. *Ibid.*, I, p. 412.
2. *Ibid.*, p. 295.

faisait promettre de rester toujours bien unis ; et ma sœur qui n'avait pas encore d'enfants nous embrassa très fort ; et mes grands-mères se voûtèrent un peu depuis ce jour-là. Ah c'était le Paris chaud, il y avait du monde, des coups de canons, de la poussière et des cris ; j'ai l'horreur des foules et de leurs bruits[1].

La grand-mère maternelle fit de son mieux pour pallier la disparition de sa fille et donner un peu de tendresse aux enfants, mais celle qui aurait pu assurer plus de compréhension harmonieuse dans la famille, et surtout entre Eugène et son père, n'était plus. Henri, comme souvent ceux que la vie a trop tôt mortellement blessés dans leur amour en leur infligeant une douleur insupportable, assura l'essentiel, mais vécut une forme d'exil intérieur hanté par la mort. *Dans les grandes afflictions de la vie*, écrit-il à Gide dans une lettre de 1896, *il n'y a que les nobles idées qui puissent faire diversion*[2].

Et quand la grand-mère maternelle décède, il répond ainsi aux condoléances de Gide : *La perte de cette chère grand-mère a été cruelle pour tous et particulièrement pour mes enfants depuis longtemps privés de leur mère, et qui avaient trouvé là l'aile abritante et réchauffante.*

Un père ne peut et ne doit avoir les tendresses maternelles[3].

Henri Rouart s'est exprimé par la peinture, ces mots si révélateurs sont assez rares pour être cités.

On ne peut comprendre la trajectoire de la famille Rouart sans cette rupture majeure dont souffrit bien plus la seconde fratrie, les trois garçons nés après la guerre de 1870. Ce père en exil intérieur, veuf et indépassable, tant par sa personnalité que par la douleur qui l'a frappé, ne pouvait susciter que des caractères contrastés et des conduites chaotiques chez des fils au tempérament fort comme Eugène et Louis. Il y a chez l'un comme chez l'autre une violence qui ne pouvait se libérer

1. *Ibid.*, p. 287.
2. *Ibid.*, p. 334.
3. *Ibid.*, p. 321.

au sein de la famille et n'attendait que le moment propice pour se déchaîner.

La grande violence de mon caractère, de mes pensées, de mes actes, écrit Eugène[1]. Partout où il passe, il ne dissimule jamais sa pensée et suscite parfois la haine, jamais le mépris. Sa droiture est extrême : qu'il se trompe ou non, il va jusqu'au bout et peut lâcher de terribles traits sans prendre le moindre égard. Quand ils commencent à mieux se connaître, Gide affirme trembler dès que les lettres de son ami n'arrivent plus. Mais Eugène, on le devine, est un hypersensible. Francis Jammes, dans un mot imagé de son Sud-Ouest natal, dit de lui qu'*il pleure sur des côtelettes de mouton*[2] ! Et quand il emprunte de l'argent à Gide, il lui impose, au moment de le lui rendre, le paiement d'intérêts comme si cet argent était déposé à la banque, et de dresser des comptes précis au taux bancaire d'alors dans une longue lettre parsemée de chiffres ! Gide n'ose se récrier, sous peine de déclencher quelque colère. *Je n'irais pas trop mal,* confie Eugène, *si ma neurasthénie ne me donnait envie de sangloter tout le jour*[3]. Il a, dit-il, la terreur d'être encombrant ce qui le rend insupportable.

À l'école de son père, il s'est fait, comme tous les Rouart, un œil infaillible en peinture. Ayant passé tant et tant d'heures à regarder les tableaux amassés sur trois étages de la rue de Lisbonne, ayant rêvé devant une cinquantaine de Corot dans leur fraîcheur, les Delacroix, Millet, Degas, Daumier, Renoir, Manet, Monet et Berthe Morisot, il sait reconnaître le talent d'un Bonnard dès la première estampe et rejette sans hésitation tels ou tels noms devenus inconnus pour nous. Il fut l'un des premiers, comme Henry Lerolle, à saluer Gauguin au retour de Tahiti, il le voit tel un capitaine au long cours au milieu de ses toiles *étranges, sauvages un*

---

1. *Ibid.,* p. 191.
2. *Ibid.,* p. 270.
3. *Ibid.,* p. 355.

peu, brutales et puissantes. Il remarque *les bois sculptés extra-ordinaires, les grès,* et décèle l'évidente analogie entre les figures peintes par Gauguin et certaines sculptures égyptiennes du Louvre[1]. On ne peut que saluer au passage la qualité de ce jugement. Si Gauguin mit bien du temps à trouver sa voie en peinture, il fut d'emblée génial dans ses bois sculptés et ses stupéfiantes céramiques. Eugène montre la collection de son père à Gide qui ne se lasse plus de revenir rue de Lisbonne, dans ce lieu où *les pendules semblent le moins vous harceler*[2]. Plus tard, Eugène fut l'un des premiers à aimer Picasso qui mourait de faim et à lui acheter un tableau de saltimbanque et d'Arlequin de la période rose.

On ne lui connaît pourtant pas de tentation picturale, Eugène rêve d'écrire, mais l'essentiel de son temps est pris par ses études d'agronomie. Après Grignon dans l'Oise, il poursuit des études en viticulture à Montpellier lors d'un stage prolongé où il se sent exilé. Gide, qui va alors en Tunisie, organise de loin la rencontre entre lui et un ami qui vit et s'ennuie aussi à Montpellier, le jeune Paul Valéry. Gide dit craindre cette rencontre entre l'impétueux et romantique Eugène et le petit et hautement intellectuel Valéry. Il prévient donc son ami : Valéry est *plus intelligent que nous,* il éprouve pour lui un craintif respect. *Il épuise un ami,* écrit Gide, *comme l'essence d'un problème à résoudre, puis en souffre car il est très aimant et son cerveau travaille malgré lui à l'empêcher d'être heureux*[3]. Remarque pénétrante du jeune Gide, tout le balancement de *La Jeune Parque* est contenu dans ces mots.

Cette première rencontre ne se passe pas trop mal : la bonne connaissance de la peinture dont fait preuve Valéry laisse une impression favorable à Eugène pour qui c'est là un critère décisif, comme pour tous les Rouart. Valéry n'est

---

1. *Ibid.,* p. 144.
2. Gide, *Journal,* 8 mai 1896, Pléiade, I, p. 237.
3. André Gide – Eugène Rouart, *Correspondance* I, p. 133.

donc pas *un crétin*, affirme-t-il[1] ! Pourtant, assez vite ce que représente Valéry de volonté de conscience suprême de soi, de la création, des mécanismes intimes de la pensée, agace le trop passionné Eugène. Dès lors, à chaque rencontre, bien qu'ils s'estiment, Eugène laisse tomber pour Gide des remarques agacées. Il assure ne pas pouvoir *écrire en constipé comme Valéry*[2] ; *Je l'aime bien*, répète-t-il, *quoiqu'il m'effraye toujours un peu*[3] ; et un jour d'irritation : *intelligent certes, mais bon à rien... Il a tout connu, tout épuisé*[4]... ; Eugène prend donc le parti d'éviter les sujets qui les divisent et leur amitié s'épanouit. Ils aiment rire tous les deux et font mille tours pendables.

Une amitié nouvelle qui ira loin. Après l'épisode de Montpellier, Eugène présenta Valéry à sa famille et l'introduisit dans le milieu influent des Rouart. Valéry est reçu rue de Lisbonne, découvre avec stupéfaction la collection d'Henri, puis il admire tellement une étude d'Ernest Rouart qui s'est lancé dans la peinture comme élève de Degas, qu'il exprime le désir de l'avoir. Eugène s'entremet auprès de son frère et Valéry emporte l'étude. Puis Eugène l'invite à La Queue-en-Brie dans la maison familiale où ils passent ensemble des journées aussi gaies qu'enrichissantes. Valéry se fait voir souvent, montre son charme et son intelligence éblouissante. Quand il a besoin d'un emploi, Eugène intervient auprès de son père qui s'adresse à son vieil ami le général Mercier au ministère de la Guerre. Valéry trouve enfin un poste peu exigeant de secrétaire dans les bureaux du ministère à Paris, ce qui lui permet de se consacrer à son œuvre. Valéry se mariera dans ce milieu, c'est dire l'importance d'Eugène dans sa vie et sa carrière.

---

1. *Ibid.*, p. 137.
2. *Ibid.*, p. 216.
3. *Ibid.*, p. 285.
4. *Ibid.*, p. 372.

Mais Eugène n'a pas été seulement un passeur entre tant et tant de gens. Il désire sans trop y croire, tout en l'espérant, devenir un écrivain, et surtout pas un peintre comme son père.

Ses lettres ne sont jamais ennuyeuses, car il se livre entier dans les mots. Tout en poursuivant ses études d'agronomie, il caresse l'idée d'un roman et, poussé par Gide, il parvient à le terminer, avec bien du mal, en bouclant la fin un peu vite. *La Villa sans maître* parut au Mercure de France en 1898 et reçut, grâce aux relations de Gide, un réel succès critique.

L'ouvrage, devenu une curiosité littéraire, raconte l'histoire d'un jeune homme qui s'est enseveli en vase clos dans le plaisir d'amour sans fin avec une femme. Elle en meurt de langueur, laissant au narrateur un chagrin définitif. Puis un ami, Gilbert, vient lui proposer pour se consoler et se remettre, de le rejoindre à la ferme où il travaille et vit avec sa mère. Le narrateur accepte et s'installe dans ce nouveau lieu. Les travaux de la ferme sont évoqués avec une connaissance et une justesse d'ingénieur agronome. Le narrateur fait la rencontre d'une jeune femme peut-être désirée par Gilbert, qu'il séduit, épouse et dont il a des enfants. On ne saura rien d'eux. Il s'impose dans la région, on l'écoute, il réunit les suffrages, mais rien ne peut le satisfaire. Aucune sensualité ne se dégage de cette histoire avec cette femme qui n'a guère d'épaisseur. À la délaisser toujours, il constate qu'elle est de plus en plus souvent en compagnie de Gilbert. Le narrateur qui étouffe dans ce faux, ce mensonge qui l'entoure de partout, et dans cette insatisfaction qui est le fond de sa vie, brise ses chaînes en tuant son ami Gilbert, puis en prenant la fuite pour se réfugier en Afrique, dans une oasis du Sahara.

L'homosexualité est le non-dit de cet étrange roman, rédigé dans un style volontiers artiste et souvent emphatique. La lourde atmosphère de mensonge vient de ce que le narrateur échoue à mettre des mots sur ce qui le ravage. Ne pouvoir être ce qu'il est, ni l'exprimer, le rend fou, jusqu'au meurtre. Le roman ne donne aucune indication sur l'homosexualité du personnage principal, mais on la devine qui rôde, à l'absence de vrai désir quand il évoque des femmes « aimées ».

Ton livre me bouleverse, tout ce que j'aime en toi y san-glote[1]..., lui écrit Gide. Mais il juge la fin bâclée et lui propose de l'écrire lui-même si Eugène n'en a pas le temps. On mesure ainsi quel degré de confiance et d'osmose s'est établi entre les deux amis. Eugène refuse, il veut publier ce livre tel quel et ne plus en entendre parler. Le livre sortira ainsi en librairie, mais son histoire ne se termine pas là.

En le lisant, en corrigeant les épreuves, Gide s'est impliqué dans l'ouvrage au point de proposer d'y collaborer. La publication n'interrompt pas le processus dans son esprit. Il en sortira un chef d'œuvre, l'*Immoraliste*, qui reprend nombre des thèmes du livre d'Eugène et une partie de la trame. Gide refond tout cela à la lumière de son expérience. Mais comme dans la *Villa sans maître* est évoquée l'exploitation d'une ferme avec ses difficultés et ses réussites. Le narrateur de Gide se montre odieux avec sa femme qu'il entraîne dans le désert alors qu'elle est tuberculeuse. Elle meurt dans un coin perdu au milieu des sables. Là aussi la relation à la femme est désincarnée, des signes plus nets que chez Eugène suggèrent l'homosexualité du narrateur, mais rien n'est ouvertement revendiqué. L'ouvrage vaut par la splendeur de l'écriture, sa transparence, sa finesse extrême de détail et sa légèreté.

Entre-temps, la mère de Gide est décédée et l'écrivain épouse peu après sa cousine Madeleine Rondeaux. Un mariage qui resta blanc. Gide s'en est expliqué en publiant bien plus tard son petit ouvrage *Et nunc manet in te* après la mort de son épouse. Ce mariage rend Eugène inquiet. Il exprime sa mauvaise humeur et une forme de jalousie en

---

1. *Ibid.*, p. 465.

n'assistant pas aux cérémonies. Gide l'assure que rien n'est changé entre eux. Eugène apprécie Madeleine et lui écrit longuement. Il est devenu ingénieur diplômé de l'école de Grignon et s'installe dans la région d'Autun en Bourgogne avec un jeune aristocrate, Déodat d'Aligny, camarade d'études et amant, à qui Eugène dédie son livre. Ils exploitent une ferme ensemble.

Eugène songe à se marier à son tour et sur la suggestion de Degas, s'intéresse à une des filles d'Henry Lerolle, la belle Yvonne que nous avons vue au centre de tous les regards, courtisée sans trop en faire par Debussy, peinte par Maurice Denis et Renoir, photographiée par Degas.

Henri Rouart approuve le choix, les parents d'Yvonne aussi, l'alliance des deux familles n'est-elle pas déjà effective à la génération précédente entre Alexis le frère d'Henri Rouart et Marie, la cousine d'Henry Lerolle ?

Mais l'Affaire Dreyfus, ou plutôt son épisode le plus aigu éclate avec la publication du *J'accuse* de Zola.

Jusque-là, les événements liés à cette affaire n'avaient guère troublé ce milieu, ni les relations entre Eugène et Gide. En décembre 1894, leur amitié n'avait pas deux ans, le capitaine Dreyfus, polytechnicien et brillant officier, avait été condamné pour espionnage au profit de l'Allemagne sur la foi d'examens graphologiques des plus fantaisistes et d'un prétendu dossier secret incommunicable à la Défense. En réalité, le préjugé antisémite avait suffi pour établir des convictions intimes qui poussèrent à forger preuves et ragots sans fondement. Tout cela sous le parrainage du ministre de la Guerre et ami d'Henri Rouart, le général Mercier, un familier du vendredi rue de Lisbonne.

La famille Rouart fut donc violemment secouée par cette affaire.

La France était sortie vaincue, terriblement meurtrie de la guerre de 1870 et de ses suites. Des défaites, elle en avait connues, mais pas aussi humiliantes que celle-ci, car depuis des siècles, ses pertes concernaient des conquêtes périphériques. Même après Waterloo, la France avait retrouvé son territoire national intact. Là, pour la première fois, par la brutalité de Bismarck et l'insigne médiocrité de son sens politique, la chair vive de son territoire était entamée : amputation de l'Alsace-Lorraine, les populations sommées d'accepter le maître allemand. On ne pensait donc en France qu'à la revanche et dans l'armée on s'activait à la préparer. Un exemple fameux est le canon de 75, pièce d'artillerie révolutionnaire, au recul maîtrisé qui lui permettait un tir rapide et redoutable d'une vingtaine d'obus par minute. Il fut mis au point en 1897 en pleine Affaire Dreyfus, dans le plus grand secret, et c'est le général Mercier qui en commanda une première série de centaines d'exemplaires pour l'armée. Ce canon fut déterminant lors de la bataille de la Marne qui arrêta net l'invasion allemande durant la guerre de 1914-18.

L'armée pensait et ressentait qu'après une période où on avait dû plier sous le vent, on retrouvait quelque espoir de laver l'affront infligé par l'Allemagne en 1870. Mais cette armée était largement composée d'officiers monarchistes, d'origine souvent aristocratique, pour qui la République n'avait pas de réelle légitimité, et qui, pour tout dire, n'avaient toujours pas admis la Révolution de 1789. Elle n'était que médiocrement l'émanation de la nation réelle et tendait à se constituer comme un corps à part ayant ses propres lois, ce qu'elle démontra jusqu'à la caricature durant l'Affaire Dreyfus.

La condamnation à la détention à perpétuité suivie par la dégradation du capitaine Dreyfus ne firent aucune vague puisqu'on avait confiance dans l'armée. La certitude de sa culpabilité était quasi unanime. La gauche alla même jusqu'à s'étonner que la mort n'ait pas été infligée à un traître ayant donné des informations d'importance à l'Allemagne. Mercier se déclara absolument certain de la culpabilité, et qui, chez les Rouart, pouvait douter de cette culpabilité et de la parole de Mercier ? Ni Henri dont il était un vieux camarade, ni ses fils qui l'admiraient.

Mais la famille de Dreyfus, convaincue de son innocence (il ne cessa de la proclamer), engagea un combat d'abord obscur, puis soutenu par des cercles de plus en plus larges pour démontrer que le dossier d'accusation était vide et demander la communication du dossier secret prétendument accablant pour l'accusé. Pour ne pas avoir à revenir sur le procès de 1894, un officier, le commandant Henry, fabriqua des faux, puis, confondu, fut jeté en prison où il se suicida. Le vrai coupable, l'officier Esterhazy, fut démasqué, mais innocenté par un tribunal militaire lors d'un procès d'une stupéfiante partialité, où le corps des officiers signifiait clairement à la nation qu'il se soustrayait à la loi commune.

Il apparut alors qu'une injustice d'une extrême gravité, qui n'avait pour fond que des préjugés antisémites, avait été commise et que les principes de la République avaient été bafoués par l'institution même qui devait les défendre en dernier recours face à quelque ennemi de l'extérieur. Ces péripéties se firent sous le feu d'une presse antisémite qui se permettait tout. Quand Zola publia le 13 janvier 1898 son *J'accuse* dans *L'Aurore*, le journal de Clemenceau, ce fut l'explosion.

Un vent de folie souffla sur la France, semant la division jusqu'au sein des familles. Cette tempête rendit littéralement fous des millions d'esprits surexcités.

On ne peut s'empêcher de rapprocher cette tornade de celle qui s'abattit sur le pays durant la Terreur, un siècle plus tôt. Il semble que la France ait le secret de tels accès. Nombre d'hommes plutôt calmes d'ordinaire, qui s'étaient conduits en fauves et en bourreaux durant la Terreur, assurèrent, une fois Robespierre tombé, qu'ils ne savaient pas ce qui les avait pris, et si on fait la part de la volonté de se justifier après coup, il reste par tant d'exemples une sorte de pathologie collective passagère analogue aux bouffées délirantes chez les individus. On le constatera aussi dans l'Affaire Dreyfus, une fois le coup de tabac retombé, et en particulier chez Eugène Rouart.

Dans la famille Rouart, Henri, s'il crut comme tout le monde à la culpabilité au début, resta par la suite *extrêmement modéré* au dire de l'écrivain Daniel Halévy. Henri Rouart fréquentait certes nombre de polytechniciens, des officiers de haut rang et Mercier lui-même. Mais il était aussi l'ami proche des sœurs Brandon, dames juives de la bonne société parisienne. Gide et Eugène s'étaient rencontrés chez Marguerite Brandon. L'autre sœur, ayant épousé un Monsieur Alphen précocement décédé, avait un fils, Casimir Alphen, dont Henri Rouart se fit le tuteur légal. Après la mort de son épouse, il était devenu l'amant de Madame Cahen, juive également. Il fut aussi l'amant de Marguerite Brandon. Enfin Henri Rouart s'était retiré des affaires et se consacrait totalement à la peinture. Déçu qu'aucun de ses fils n'ait pu entrer à Polytechnique, meurtri par la perte de son épouse, il avait pris du champ avec les affaires des hommes et se croyait, comme il l'exprime dans une lettre à Gide, arrivé aux ultimes années de sa vie. Eugène déplora le fait qu'il continuât de trop fréquenter ces milieux juifs. On reprocha toujours à Henri, nous l'avons vu, sa trop grande bonté. Peut-être était-il tout simplement d'une intelligence supérieure, capable de résister aux coups de boutoirs des affects, si l'on en croit le portrait que dresse de lui Paul Valéry.

Il en allait autrement des fils, des « énergumènes » selon Daniel Halévy, et parmi eux, Eugène et Louis. Mais rappelons tout de même qu'Eugène avait vingt-deux ans en 1894, lors du premier procès, et Louis dix-neuf. De tout jeunes gens, même si Eugène était majeur depuis un an.

Et il faut ici poser la question : les fils Rouart furent-ils antisémites ? La réponse est non, malgré un dérapage antisémite verbal momentané. Ils furent antidreyfusards, mais on ne trouve aucun propos antisémite chez eux de quelque nature que ce soit avant l'Affaire ; ils fréquentent alors divers

milieux, sans se préoccuper de leur appartenance confession-
nelle ou politique, et sans laisser tomber à tout propos de
remarques désobligeantes. Quand l'Affaire se clôt définitivement en 1906, on ne signale plus chez eux de prise de position à ce sujet, de quelque ordre que ce soit. Enfin, durant
l'Affaire, ils continuent de rencontrer les Halévy, Brandon et
d'autres personnages d'origine juive ou qui sont des dreyfusards connus, puisque Eugène et Louis épousent les deux filles
d'Henry Lerolle, qui avait pris parti violemment pour
Dreyfus. En un mot, leurs furieuses prises de position n'ont
pas pour cause une forme de racisme. Il y a une confusion
à éviter, bien que le cours ultérieur de l'histoire avec le
nazisme incite à la faire : tous les antidreyfusards n'étaient
pas antisémites, même s'il arriva à certains, dans le feu des
folles polémiques, de lâcher des remarques dont ils auraient
pu s'abstenir, mais qui restèrent circonstancielles. On n'a pas
idée aujourd'hui de la violence verbale générale atteinte par
les échanges mêmes privés dans les lettres ou billets envoyés.
Toute citation doit être située dans ce contexte. Ajoutons
que dans ces polémiques, les fils Rouart citent pêle-mêle les
protestants, les Suisses, les francs-maçons, les Belges et les
juifs ! Il s'agit plutôt d'une forme de nationalisme étroit,
d'une identification de la France à la stricte catholicité, en
oubliant que les juifs vivaient dans ce pays depuis l'époque
gallo-romaine, avant le christianisme. Les fils Rouart eurent
certainement le tort d'épouser les vues du général Mercier
qu'ils admiraient et en qui ils avaient une confiance totale.
La famille Rouart avait des liens particuliers avec l'armée
depuis la Révolution : de l'officier de santé engagé dans les
guerres de 1792, au père d'Henri fournisseur aux armées et
ami de peintres militaires, sans oublier Henri Rouart, capitaine d'artillerie, industriel dans un domaine sensible, ami de
généraux d'état-major, des relations fortes existaient. Si aucun
des fils ne fit de carrière militaire, ils soutinrent, de loin,
l'idée que l'honneur de l'armée passait avant le sort d'un indi-

vidu, quelle qu'ait pu être son origine. Ce qui était la position de Degas. L'erreur, comme pour beaucoup, fut de croire qu'on peut construire le rapport de confiance indispensable entre la nation et son armée sur le mensonge et une injustice flagrante.

L'Affaire n'en eut pas moins de si graves conséquences sur ces familles et sur ce milieu qui se déchira comme tous les autres, qu'il faut bien évoquer le cours de cette tempête.

Eugène entra dans une véritable crise de folie après la parution de la diatribe de Zola dans les premiers jours de janvier 1898. Toute cette violence qui couvait si longtemps en lui, et dans l'impossibilité de se déclarer, sortit au grand jour avec une force qui ne surprend guère. Dès le 16 janvier, il écrivit à Gide qui était à Rome : *La Juiverie alliée à l'Allemagne nous travaille et nous ronge. Zola veut devenir Tolstoï, s'enivre de gloire stupide, juge tout sans rien savoir, heureux encore et plus honteusement s'il n'est pas payé, des gens informés l'assurent : l'ignoble Clemenceau a reçu beaucoup d'argent pour fonder un journal où il insulte l'armée, des chefs d'une supériorité reconnue [...] Ces gens-là conspirent et ils sont encore en liberté, si cela continue il faudra prendre contre les Juifs les mêmes dispositions qu'en Allemagne, cela ne peut durer ainsi, on en a assez, – nous avons été pendant vingt ans couchés sous les Juifs et les francs-maçons, nous voulons autre chose*[1]. Gide qui séjournait à Rome et y travaillait, dit-il, mieux qu'ailleurs, dut en être pétrifié. Où était passé le délicat et passionné Eugène qu'il connaissait ? Dans ces propos où les juifs sont mêlés aux francs-maçons se dessine une vision de la nation française comme catholique qui revient non seulement sur la Révolution, mais même sur les Guerres de religion du XVIᵉ siècle ! La violence d'Eugène s'explique aussi pour une autre raison.

---

1. *Ibid.*, pp. 430-431.

Une pétition venait d'être ouverte dans l'*Aurore* pour soutenir Zola et Eugène est terrifié à l'idée que Gide puisse la signer. *Ne me fais pas le chagrin mon ami de suivre ceux-là, reste l'artiste pur et hautain que j'admire, le cœur que j'aime étreindre, l'ami que j'aime*[1]. Gide est protestant. Eugène écrit alors à Madeleine Gide une lettre où il tente de l'inciter à empêcher son mari de se prononcer pour Zola. En vain. Gide a donné sa signature pour soutenir le *J'accuse* de Zola qu'il trouve admirable. Il est trop épris de vérité pour ne pas s'engager, quelques raisons, toujours différentes, qu'il donne à ses divers correspondants pour expliquer son acte. Gide est ainsi, il veut faire plaisir à ses amis Eugène et Paul Valéry qui est lui aussi violemment antidreyfusard, mais il donne son nom pour défendre Zola. Seuls les actes comptent, les paroles, même épistolaires, doivent passer au second plan. Gide n'est pas un homme qui va de front, son courage est aussi grand que celui d'un héros, mais il s'accompagne de biais, de louvoiements, de sinuosités qu'il serait erroné de prendre comme preuves de la faiblesse de ses résolutions. Il ne veut pas se couper de ses amis, mais sur le fond, il ne cède rien et ne cédera jamais par la suite, que ce soit sur la question coloniale, sur le stalinisme en Union soviétique, ou sur l'homosexualité. Il jette un mot si juste dans une lettre à Eugène qui en dit long sur lui-même : *Beaucoup n'apprennent le courage que dans la nécessité d'en avoir*[2]...

Chez le jeune Paul Valéry[3] le raisonnement se pare de considérations de haute politique, ou qui se veulent telles. On n'affaiblit pas la nation pour le sort d'un individu, soutient-il. Par ailleurs, comme pour bien des néophytes en politique avides de pureté, la composition du mouvement

---

1. *Ibid.*, p. 435.
2. *Ibid.*, p. 487.
3. Sur Valéry et l'affaire Dreyfus, cf. Michel Jarrety, *Paul Valéry*, Fayard, 2008, pp. 239 et suiv.

des dreyfusards suffit à disqualifier à ses yeux la cause qu'ils défendent. Que n'a-t-il vu ceux qui composaient le courant contre Dreyfus ! Il qualifie du reste de *fripouilles, de niais et de fumistes* ceux qui ne sont pas d'accord avec lui, *parmi les niais, quelques bons amis à nous*[1]. À de si faibles raisons, on pouvait objecter que la force principale d'une armée est sa cohésion et celle qui la lie à la nation.

L'enjeu profond de l'Affaire Dreyfus était de savoir si l'armée devait avoir des lois distinctes des citoyens dont elle devait diriger les combats jusqu'à l'ultime sacrifice. Or, sans une égalité de principes pour tous, une armée, virtuellement de pronunciamento, est incapable de conduire un peuple, le front fissuré, à la victoire. L'Affaire Dreyfus, en permettant les clarifications nécessaires, rendit l'armée française apte à résister à son ennemie allemande lors du choc de 1914 en lui opposant une cohésion qu'elle n'aurait peut-être pas eue sinon.

Paul Valéry alla jusqu'à signer la pétition de Drumont pour ériger un monument au commandant Henry qui s'était suicidé en prison après avoir été convaincu de fabrication de faux en série destinés à « prouver » la culpabilité de Dreyfus. Et il donna une somme de trois francs. Par la suite, cet acte resta pour lui comme une tache. Difficile d'accorder la passion de la vérité, en poésie et en pensée, avec un tel appui à un faussaire aussi odieux que maladroit. Cela gauchit bien des raisonnements. On comprend que l'Histoire et ses leçons fussent devenues par la suite si suspectes à la pensée valérienne.

Pourquoi un homme aussi remarquable et aussi génial s'est-il fourvoyé ainsi ? La réponse est dans le secret des dieux, mais on n'oubliera pas de rappeler que l'emploi de Valéry qui n'avait pas d'argent, était au ministère de la Guerre, dans

---

1. André Gide – Eugène Rouart, *Correspondance* I, p. 461.

les bureaux, et qu'Henri Rouart était intervenu pour lui auprès du général Mercier. Il est probable, on peut imaginer la scène, que la pétition circula au ministère, que le jeune Valéry en position de faiblesse ne put se soustraire à cet élan collectif. Plus tard, revenu de son erreur, passionné par les découvertes d'Einstein, il prit la distance avec ce passé. Il fit avec un grand courage durant l'Occupation l'éloge funèbre de Bergson dont les nazis voulaient effacer la mémoire en brûlant les livres.

En tout cas, Eugène trouve que maintenant Valéry qui l'agaçait, on s'en souvient, *est de plus en plus intelligent*[1]... Mais quand il apprend l'engagement de Gide pour Zola, il explose et envoie à Rome le 28 janvier, l'une des lettres les plus violentes, voire la plus violente qu'il ait écrite : *Nous avons assez des Juifs, des Belges, des protestants, ces listes n'ont été signées que par eux ou par Fénéon, ce qui est la même chose ; vous avez là une tare dont seul un baptême de sang vous lavera ; pour vous blanchir, il faudrait que vous alliez avant nous aux frontières quand elles seront menacées. Assez, c'est ainsi, et avec mon père, dont l'exemple m'est précieux, avec mes frères, nos amis, rien ne nous fera dévier. Les artistes, c'est fait pour mettre dans des cages.*

Et, ajoute-t-il, *depuis que tu es venu dans notre intérieur, tu aurais dû nous connaître, je regrette que si peu de psychologie t'ait servi*[2].

C'est dire le climat de folie et d'extrême violence qui sévissait dans le pays. On n'a pas la réponse de Gide qui fut détruite sans doute, mais son brouillon authentifié ensuite par la réponse d'Eugène a été retrouvé dans ses papiers : *L'outrageante façon que tu prends pour faire sentir aux autres ta fortune peut faire se féliciter tes malheureux amis que tu n'aies pas quelque titre de noblesse à y ajouter encore.*

---

1. *Ibid.*, p. 461.
2. *Ibid.*, p. 453.

En effet, je ne savais pas, lorsque j'eus l'honneur d'être un jour introduit par toi dans votre maison, que cet honneur tu me le ferais ainsi plus tard ressentir, et que je le devais acheter au prix d'une liberté de pensée[1]...

Devant ces mots cinglants et si justes, Eugène qui est intelligent, se réveille et fait immédiatement machine arrière. Revenu sur terre, sa lettre suivante du 1ᵉʳ février commence par *Mon ami bien aimé*[2] et il préfère ne plus évoquer cette affaire. Le dérapage aura duré deux semaines.

Après son *J'accuse*, Zola passe devant le tribunal pour diffamation. Une nouvelle pétition d'intellectuels est lancée pour le soutenir. Cette fois, la pression aura été trop forte, Gide ne signe pas. Il écrit à Eugène cette phrase : *Car je n'aime pas plus les Juifs... Je t'assure ; et au contraire ne les ai jamais crus plus dangereux*[3]. Était-ce une concession à Eugène ou son opinion réelle alors qu'il fréquentait toujours les sœurs Brandon comme il le raconte dans son *Journal* ? Même si on fait la part des choses, de tels mots jettent une lumière sinistre sur l'état d'esprit des intellectuels européens les plus avancés, quarante ans à peine avant l'extermination des juifs par le nazisme.

Après ce bruit et cette fureur, Eugène ne veut plus parler de Dreyfus, c'est fini. Les mots de Gide l'ont calmé et sauvé de lui-même, de ses démons. Il y reviendra malgré lui, mais brièvement, en passant. Une autre affaire, bien plus importante, l'agite et l'inquiète, son projet de mariage avec Yvonne Lerolle, en panne depuis des années.

Gide s'est marié, il veut en faire autant. Le parallélisme de leurs vies durant ces années est patent et fascinant. Curieux mariages qui ont une fonction de couverture à une

1. *Ibid.*, p. 454.
2. *Ibid.*, p. 454.
3. *Ibid.*, p. 451.

homosexualité qui ne peut s'avouer ni se montrer au grand jour. Le mariage de Gide et de Madeleine resta blanc. Gide, dans un texte publié après la mort de son épouse, tente de se justifier en déclarant que pour lui, le désir sexuel demeura longtemps dans son esprit un attribut strictement masculin ; seules les femmes de mauvaise vie en éprouvaient, pensait-il dans sa jeunesse. Une femme honnête n'avait pas de plaisir en somme… Pensée d'un réel confort pour lui, ce qu'il ne nie pas. Il assure avoir aimé éperdument Madeleine, jusqu'au sexe exclusivement. Ce petit ouvrage si tragique, *Et nunc manet in te*, raconte comment une violence sourde, extrême, s'installa sous des formes diverses entre Madeleine et lui au fil des années, et comment, après son départ pour un voyage à Londres avec Marc Allégret son nouvel amant, elle brûla toute leur correspondance depuis l'adolescence, ce qui fit pleurer Gide des jours et des nuits.

Pour l'homosexuel de la haute société, le mariage servait de protection de sa sexualité, mais sacrifiait cette épouse promue au rang de masque social. De telles unions restaient tragiques, car si l'homosexuel était bien victime de mœurs répressives, la femme qui servait de paravent vivait un calvaire, la négation de sa condition de femme, et dans le cas de Madeleine Gide, le sacrifice, et des caresses, et de la maternité.

Eugène envisageait les choses autrement. Il voulait des enfants, créer une famille, mais entendait garder toute sa liberté sexuelle avec ses amants, sous couvert d'homme marié. La question qui le tourmentait était donc de trouver la femme qui accepterait un tel « contrat » plus ou moins tacite, et le peu de goût qu'il aurait pour son corps. Comment signifier sans jamais dire ? Comment se marier, se déclarer, ou déclarer un amour qui n'aurait pas de fond à une jeune femme qui rêvait, elle, d'amour, d'amour vrai, avec un homme ?

La crise de rage durant l'Affaire Dreyfus ne serait-elle pas une forme d'exutoire à de tels tourments ? Avant peu, il reviendra de lui-même sur ses positions si violemment exprimées d'une façon franche et loyale, en les jetant aux orties, comme à son habitude. Cette bouffée de violence folle prend donc sa source à la fois dans l'impossibilité de surmonter l'obstacle symbolique que représentait son père et dans les inquiétudes qui le hantent à propos de son mariage.

Or ce projet d'union attendait et Yvonne ne voyait rien venir. Le jour du mariage de Gide en octobre 1895, Eugène pensait déjà à elle. Mais il ne cessa de reculer le moment de se déclarer, tout en ayant fait savoir son choix, agréé par l'autre partie. Yvonne se sentait attirée par ce jeune homme d'exception et la famille Lerolle, le clan même, avec les Chausson et les Fontaine, ne trouvait rien à redire. Tous ignoraient l'homosexualité d'Eugène, comme les Rouart du reste. Il est certain que si Henry Lerolle avait su la particularité de son futur gendre, il ne lui aurait jamais donné sa fille. D'atermoiements en délais nouveaux demandés, cela avec le côté mordant, cassant ou vif d'Eugène, trois années s'étaient écoulées à la date de 1898.

Yvonne se posait des questions, Henry Lerolle aussi. Voulait-il ou non l'épouser ? Gide et sa femme Madeleine entrèrent dans la partie pour servir d'intermédiaires. Reçus par les Lerolle, ils furent d'autant plus enchantés de cette rencontre que leurs hôtes étaient dreyfusards et on était encore au beau milieu des déchirements de l'Affaire. Henry Lerolle, en chrétien fervent et même mystique, avait pris parti comme on sait. Chausson aussi en termes plus modérés et plus conformes à sa personnalité mélancolique. Arthur Fontaine, haut fonctionnaire, devait garder une certaine réserve, mais il s'exprima avec sa famille dans un sens explicite.

Les Gide se font donc ambassadeurs, mais Eugène les soupçonne de prendre parti contre lui. Ils se sont bien, trop bien entendus avec les Lerolle ! Pourtant rien n'est dit, ou rien d'écrit n'est resté des échanges dramatiques entre Yvonne et Madeleine Gide. On sait qu'elle rejoignit les Gide un jour sur le palier au moment où ils partaient et fondit en larmes. La conduite d'Eugène devenait incompréhensible, il ne savait pas lui-même où il en était. Yvonne lui plaisait, *elle est jolie, délicieuse*, dit-il, mais chaque fois qu'il parle d'elle, on chercherait en vain du désir, de l'amour et de la chair dans ses mots, rien de comparable avec ce qu'il peut écrire en amour pour un homme.

Ses soupçons et sa violence se portèrent contre Gide. Une affinité évidente avec les Lerolle aurait-elle poussé Gide à trop parler ? On sait avec quel soin jaloux Eugène protégeait son secret. Nul ne devait le connaître, il y revint souvent dans ses lettres à son ami avec violence, chantage et menaces de rupture fracassante : il ne fallait rien dire aux frères d'Eugène sur son homosexualité. Gide que l'idée n'effleurait même pas avait bien sûr promis. Mais là, s'en est-il ouvert aux Lerolle ? Eugène en a soudain la conviction. Et brusquement, à la veille de son mariage, il rompt avec Gide, l'appelle Monsieur, lui retourne ses lettres et ses livres ! Gide qui connaît son ami n'entre pas dans la polémique et le calme. Finalement tout s'arrange dans ce roman du non dit. Et Eugène Rouart épouse Yvonne Lerolle à la fin de cette année 1898 si mouvementée.

Après un voyage de noces en Italie, il la fait accueillir de nuit, dans sa ferme, *Les Plaines*, en Bourgogne, entre deux files d'hommes portant des flambeaux allumés. Yvonne qui a connu la fine fleur des grands salons parisiens devient fermière... Elle s'installe et revêt une blouse blanche. Sa sœur Christine vient lui rendre visite, Julie Manet, amie d'Yvonne, fait aussi le voyage en Bourgogne et note ingénument dans son journal : *C'est très drôle cette vie d'Yvonne au milieu de tous ces hommes ; généralement on manque d'hommes, mais aux Plaines, c'est le contraire*[1]...

Eugène évolue. On peut y voir l'influence d'Yvonne et de la famille Lerolle dont il fait désormais partie. Et par touches successives, il revient sur ses opinions lors de l'Affaire Dreyfus

---

1. Julie Manet, *Journal*, pp. 252-253.

au fil des lettres à Gide. Il se déclare un jour « ni dreyfusard ni antidreyfusard », puis glisse qu'il y a des personnes de valeur des deux côtés, il accuse, on l'a vu, son éducation militaire de lui avoir brouillé l'esprit, et finira par écrire un lendemain de Noël 1902 à Gide : *quoique je ne sois plus antisémite nullement, ni nationaliste ; je suis seulement contre la sottise.* Et quelques semaines plus tard, le 1ᵉʳ février 1903 : *Je ne suis plus du tout antisémite. Les Juifs sont fins et forts – je les apprécie infiniment*[1].

À cette date, la réhabilitation de Dreyfus et la reconnaissance judiciaire de son innocence n'ont pas encore été prononcées. Après la condamnation de Zola et sa fuite en Angleterre pour échapper à la prison, la cour de cassation avait cassé le procès inique de 1894 et renvoyé Dreyfus devant un nouveau tribunal militaire à Rennes, en 1899. Dreyfus revint de l'Ile du Diable brisé par sa captivité. Mais à la stupéfaction générale, il fut à nouveau condamné sans la moindre preuve par cinq voix contre deux pour espionnage « avec circonstances atténuantes » ! Pouvait-on condamner pour espionnage avec circonstances atténuantes ? L'absurdité du jugement était destinée à amorcer une retraite honorable pour l'armée. Le Premier ministre intervint auprès du président Loubet pour gracier Dreyfus, ce que le condamné accepta avec sa famille, en décevant la gauche qui voulait poursuivre la lutte jusqu'au bout.

La cour de cassation fut saisie à nouveau et après un examen minutieux de toutes les pièces de cet énorme dossier et le constat de leur nullité, cassa ce second jugement et réhabilita Dreyfus en 1906. Eugène n'avait donc pas attendu cette date pour tirer un trait net sur cette affaire en reconnaissant ses torts avec la vigueur que nous lui connaissons.

L'épisode affecta cependant son amitié avec Gide qui n'eut plus la transparence et la ferveur des années précédentes.

---

1. André Gide – Eugène Rouart, *Correspondance* II, p. 137.

Cette fracture exemplaire traversa de même tous les milieux artistiques et littéraires. Monet fut un ardent dreyfusard, mais son ami si proche et compagnon de tant de luttes Renoir, tint des propos antidreyfusards devant Julie Manet qui les rapporta dans son journal. Puis il modéra ses propos en rappelant avec raison que les Français s'étaient toujours divisés violemment ainsi au cours des siècles en deux camps presque inconciliables. Degas eut de furieux accès antidreyfusards, et la rupture douloureuse devint inévitable entre lui et Ludovic Halévy l'un de ses meilleurs amis, depuis le lycée Louis-le-Grand. Degas en souffrit beaucoup, au dire d'Ernest Rouart, mais ne voulut jamais changer de position et se réconcilier, préservant malgré tout ses relations avec les enfants de Ludovic. L'écrivain Daniel Halévy le vit et resta près de lui jusqu'à sa mort. Après l'Affaire, les lettres de Degas laissent paraître des accents d'homme blessé, vaincu, d'une profonde tristesse. Mallarmé écrivit une lettre admirable à Zola pour le soutenir et mourut à la fin de l'année peu avant le mariage d'Eugène. Pierre Louÿs, par provocation évidente, et au nom d'un dandysme douteux, se fit le défenseur d'Esterhazy, le véritable coupable d'espionnage au profit de l'Allemagne qui filait des jours tranquilles à Londres.

L'Affaire marquait la fin d'une époque de relative insouciance (en dépit de la guerre de 1870), où tous ces hommes et ces femmes, épris de beauté et d'absolu, avaient échangé comme un groupe qui allait de l'avant dans ses recherches, sans couleur politique particulière. Une certaine sérénité, donnée par l'unité de tous tendue vers les plus hautes fins de l'art, a disparu avec cette catastrophe. À lire correspondances, billets, ou propos rapportés, on distingue le climat d'un âge d'or qui s'est bel et bien perdu vers la fin des années 1890.

Au moment de quitter la jeunesse d'Eugène Rouart et d'André Gide, il faut revenir sur l'essentiel dans cette histoire de passion et d'amitié survoltées, et laisser ces hommes non sur des mots de haine, mais sur des mots d'amour. Eugène et Gide se sont confié leurs émotions les plus intimes dans des mots écrits qui ne trompent pas, sans pose ou apprêts littéraires. Ces textes peu connus parlent d'eux-mêmes.

Eugène envoie à Gide une lettre d'amour adressée semble-t-il à un inconnu nommé J.D.V. Peut-être est-ce la copie d'une lettre envoyée à un amant, ou un texte qu'il n'a envoyé qu'à Gide ? On ne sait.

Je t'aurais pris par la main et mené loin de la musique et de la danse, loin des femmes lourdes ; dans le parc, à travers l'humidité, dans le calme sous la lune à voir les nuages qui vont — et j'aurais aimé comme avant, mon bras à ton cou en de telles caresses, sans mots et tout ton corps contre moi. J'aime ta tiédeur délicieuse, odorant comme des soirs d'orient ; et la brusquerie de tes gestes maladroits, ton pas souple et balancé.

Te revoilà, tes yeux savent retrouver les miens, c'est une attachante clarté.

Dehors la lune.

Ne ferme pas tout à fait ta fenêtre, que je te vois encore un peu remuer dans ta chambre. Tu m'as dit au revoir dans le soir ; et j'ai marché sous la lune, c'était comme des draps frais où je me serais soûlé[1].

Gide écrit à son ami à propos d'un projet de voyage et il évoque pour lui une nuit d'extase vécue avec un jeune batelier italien sur le lac de Côme, avec des accents qui annoncent les *Nourritures terrestres* ou *Si le grain ne meurt* :

L'idée d'un voyage avec toi est devenue obsédante : je ne fais plus rien (en fait de voyage) sans penser à ce que ce serait avec toi. Vois-tu surtout ceci : !!! — une première marche au hasard des rues dans une grande ville inconnue (c'était Milan il y a quatre jours) ; une causerie sur une terrasse, en regardant passer

---

1. *Ibid.*, I, p. 383.

les passants ; un départ à l'aube mouillée, sur l'impériale d'une diligence publique ; les châles, les couvertures, etc ; ramer sur un lac immobile et longer les rives déjà pleines de nuit (trois soirs de suite à Côme – nuits splendides, villas endormies – passage des barques chalandes, sillage qu'on arrange selon le reflet de la lune)[1] - !!

---

1. *Ibid.*, p. 189.

IX

Mariage à quatre

Si Eugène a choisi dans son parcours une forme d'opposition sourde à son père, qui ne put vraiment s'exprimer, Ernest, le frère suivant, est dans la continuité. Il s'épargna ainsi bien des souffrances, mais se limita dans le même temps, malgré un vrai talent de peintre.

Né en 1874, il a douze ans quand meurt sa mère. Louis Rouart écrit dans un hommage à ce frère défunt publié en 1956 : *La mort de sa mère vint brusquement assombrir son enfance qui s'annonçait heureuse. Dès lors, il connut en revenant du collège, les soirs d'hiver, le manque d'accueil dans la maison vide et silencieuse. Il souffrit d'être privé, avant de s'endormir et le matin au réveil, d'une présence qui lui semblait divine*[1]. Ces mots valent aussi à l'évidence pour Louis. Si cette perte atteint Ernest aussi profond que ses frères, elle ne le bride pas dans son goût pour le travail. Sa vive intelligence, son sérieux, et son sens de l'effort assidu amènent son père Henri à reporter sur lui tous ses espoirs et à le chérir.

Ernest fera-t-il Polytechnique ? Tout le laisse croire. Discret, réservé, il accumule les succès scolaires, décroche ses deux baccalauréats, dont celui de mathématiques élémentaires ouvrant à la préparation aux grandes écoles. Admis à entrer dans la classe de mathématiques spéciales, il assume durant

---

1. Louis Rouart, *Ernest Rouart, 1874-1942,* Rouart Éditeur, Mâcon, 1956, p. 19.

plusieurs mois le travail intensif pour présenter le concours d'entrée à Polytechnique, avant de freiner d'un coup des quatre fers pour supplier son père de le laisser devenir peintre.

Le coup fut rude pour Henri Rouart, mais, à contre-cœur, et non sans avoir tenté de dissuader son fils, il finit par céder. Il chérissait tant Ernest ! écrit son jeune frère Louis dans cet hommage cité où il suggère avec justesse les raisons de ce renoncement.

Ernest, enfant rêveur, timide et contemplatif, sensible et éveillé, passait de longues heures à regarder la collection paternelle. Il fit ses premiers pas sous la grande Amazone de Renoir et travaillait à ses devoirs avec deux merveilleux Corot d'Italie au-dessus du canapé où il s'asseyait. Les quelque cinq cents toiles étaient accrochées selon un ordre qui n'avait rien de chronologique ou thématique. La place disponible et l'amour seul de la beauté présidaient aux rapprochements les plus incongrus qui dégageaient une harmonie particulière, supérieure, selon Louis Rouart, à ce qui émane des musées. Tel Corot côtoyait un Degas surmonté d'un Greco voisinant avec un Renoir ou un Delacroix. Plus loin, des masques ricaneurs de Daumier chahutaient un autre Corot ou une scène de plage de Manet. Les tableaux se touchant sur trois étages, chacun était une fenêtre magique donnant sur un monde enchanté, calme ou rieur, stimulant, tourmenté, ou mélancolique. Ernest, bien plus qu'Eugène qui en parle dans son roman *La Villa sans maître*, passait des heures à contempler ou rêver devant tant de toiles qui, à chaque rencontre, lui offraient un détail nouveau jamais vu, la nuance d'un ton dont on n'a pas apprécié la subtilité à sa juste mesure, une idée nouvelle de la vie, une possible résolution de toute souffrance. Les grands maîtres sont inépuisables ; à cinq cents sur les murs, sans compter les centaines de dessins parmi les plus beaux de Millet ou de Delacroix, ils avaient un pouvoir de captation irrésistible sur des yeux d'enfant dans ce temple de la beauté.

Après la mort d'une mère, ce pouvoir devenait quasi absolu. Les études scientifiques ne pouvaient rivaliser avec l'attrait de la peinture chez une jeune âme blessée. Si cette collection n'avait pas existé, Ernest eût peut-être trouvé en lui la force nécessaire pour persévérer dans les voies de l'abstraction intellectuelle, mais comment résister à l'éclat tentateur de ces images consolatrices ?

En choisissant la peinture, Ernest restait malgré tout dans la continuité paternelle, à l'abri du conflit, puisque Henri Rouart avait arrêté sa carrière d'ingénieur pour s'y consacrer et peut-être avait-il toujours regretté au fond de lui-même de n'avoir pu s'y résoudre dès sa jeunesse. C'est du moins ce que suggère à raison Louis Rouart dans le texte cité.

Henri commence donc à enseigner les techniques de base à son fils, puis il demande à son vieil ami Degas de prendre en charge la formation d'Ernest. À cinquante ans passés, Degas a une maîtrise inégalée de son art dans les domaines les plus divers. Il accepte, à la grande joie d'Ernest qui devient ainsi son unique élève et en quelque sorte son fils spirituel. Degas fait passer Ernest par les étapes qu'il juge indispensables, et tel un apprenti de la Renaissance, ou un disciple de David, l'élève enduit les fonds, construit les cadres, prépare les couleurs, puis Degas lui impose la rude école du dessin, le travail sur le nu, la technique de l'huile en le faisant copier au Louvre. Degas travaille devant Ernest qui voit les avancées, les hésitations, l'imagination technique sans bornes du maître en action ; les secrets du métier, tant ceux des anciens que ceux des modernes lui sont transmis. Bien entendu, Renoir, le sculpteur Bartholomé, et quelques autres qui sont toujours à passer par là iront eux aussi de leurs conseils au jeune Rouart.

Avec Degas, Ernest est donc fils pour la seconde fois, puisque le maître aux mille sarcasmes joue le rôle de seconde figure paternelle dans cette famille Rouart où le féminin est rare : la mère n'est plus, la sœur aînée déjà loin.

Ernest aime apprendre pour devenir un technicien confirmé. Pourtant, le choix de Degas comme maître pour le guider était-il le bon ? Un maître, un professeur, est par définition celui qui mène plus loin que lui-même et qu'on peut dépasser. L'élève se dégage peu à peu de son influence, qu'il formule ses refus ou non. Manet avait tôt perçu les limites de Couture, Degas celles de Lamothe, Van Gogh et Toulouse-Lautrec celles de Cormon. Comment se rebeller contre Degas, l'indépassable, même quand il impose à son élève des tâches expérimentales, dont l'absurdité saute aux yeux ? On peut piquer une grosse colère comme Van Gogh devant un professeur étriqué de l'académie d'Anvers, mais devant Degas ? Impossible. En tout cas pour Ernest. Le génie étant par essence imprévisible, on ne peut le contester avant d'avoir vu où mènera telle ou telle de ses initiatives apparemment hasardeuses, puisque le génie n'est fait que de cela.

Ernest Rouart a raconté, comment Degas s'était mis en tête de lui faire copier *Minerve chassant les vices du jardin de la vertu* de Mantegna au Louvre[1].

– Tu vas me préparer cela en vert. On laissera sécher pendant des mois en plein air. Titien attendait peut-être un an avant de reprendre un tableau ! Puis, sur cette préparation bien sèche, on glacera avec du rouge et nous aurons le ton voulu.

C'était ce que son esprit fertile avait imaginé pour donner le meilleur résultat, *une technique qui rappelait beaucoup plus celle des Vénitiens que celle de Mantegna*, nous explique Ernest. L'élève prépare donc sa toile *en terre verte*. Degas repasse :

– Mais ce n'est pas du vert ! C'est du gris ! Fais-moi ça en vert pomme !

Le pauvre Ernest, toujours docile, s'exécute et les visiteurs du Louvre de le prendre pour un fou.

---

1. Paul Valéry, *Degas, Danse, Dessin*, ouvr. cité, *Souvenirs de Monsieur Ernest Rouart*, pp. 1231 et suiv.

– Comment ! Vous voyez le tableau de cette couleur-là ?

Ernest se défend comme il peut et poursuit. Finalement, après bien des essais et des péripéties, le résultat ne sera guère probant. L'anecdote montre la totale soumission de l'élève devant un génie admiré dont les toiles, les dessins, les sculptures, les pastels, sont devenus visionnaires, d'une grâce infinie, avec des effets de matières ou de fonds indéfinissables aux secrètes harmonies, où l'œil se perd dans cette incertitude qui est la liberté même du créateur. Comme tous les artistes, Degas ne savait pas toujours où une idée le conduirait et pour un chemin fécond combien d'essais détruits sans regrets !

Voulant illustrer l'insatisfaction perpétuelle de Degas devant son travail, Ernest racontait des anecdotes qui ne manquaient pas de saveur[1]. Un jour, avisant dans l'hôtel de la rue de Lisbonne un de ses pastels qu'Henri Rouart avait achetés et qu'il aimait, Degas demanda s'il pouvait le reprendre le temps d'y faire une retouche. Henri Rouart accepta de céder l'œuvre pour cette petite reprise, mais, après avoir longtemps attendu le retour de son pastel, il posa la question et apprit par Degas que l'œuvre ne reviendrait pas. De retouche en reprises l'œuvre avait été déséquilibrée et Degas l'avait détruite. Henri Rouart fut désespéré d'avoir laissé perdre ce pastel qu'il adorait. Degas lui donna alors en dédommagement les fameuses *Danseuses à la barre* qui montrent deux jeunes filles s'étirant les jambes et un arrosoir sur la gauche. On arrosait les parquets avant les exercices des danseuses. Une fois accrochée, l'œuvre, dans une composition rare de gris argenté, de blancs et de jaune citron, dont la dissonance évoquait presque physiquement la douleur des jambes qui s'étirent, reçut tous les compliments des visiteurs. Mais Degas passant devant durant des années disait à Henri Rouart :

---

1. Ernest Rouart, *Degas*, article de la revue *Le Point*, Colmar, 1937.

– Décidément cet arrosoir est idiot, il faut absolument que je l'enlève.

Refus catégorique de l'ami. On ne lui ferait pas deux fois la même plaisanterie. Le bruit courut que la toile était fixée au mur avec un cadenas pour empêcher Degas de l'emporter. Pure fantaisie, assure Ernest avec malice.

On conçoit qu'un tel « professeur » pour qui toute répétition est une injure à la vie, au *vierge*, au *vivace* et au *bel aujourd'hui* de Mallarmé, dont chaque seconde pouvait ouvrir une voie nouvelle, ait été le pire des pédagogues. Il permit à Ernest de devenir un bon peintre d'une solidité irréprochable et injustement méconnu, et il l'empêcha de prendre réellement son essor vers autre chose, non par quelque injonction à ne pas s'élancer qui l'aurait horrifié, mais par sa présence, son regard même, dont l'élève craint le jugement, car il ne peut le deviner ou le prévoir, lui supposant toujours l'accès à quelque merveille inconnue qu'il ne pourrait, lui, jamais atteindre.

L'œuvre d'Ernest fut dans le prolongement de sa personnalité. Peu enclin à la rébellion contre son père, il le fut encore moins contre Degas. Son destin fut celui de conservateur, dans tous les sens du terme. Il sut faire connaître les œuvres des grands peintres dont il eut la garde, organisa des expositions majeures, fit des legs importants, et se consacra à une peinture qui restait dans les normes du monde qu'il avait connu, tournant le dos aux mouvements artistiques d'avant-garde de son temps. Mais avant de revenir sur son œuvre, il faut maintenant évoquer celle qui sera son épouse, Julie Manet.

On connaît bien la jeune Julie par le journal qu'elle a tenu, du 24 août 1893 (elle avait alors quatorze ans), au 26 décembre 1899, à vingt-et-un ans révolus, quelques mois avant son mariage avec Ernest Rouart en mai 1900. Et à lire ce journal, on regrette qu'elle n'ait pas poursuivi, car s'y révèle une personnalité des plus intéressantes et un réel talent d'écriture.

Fille de Berthe Morisot et d'Eugène Manet, nièce du peintre Manet qui l'a peinte enfant peu avant de mourir (*Julie à l'arrosoir*), Julie se retrouve à la mort de sa mère avec ses deux cousines, Paule et Jeannie Gobillard, dans l'hôtel de la rue de Villejust construit par ses parents (aujourd'hui rue Paul-Valéry à Paris).

Paule et Jeannie étaient les filles d'Yves Morisot, sœur de Berthe, et de Théodore Gobillard. Ayant perdu leur père puis leur mère en 1893, elles furent recueillies par « la tante Berthe ». À la mort prématurée de celle-ci, moins de deux ans plus tard, les trois jeunes filles restèrent donc seules dans un hôtel de quatre étages. Paule la plus âgée avait vingt-sept ans, Jeannie dix-sept, Julie seize.

Certes, Mallarmé, tuteur légal de Julie, prit en charge la vie de celles qu'il qualifiait d'« escadron volant », ou d'« escadron » et qu'on appelait le plus souvent « les petites Manet ». Il leur envoya comme cuisinière Charlotte Lecocq, la fille de son voisin à Valvins. Elle s'occupa de toute l'intendance et demeura des décennies au service de Jeannie. Toutefois Mallarmé habitait loin et ne venait qu'une fois par semaine dans son appartement parisien de la rue de Rome. Renoir fut bien plus présent, et il joua, auprès de Julie et de ses cousines, le rôle d'un vieil oncle bourru et génial, prodiguant maints conseils de peinture retranscrits en pages lumineuses par Julie, mais parfois aussi des idées bien courtes sur le monde et la société.

Le peintre aux fondus wagnériens, aux veloutés si caressants, si voluptueux que l'infinie douceur de la vie semble limitée en face de sa peinture, n'était vraiment pas un penseur. Si Degas donnait par ses gris et ses effets de matière une image sans concession de l'amère vérité, Renoir a dédié son œuvre à la suavité de la vie, au bonheur d'être et de sentir. On le rapproche souvent de Monet dont il fut le compagnon durant les années de luttes pour imposer l'impressionnisme, mais c'est avec Degas qu'il faut le comparer pour que les deux peintres s'éclairent l'un par l'autre, tant ils sont opposés.

Degas recevra plusieurs fois chez lui les petites Manet et leur donnera aussi des conseils de peinture au Louvre. Monet habitant en Normandie sera leur ami, de loin.

De si grands maîtres pourtant n'auraient pas suffi à conduire « l'escadron » à bon port. Il lui fallait un chef, et ce fut l'aînée des trois, Paule Gobillard, personnage peu ordinaire.

Paule était la fille aînée d'Yves Morisot. Son père Théodore Gobillard, un ancien officier de la guerre du Mexique où il avait perdu un bras, étant mort prématurément, sa mère confia l'éducation de la jeune Paule à la Légion d'honneur, puisqu'elle y avait droit. L'établissement dispensait une éducation quasi militaire. La discipline y était rigoureuse, le réveil se faisait à l'aube, au clairon. L'hiver, aucune sortie n'était accordée, et il fallait casser la glace de l'eau pour se laver. Paule, que la génération suivante appela Tante Paulette, sortit de là avec un caractère trempé, un courage à toute épreuve, une franchise que sa voix brusque, un peu criarde, aggravait, nous dit Agathe Valéry-Rouart dans un petit livre de souvenirs.

Ceux qui partageaient son intimité avaient droit au fracas de sa toilette à l'eau froide le matin, avant de prendre un bain de pied brûlant pour soigner une névrite qui ne l'empêchait pas de marcher droit. D'une propreté bien au-delà des normes du temps, elle savait diriger le quotidien et fut providentielle pour Julie et Jeannie, surnommées Bibi et Nini. Une maîtresse (jeune) femme à la générosité sans limites qui avait la passion de l'amitié. Elle était née un siècle trop tôt, écrit Agathe Valéry, car elle eût porté avec avantage bottes, jeans et tenues ajustées. Comme toutes les femmes d'origine Morisot, Berthe, sa sœur Jeannie ou Julie Manet, elle avait la taille très fine, de jolies jambes et les excès de gras ne vinrent jamais épaissir ses formes. L'œil bleu sombre, les cheveux raides séparés par une raie au milieu et attachés en chignon, elle arbore sur les photos, soit une mine renfrognée, soit un beau visage, mais les photos du temps, nous le savons, ne sauraient prétendre à l'objectivité par la dureté de leurs émulsions. Mallarmé disait qu'elle avait « le regard limpide et rieur ».

Libre, indépendante dans ses jugements et dans ses attitudes, elle se trouva dans la position ambiguë de grande sœur et de mère de substitution.

Quant à sa passion, inutile de poser la question, c'était la peinture. Maintes fois représentée par Berthe Morisot et formée par elle, puis par Renoir, elle s'adonna elle aussi à cette frénésie familiale considérant, comme la plupart des siens, qu'une vie ne valait la peine d'être vécue que si on y faisait un bon tableau. L'œuvre de Paule, peintures, dessins, pastels, serait à ranger parmi celles des petits maîtres de la peinture du temps, dans le sillage des impressionnistes et surtout de Berthe Morisot.

Paule dirigea avec abnégation la vie de sa sœur et de sa cousine, elle ne se maria jamais. Aussi curieuse que les autres, elle eut parfois une part décisive, dans l'aventure qui conduisit Julie et Jeannie au mariage.

Ces jeunes filles ne vont pas à l'école, elles reçoivent des leçons de leurs tuteurs, peu ordinaires il est vrai, et de maîtres de violon et de piano. Julie, initiée par sa mère, s'adonnait à la peinture, Paule s'y vouait déjà depuis longtemps, Jeannie tenait parfois le pinceau (chose inévitable), mais travaillait le piano avec acharnement, jusqu'à atteindre le niveau d'une concertiste éprouvée. Elle aurait pu faire carrière comme pianiste, mais le destin l'appela ailleurs.

Lorsque Berthe Morisot dans ses dernières années ne faisait pas poser Julie ou ne lui enseignait pas l'art de peindre et de dessiner, elle lui lisait le *Journal* de Delacroix. Et durant ces lectures l'idée vint à l'adolescente d'écrire aussi son journal dont les premières lignes la révèlent déjà : *J'ai souvent eu envie de faire mon journal, je compte le commencer maintenant. Il me semble qu'il est un peu tard, mais plus j'attendrai plus il sera tard, et après tout je n'ai que quatorze ans*[1].

Netteté énergique du propos, précision de l'expression, absence de bavardage ou de commentaires, décision rapide et exécution, certains traits de la personnalité de Julie Manet, déjà présents ici, ne changeront pas. Ils rappellent du reste l'énergie de sa mère. Ce ton décidé annonce une forte personnalité dont le journal et la vie témoigneront. L'autre caractère qui apparaît vite au fil des pages est la qualité exceptionnelle de l'oeil et la justesse des jugements en art, dits sans façons, avec toujours la même netteté, la même acuité.

On est dans un rythme allègre, vif, détaché, staccato, loin du flou habituel des journaux intimes de jeune fille. Quand elle visite, car elle se promène beaucoup, en vacances ou à Paris, elle distingue telle chose ou telle autre, choisit l'adjectif approprié, et quand elle n'aime pas, comme c'est le cas au Mont Saint-Michel dont elle excepte certaines salles ou détails, elle envoie son jugement circonstancié, et sans appel.

Née dans un monde de peintres et d'écrivains de premier ordre, ce regard suraigu allait de soi, mais en musique, à fréquenter les concerts et à écouter sa cousine Jeannie au piano, à jouer aussi, un peu, du violon, elle s'est construit toute seule une finesse d'écoute aussi aigue que son aptitude à voir la peinture.

Julie Manet, c'est d'abord un œil, pour voir et pour jouir des formes et des couleurs. Parfois, à la lire, on se prend à penser à certaines pages de la correspondance de Van Gogh.

---

1. Julie Manet, *Journal (1893-1899)*, Éditions Klincksieck, 1979, note sans date, probablement du 24 août 1893. Pour faciliter la recherche, nous donnerons les dates des notes d'où sont tirées les citations, et non les numéros de pages, variables d'une édition à l'autre.

Lors de ses vacances en Bretagne auprès de Renoir qui a accueilli les « petites Manet » l'été qui suivit la mort de Berthe, Julie, qui n'a pas encore dix-sept ans note les adjectifs de couleur devant la baie de Douarnenez qu'elle découvre au soleil couchant d'un point de vue en amphithéâtre : rose de la maison, voiles brunes, *montagne bleue, silencieuse, puis celle qui s'élève par-dessus la mer, ainsi que la côte qui peu à peu perd de sa clarté et finit violette sur le peu de la grande mer que l'on aperçoit comme une ligne d'argent. En revenant parmi les ajoncs parsemés de bruyères et éclairés par le soleil on aurait pu se croire dans le soleil même, tellement ils resplendissaient*[1].

Il est vrai que « M. Renoir » est là, qui a souvent peint Julie, et on peut imaginer les conversations : *Dans l'eau une méduse voguait, elle prenait des tons jaunes, vert, rose, lilas. À la fin de la journée nous avons été retrouver M. Renoir à la ferme. Nous sommes allées avec lui aux roches blanches d'où l'on voit l'entrée de la baie, là nous avons vu le coucher du soleil, les landes aux ajoncs se sont dorées puis roussies et le soleil dans sa splendeur entouré de feu et de pourpre faisait dans l'eau une grande traînée lumineuse ; une lueur rose se répandit partout. En se retournant, on voyait la côte et la montagne plongées dans un doux gris bleu*[2].

Le lendemain on fête l'anniversaire de Jean, le fils de Renoir, et futur cinéaste.

Deux ans plus tard, toujours avec M. Renoir, à Essoyes, près de Troyes : *C'est agréable de se promener avec un homme de talent et d'esprit qui parle avec vous comme s'il ne vous trouvait pas trop bête (du reste les hommes intelligents sont indulgents pour la jeunesse). J'ai fait une charmante promenade seule avec M. Renoir... Aujourd'hui c'était un gris d'automne aux fonds bleus, aux arbres lilas et gris, c'était doux, c'était du Corot, du Renoir, une peinture lisse et fondue, un paysage sur lequel on*

1. *Ibid.*, 3 septembre 1895.
2. *Ibid.*, note du 14 septembre 1895.

avait passé un léger et gros pinceau pour unir entre eux les jolis tons. M. Renoir s'émerveillait : « Ah, je ne sais pas si vous êtes comme moi, me disait-il, chaque fois que je me promène sans ma boîte, je trouve un tas de coins où m'asseoir, et il suffit que je prenne ma boîte pour ne pas trouver un endroit[1]. »

Quelques jours plus tard, le 17 octobre, mais sans « M. Renoir », elle se retrouve en Côte d'Or et remarque les merisiers rouges, les arbres jaunes, un pays d'or, la rivière parsemée de cet or et du bleu tombé du ciel. *Tout cela est très beau*, écrit-elle, *je voudrais pouvoir noter ces tons, mais nous partons mardi, plus le temps de rien faire.*

On pourrait multiplier les exemples tirés de ce journal. Julie a peint de délicieux tableaux, mais elle ne manquait pas de talent pour écrire. Son acuité et son étonnante mémoire visuelles ne sont pas tout ici, il fallut ensuite mettre cela en mots durant de longues heures pour les contributions de certains jours, ce qui la forçait à définir, préciser, serrer au plus près ce qu'elle avait vu.

Dans ses évocations analogues parsemées d'adjectifs de couleur, Vincent Van Gogh écrivait à son frère Théo pour lui transmettre ses émotions, Julie n'écrit que pour elle-même et on devine la jouissance qu'elle tire de ces paysages qu'elle peint la plume à la main. Enfin les mots qu'on attendait surgissent à l'occasion de la visite du Tsar à Paris où cet allié contre l'Allemagne fut accueilli avec faste : Julie décrit le cortège qu'elle a vu d'une fenêtre bien placée, elle décrit les hussards en bleu sur leurs chevaux blancs, les spahis avec leur turban et leurs vêtements dans les tons les plus délicieux, vert amande, rouge, jaune, leurs manteaux qui se relèvent au vent, sur de ravissants chevaux arabes dont la croupe est recouverte de grandes étoffes brodées aux coloris magnifiques et qui traînent par terre, puis elle conclut : *On croirait voir*

---

1. *Ibid.*, note du 11 octobre 1897.

un Delacroix quand ce cheval si gracieux se cabre un peu, si fier dans son royal manteau ; quel régal pour l'œil[1] ! Tout est dit dans ces derniers mots, véritable cri qui résume ce journal. Julie se nourrit, elle jouit de couleurs et d'impressions visuelles fortes. Elle a un regard de peintre.

Comme si cela ne suffisait pas, elle va dans toutes les galeries qui exposent des tableaux. Ou dans celles qui mettent en vente les héritages d'éminents collectionneurs. Dans son journal ensuite, avec une précision étonnante pour son âge, elle relève les œuvres, leur titre, décrit, analyse, compare, juge. Rien ne lui échappe, et lorsqu'elle visite l'exposition consacrée à sa mère, elle en fait une recension sur des pages et des pages. Elle écrit sur Berthe Morisot ces lignes si pénétrantes et si vraies : *Quelle artiste que maman ! Quelle force toujours entourée d'un charme infini ! J'éprouve du plaisir à voir de ses œuvres que je ne connaissais pas et je suis fière d'avoir eu une mère de tant de talent qui était si simple, elle paraissait ne pas se douter de ce qu'elle était[2].*

Le lendemain, elle est invitée chez une amie à Vincennes et note : *Nous parlons ce soir du talent de maman, de la femme extraordinaire qu'elle était et je ne peux m'empêcher de pleurer pendant le dîner[3].*

Mais elle est aussi musicienne, non pas tant au violon qu'elle pratique honorablement, qu'à l'écoute des œuvres en concert. Jeannie joue tout le temps et Julie de relever : *quel plaisir, quelle douce sensation j'éprouve en entendant Jeannie jouer des sonates de Beethoven, le délicieux concerto de Schumann... Cet instrument qu'elle fait si délicieusement vibrer[4].*

Julie ne cesse de s'excuser de parler de musique bien qu'elle n'y connaisse rien, précise-t-elle. Ses analyses, pourtant,

1. *Ibid.*, 6 octobre 1896.
2. *Ibid.*, 2 mai 1899.
3. *Ibid.*, 3 mai 1899.
4. *Ibid.*, 15 octobre 1897.

révèlent une écoute d'une finesse rare et c'est un régal de la lire. Les partitions à la mode ne l'intéressent guère, elle repère immédiatement les faiblesses, le manque d'idées, la pauvreté des harmonies, mais dès qu'elle écoute un chef-d'œuvre en concert, son enthousiasme montre qu'elle aurait pu devenir une critique musicale de talent. Ses pages sur *Tristan et Isolde* de Wagner sont remarquables. Elle découvre le premier acte, seul, donné dans une version de concert, puis écrit :

On se sent pénétré d'un fluide harmonique en écoutant cette musique d'une beauté surnaturelle. Tout cet acte se suit comme une unique phrase ; les passages les plus beaux, les plus chantants apparaissent sans brusquerie aucune, tout cela est fondu l'un dans l'autre, enveloppé comme la belle peinture, il y a de l'atmosphère. Il me semble que nul art ne peut vous élever autant, que nul art ne parle tant à l'âme que la musique[1].

Berthe Morisot, « M. Renoir », « M. Mallarmé » et « M. Degas », lui ont appris à voir et lui ont prodigué des conseils qui auraient pu faire d'elle une grande artiste. Elle fera des tableaux réussis, mais on aurait pu attendre plus de cette héritière absolue, comme on pourrait la qualifier, puisque tout lui fut donné pour s'engager dans la carrière.

La faille et l'explication de ce non accomplissement sont à chercher dans la disparition de ses parents qui a brisé en elle un élan certain. La vénération qu'elle leur porte a agi ensuite sur sa personnalité comme la plus efficace des chaînes. Il a manqué à Julie la figure vivante de ces parents auxquels on peut s'opposer dans un conflit salvateur et riche d'énergie.

Son journal le montre. Quand elle évoque son père et sa mère elle se promet, en quelque sorte « à haute voix », de ne rien faire qui pourrait leur déplaire. Conduite qui va la

---

1. *Ibid.*, 13 novembre 1898.

priver de tout envol possible par-delà le monde, l'univers pictural et artistique de ses parents.

D'un côté elle écrit : *mais non, je veux être plus que la petite jeune fille qui fait des éventails*[1].

Et elle s'efforce d'acquérir la plus grande lucidité sur elle-même, elle se sent heureuse quand elle peint beaucoup, *c'est pour moi une grande jouissance, j'adore cet art qui tient à ceux que j'aimais et qui ne sont plus*[2]. Elle voudrait parvenir, dit-elle, à avoir un peu de talent, travailler sans s'interrompre, en se garant des colorations trop vigoureuses et de la dureté qui est un de ses défauts.

Elle se juge aussi sans la moindre complaisance avec une ingénuité et un humour certains. Il lui suffit, assure-t-elle, de se rappeler ou revoir certains dessins ou peintures qu'elle a réalisés, des chapeaux qu'elle a portés, des lignes qu'elle a écrites, des propos qu'elle a tenus, pour se juger « grotesque », « bête », « idiote », et trouver ces peintures d'elle « atroces ». *Et cela est toujours ainsi, je ne m'aperçois des choses grotesques et bêtes qu'après, donc je le serai toute ma vie, c'est un peu attristant*[3].

Mais cet élan est bridé par une vénération des parents défunts qui frise l'idolâtrie paralysante. Chaque fois qu'elle va sur leur tombe ou qu'elle évoque leur souvenir, elle se promet dans une note écrite de ne pas leur déplaire, leur demande de l'aider à ne rien faire de déplaisant pour eux, et se coupe ainsi les ailes. Tout au long de ce journal copieux, ces mots, toujours les mêmes, reviennent comme une hantise, une obsession. Il est clair que ces retours ne sont pas délibérés, qu'elle a oublié ce qu'elle avait formulé longtemps et plusieurs centaines de pages en amont, mais ils réapparaissent comme un symptôme qui enferme l'élan de sa jeunesse

1. *Ibid.*, 20 septembre 1897.
2. *Ibid.*, 15 décembre 1896.
3. *Ibid.*, 28 octobre 1897.

tellement douée dans la mort. « Il n'a que le tort de trop aimer les morts », disait Berlioz de Mendelssohn, dans ses *Mémoires*. On y pense à la lecture du journal de Julie.

Le soir de ses seize ans, elle écrit : *Quelles trois malheureuses jeunes filles nous sommes ; mais il faut avoir du courage et accepter les maux que Dieu nous envoie et faire tout ce qui plairait à ceux qu'on regrette*[1].

À la Toussaint de 1897, elle dépose des chrysanthèmes orange et rouges sur la tombe de ses parents, puis note : *Je demande à Papa et à Maman de m'inspirer une conduite, ne leur déplaisant jamais*[2]...

Pour l'anniversaire de la mort de Berthe Morisot en mars 1898, elle écrit ces mots pathétiques, émouvants, et terribles : *Maman ! Maman ! Dis-moi si je te déplais, dis-moi si je prends une voie te déplaisant, je voudrais avoir un caractère imprégné du tien, aimer ce que tu aimais et ce que tu aimerais, peindre comme tu le voudrais, enfin être bien ta fille*[3].

Non, être la fille de la rebelle qu'était Berthe Morisot, c'était prendre sa voie propre, loin de cette tentative aussi désespérée qu'inutile de mettre ses pas dans ceux d'une morte. Mais personne n'a aidé Julie à le comprendre.

En 1899, elle se sermonne encore de la même façon : *Je ne veux pas cependant qu'aujourd'hui se passe sans demander plus particulièrement à maman de me diriger, et sans lui dire que je voudrais ne jamais faire une chose qui pourrait lui déplaire*[4], etc.

Là est la limite de Julie, telle un miroir de cette famille qui, avec le temps, va rester tournée vers son passé. Et on comprend le désespoir de Berthe Morisot laissant après elle cette enfant si peu armée pour la vie.

1. *Ibid.*, 14 novembre 1895.
2. *Ibid.*, 1er novembre 1897.
3. *Ibid.*, 2 mars 1898.
4. *Ibid.*, 2 mars 1899.

Quant à ce qu'il faut bien appeler les quelques sottises que Julie écrit à dix-neuf ans durant l'Affaire Dreyfus, elles relèvent de l'immaturité et de la grande jeunesse de leur auteur.

Renoir tint parfois devant ces jeunes filles des propos d'antidreyfusard léger, si on peut se permettre cette expression. Du reste, il en devisait parfois fort calmement en présence de Julie avec Mallarmé qui était lui, dreyfusard. Monet dreyfusard également est loin. Quant aux hommes jeunes et intéressants de son entourage, Paul Valéry, Eugène, Ernest et Louis Rouart, ils sont antidreyfusards. Julie répète donc dans son journal ce qu'elle entend sur un ton qui fait plus penser à une histoire de gentils et de méchants. Et lorsque le président Loubet gracie Dreyfus après le procès de Rennes, il est « dégoûtant », comme Clemenceau « dégoûtant » lui aussi. Julie écrit que sa conviction est certaine, Dreyfus est coupable. Elle se dit pourtant aussitôt que s'il ne l'était pas ce serait atroce. Rien de comparable en ces lignes vraiment limitées avec l'intelligence des pages d'analyses sur les œuvres d'art. Et puis cette Affaire Dreyfus l'ennuie, l'assomme, elle est plus sincère quand elle s'exclame exaspérée qu'elle en a assez d'entendre les hommes, Renoir et Mallarmé, en causer sans arrêt devant les trois jeunes filles muettes comme des pots de fleurs !

Les questions politiques ne l'intéressent pas, il suffit de lire ce journal de bout en bout. Comme les Rouart et ses cousines, l'art seul la passionne, sous toutes ses formes, pour l'admirer ou le pratiquer. La vague de l'Affaire touche cette jeune fille, ce qui permet d'en comprendre la puissance. Dès lors, des êtres comme elle qui ne s'occupaient jamais de semblables questions prennent des « positions » conformes à certains membres de leur entourage, mais auxquelles il ne faut pas attribuer de grande importance en les solidifiant comme des principes édictés par des écrivains ou des philosophes.

Il est piquant de noter que Julie, obsédée par l'idée de ne rien faire qui déplût à ses parents, ne s'est pas interrogée sur les opinions de son père et de son oncle qu'elle admire tant comme peintre. Or, Eugène, Édouard Manet, ou leur jeune frère Gustave, appartenaient à la gauche républicaine jacobine, la plus intransigeante, ils étaient amis de Zola et de Clemenceau dont Édouard Manet avait fait des portraits...

Par la suite, nous aurons l'occasion de la retrouver, Julie sera une femme extrêmement généreuse, qui aidera de nombreuses personnes et pas des moindres.

C'est ainsi, le fil avait été rompu par la mort de ses parents. Julie avança à tâtons dans la vie sans guide réel après la disparition de Mallarmé, peu enclin à s'ériger lui-même en maître à penser pour ces jeunes filles. Si grandes qu'elles aient pu être, les amitiés de Renoir et celle, plus distante, de Degas, ne pouvaient remplacer l'échange avec un père et une mère.

Mais le temps passe et sonne l'heure des amours et des mariages. C'est leur amie Yvonne Lerolle qui a donné le signal à toutes ces demoiselles en devenant la fiancée d'Eugène Rouart. Il y a du mariage dans l'air. Et si Jeannie Gobillard n'est pas riche, Julie a de la fortune, par les Morisot et surtout les Manet dont elle est l'unique héritière. Les Manet étaient propriétaires d'immenses terrains à Gennevilliers. Julie possède une impressionnante collection de tableaux dont les prix ne cessent de monter, sans atteindre encore les sommes astronomiques que le temps leur accordera.

Non que ces tableaux soient l'objet d'une rage de collectionneur. Qu'ils aient été peints par Manet, Degas, Renoir ou Berthe Morisot est au fond presque anecdotique. Ce sont d'abord des tableaux de famille qui en représentent les membres à divers moments, différents âges de la vie, comme des photos sur les murs de gens modestes. Les musées qui les ont acquis les ont en quelque sorte dénaturés en les hissant au rang de beautés insurpassables. Pour Julie, c'est d'abord ici la tante Edma, là c'est la cousine Paule enfant, ou elle-même petite, ou elle jouant avec Jeannie, ou sa maman du temps de sa jeunesse, son papa peint par sa maman ou par l'oncle Édouard qui a peint aussi la tante Suzanne, etc. La familiarité unique de Julie avec ces œuvres et cet âge de l'art français, vient du petit nombre de personnes qui en furent les acteurs durant plusieurs générations.

Dans les premiers jours de cette année si cruciale de 1898, Julie et ses cousines sont invitées chez Mallarmé qui recevait régulièrement dans son appartement parisien. Là elles font la connaissance d'un jeune littérateur de vingt-six ans à la conversation brillante, Paul Valéry. Depuis qu'Eugène l'avait présenté aux Rouart, il était devenu un familier d'Ernest. Julie qui le voit pour la première fois dans ce salon de Mallarmé dont il est un fervent admirateur, le remarque, mais ne lui prête pas encore une grande attention. Valéry avait publié alors quelques poèmes, *l'Introduction à la méthode de Léonard de Vinci* et l'étincelant *Monsieur Teste* dans une revue, *Le Centaure*, à laquelle collaboraient entre autres Gide, Henri de Régnier, Fantin Latour ou Pierre Louÿs.

Paul Valéry commençait donc ce long parcours où il ne cessa de s'interroger sur le fonctionnement le plus intime de la pensée, les processus de la création, de l'invention, le principe de causalité, l'art de peindre, la musique, etc. Dans ce mouvement artistique et littéraire qui se développe en France en se resserrant sur l'individu, il a choisi d'explorer avec une subtilité, une rare pénétration, le champ de la production intellectuelle. Et comme il est grand écrivain, il sait trouver les formules concises, lumineuses, pour dire les trouvailles d'une pensée toujours en éveil.

Il est moins heureux quand il parle de société ou d'histoire et nous l'avons vu s'embourber dans l'Affaire Dreyfus. Trop de forces à l'œuvre dans l'action collective ne retiennent pas son attention et nous aurons l'occasion d'y revenir. Mais lorsqu'il plonge au plus profond de sa pensée, de l'individu qu'il est, on assiste en le lisant à un feu d'artifice. Il n'a pas

215

encore publié les poèmes où il aborde les mêmes questions par d'autres moyens, mais il fascine ceux qu'il rencontre par sa conversation.

Pas tous. Nous avons vu qu'il énervait Eugène. Un soir, chez Henri Rouart, Degas le tança à propos de son *Léonard de Vinci* : « Vous savez, Valéry, vous ne m'épatez pas du tout : vous n'y avez rien compris[1] ! » Paul Valéry écrira tout de même un essai lumineux sur l'art du peintre au mauvais caractère et bien au-delà : *Degas, Danse, Dessin.*

Peu après, le 27 janvier 1898, Julie et ses cousines sont invitées à visiter la collection Rouart et c'est l'éblouissement pour Julie. Elle analyse longuement ses impressions, et d'abord la redécouverte de peintres qu'elle croyait connaître, dont elle mesure soudain le génie. Corot dont elle ignorait les portraits de femme et certains paysages, par exemple. Elle comprend enfin l'enthousiasme de « M. Renoir » quand il lui parlait des Corot... *Le grand génie de Corot m'est apparu aujourd'hui, jusqu'à présent je croyais l'aimer et je ne l'appréciais pas comme il doit l'être. M. Rouart a de délicieuses figures de Corot, l'une en robe rose avec de longs bras minces, une charmante en gris, une ravissante avec des bandeaux noirs et quelque chose de jaune sur la tête et une merveilleuse, un dessin étonnant et puis des paysages extraordinaires... [...]Des arbres si ronds et de ce gris si particulier aux arbres du midi... Le gris de Corot duquel se détache parfois un ton ravissant et enchanteur. Après avoir vu cela on y pense, on en rêve et l'on pense à tout ce que M. Renoir dit sur Corot[2].*

Julie a un sacré coup d'œil ! Puis elle voit le reste, les Delacroix, les Degas et cette copie de *L'Enlèvement des Sabines* de Poussin par « M. Degas » : *Elle est même d'un plus beau ton que l'original.* Elle admire également l'Amazone au bois de Boulogne de « M. Renoir », puis les peintures de « maman », de «

---

1. Jean-Marie Rouart, *Les Rouart, Une famille dans l'impressionnisme.*
2. Julie Manet, ouvr. cité, 27 janvier 1898.

M. Monet » et celles de son oncle Édouard : *Tante Suzanne dans une de ces robes grises comme mon oncle Édouard lui en a souvent faites bien étalée sur une plage avec un homme à côté d'elle (M. Rouart dit que c'est Papa ; mais alors il n'est pas ressemblant), on voit une légère ligne de mer assez foncée comme elle est avant les tempêtes, c'est vivant, vivant*[1]. Ce tableau, *Sur la plage,* est aujourd'hui au musée d'Orsay.

Julie est au cœur de l'art français, en lien intime avec les génies qui l'ont illustré, oncle, mère, amis de ses parents. Et elle portera cette ombre qui restera vivante en elle toute sa longue vie.

La visite de la collection d'Henri Rouart dont on constate encore ici ce qu'elle pouvait avoir d'envoûtant aussi bien pour Gide, Valéry, Ernest Rouart ou Julie Manet, est l'occasion d'entrer en relations plus proches avec la famille Rouart et les jeunes gens qu'on y rencontrait.

Après cette visite, les choses iront grand train. Le mois suivant Jeannie joue en public avec beaucoup de succès le concerto de Schumann. Elle est pâle, concentrée, la sonorité de son piano est ravissante. C'est une artiste accomplie à la sensibilité qui s'affirme. Un célèbre pianiste du temps, Raoul Pugno, qui ne voulait pas la prendre pour des cours de perfectionnement et ne lui avait pas caché sa réticence, fut immédiatement conquis en l'écoutant jouer. Il semble bien que Jeannie ait eu un avenir comme interprète au bout des doigts. Elle fut appelée à participer à un jury qui décernait des récompenses pour des débutants au piano.

En mars, Julie se rend sur la tombe de sa mère. Quatre ans sont passés depuis sa mort. La vie fait lentement son œuvre et Julie y prend goût, s'amuse et s'étonne de plaisanter et de rire plutôt que de pleurer.

---

1. *Ibid.*

De sortie en voyages, de Bretagne en Bourgogne, passent le printemps, puis l'été, et le 10 septembre 1898, Julie et ses cousines apprennent la mort brutale de Mallarmé. Il semble bien qu'il ait été fatigué durant les mois qui précédèrent sa mort à cinquante-six ans d'un spasme de la glotte, après une première crise dont il se releva certainement très atteint.

Elles partent avec Renoir pour Valvins près de Fontaine-bleau. Tous les amis sont réunis en ce début d'après midi. On évoque la vie et l'œuvre du poète. Paul Valéry intervient au nom des jeunes, mais sa voix s'étrangle d'émotion et il ne peut continuer. Revenue à Paris, Julie rappelle qu'en huit ans cinq personnes, sur les six qui étaient les plus proches d'elle ont disparu. Ne reste que Renoir. *Que de morts !* s'écrie-t-elle, dans son journal[1].

Il semble bien, après la disparition du tuteur de Julie, que dans l'esprit de Degas, Renoir, ou Henri Rouart averti par Degas, on ait décidé d'accélérer les choses pour ces jeunes filles.

Julie note le 7 octobre dans son journal que Mallarmé lui avait dit l'an passé que Paul Valéry cherchait à se marier. Elle pense aussitôt que sa cousine Jeannie pourrait devenir l'heureuse élue et s'en explique : *Depuis que je vois qu'il paraît être un garçon de cœur pas trop littérateur, intellectuel je veux dire, je songe qu'il ferait en effet un très gentil mari pour ma chère Nini. Mais comment arranger cela[2] ?* Elle travaillera désormais avec obstination, aidée par Paule, la sœur aînée, pour faire aboutir ce projet. Les mots émus de Valéry sur la tombe de Mallarmé ont plus fait pour lui auprès de Julie que ses publications qu'elle n'avait pas encore lues.

Le 17 octobre, on annonce le mariage d'Yvonne Lerolle avec Eugène Rouart. *Notre génération commence à se marier,* écrit Julie. Au début de novembre, elles rendent visite à

1. *Ibid.*, 14 septembre 1898.
2. *Ibid.*, 7 octobre 1898.

Degas qui travaillait à une sculpture dans son atelier. Et
« il ne parle plus que mariage ». Il pousse Ernest Rouart à
épouser Julie Manet. Un jour où les cousines étaient au
Louvre l'année précédente, Degas avait dit à Ernest : « Eh
bien tu vois ces jeunes filles, à laquelle veux-tu que je fasse
ta demande ? Je t'assure que tu ne seras pas repoussé ; tu
es gentil, tu as de la fortune, tu n'as pas l'air d'un viveur. »
Degas raconte l'anecdote aux trois cousines qui ne s'en
offusquent point. Il prépare le terrain comme une toile nouvelle.

À la mi-novembre, Julie et Jeannie assistent au premier acte
de *Tristan et Iseult* de Wagner. L'opéra va ponctuer désormais
la vie des deux jeunes filles qui sortent ensorcelées et enthousiastes de cette première grande confrontation avec l'œuvre
au moment où leurs amours naissent et s'accomplissent.

Le 22 décembre 1898 la signature du contrat de mariage
entre Yvonne Lerolle et Eugène Rouart a lieu chez Degas en
présence des familles et des amis. Est-ce Degas qui l'a voulu
ainsi, non sans arrière-pensée ? Sans doute. N'est-il pas le
meilleur ami d'Henri Rouart ? Presque tous les personnages
que nous avons croisés dans cette histoire sont là. Les Rouart,
les Lerolle, avec Ernest Chausson, Arthur Fontaine, et leurs
épouses, mais pas Debussy. Les petites Manet, comme on
les appelle, sont présentes, ainsi que Renoir et son épouse,
Paul Valéry, et des amis du monde des lettres, des arts et
de la musique. Le lieu est symbolique pour ces deux familles
de peintres. Les chefs-d'œuvre de la collection personnelle de
Degas ornent les murs et se laissent admirer, des Corot, un
portrait d'Ingres, des toiles impressionnistes, des Italiens
anciens. Yvonne Lerolle porte une robe blanche pailletée
d'argent, son fiancé grand et mince a cette suprême élégance
anglaise qu'on lui connaît. On joue de la musique. Julie
est surprise de voir Paul Valéry et aussitôt elle pense à le
mettre en présence de Jeannie. Mais dans ce monde et ces
conversations éphémères, il n'est pas facile de l'approcher.

Finalement il vient parler à Degas. Aussitôt Julie et Paule arrivent pour le retenir et la rencontre se fait avec Jeannie. Peu après, Julie a le plaisir de la voir se diriger vers le buffet au bras de Paul Valéry. Puis Degas vient souffler quelques mots à Julie : « Je vous ai débrouillé Ernest, lui dit-il, maintenant c'est à vous de continuer. » Comment se fit l'abord, Julie ne le dit pas, mais peu après, elle est elle-même au bras d'Ernest. Et elle note dans son journal : *Envahie par ces sortes de pensées, suivant Valéry et Jeannie, moi au bras d'Ernest Rouart, je me demande si en cette charmante soirée nous ne sommes pas chacune au bras de celui avec lequel nous pourrions ainsi parcourir la vie... mais rien n'est moins sûr.* Puis elle ajoute enfin : *Oui, Ernest m'a plu, il a laissé un peu de côté sa timidité, et ne serait-il pas, ayant les mêmes goûts, vivant dans le même milieu que moi, ayant un père charmant, celui qui pourrait me convenir*[1] ?

Les cousines sont rentrées ravies de cette soirée, note Julie qui remercie Dieu en s'endormant.

Le jour de Noël qui suit, les cousines ont une délicate attention pour la famille Mallarmé, elles vont dîner avec Madame Mallarmé et sa fille Geneviève pour ne pas les laisser seules. Puis c'est le mariage d'Eugène et d'Yvonne, le 27 décembre. La mariée en blanc accueille les invités.

Christine la jeune sœur d'Yvonne Lerolle a beaucoup d'éclat tout en blanc aussi sous un grand chapeau à plumes, une fleur rose et une petite écharpe rose à sa robe. Brune et piquante, elle attire le regard de Louis Rouart qui, à la différence d'Eugène, aime les femmes plus que de raison. Paul Valéry cause avec Jeannie, Julie « cultive plutôt Ernest », selon ses mots. Henri Rouart, dont on sait la préférence qu'il éprouve pour son fils peintre, s'approche de Julie, qu'il considère comme sa future belle-fille. Il lui parle en lui tenant la

---

1. *Ibid.*, 22 décembre 1898.

main, ce qui touche infiniment cette jeune femme qui a perdu tant de figures paternelles autour d'elle. La jeunesse impose sa vie nouvelle et fait oublier les chagrins et les morts. La musique, le tourbillon de la fête, les boissons, grisent les jeunes cousines. Julie fait compliment à Henry Lerolle sur ses filles. « Elles sont bien gentilles », lui répond-il. Eugène, très gai, invite les cousines à venir lui rendre visite dans sa ferme à Autun où il s'installera avec Yvonne.

On se quitte sur ces promesses. Le mariage d'Eugène Rouart a permis à ces familles qui se connaissaient et s'estimaient de nouer des liens indestructibles. Les Rouart, les Manet-Morisot et les Lerolle ne feront plus bientôt qu'un seul ensemble.

En janvier, Christine Lerolle est hospitalisée pour une appendicite. Plus de deux semaines au lit... *Elle ne se plaint pas du tout, elle est charmante sur son oreiller blanc*[1]. On va la voir, on lui apporte des cadeaux. Puis on rend visite à Renoir que ses rhumatismes font souffrir. Chez lui trônent les jeunes femmes en vue du moment : son tableau qui représente les sœurs Lerolle. Julie dit que durant ses visites ses yeux sont sans cesse attirés par le pouvoir magnétique de ce chef d'œuvre de fraîcheur, *Yvonne et Christine Lerolle au piano*, la première de profil en blanc, les mains sur le clavier, la seconde de face, en rouge, bien sûr, et Degas qui fut leur « marieur », présent sur le mur, avec des jambes de danseuses, et de chevaux de course, tableau aujourd'hui à l'Orangerie.

Justement, après avoir admiré des toiles de Manet qui les ont émerveillées dans une galerie la veille, Julie et Jeannie, euphoriques, assistent à un concert de sonates de Beethoven : *Quelles impressions délicieuses peut vous procurer l'art, je plains ceux qui n'y sont pas sensibles, ils s'enlèvent vraiment une grande partie des plaisirs que l'on trouve sur cette terre. Je ne vais que*

---

1. *Ibid.*, 14 janvier 1899.

d'enthousiasme en enthousiasme, hier devant cette peinture, aujourd'hui en entendant cette musique superbe[1].

Julie vit l'un des plus hauts moments de sa vie, celui qui a tant inspiré Balzac dans ses *Scènes de la vie privée*, où, de nouvelles en romans, un être jeune se prépare à engager sa vie avec un visage aimé afin d'entrer dans la chaîne des vivants. Julie pense toujours à ce mariage de Jeannie, épie Valéry, et fait tout ce qui est en son pouvoir pour la réussite de ce projet. Elle sent intimement qu'elle va se lier pour la vie à Ernest Rouart sous le haut patronage de Degas et ne voudrait à aucun prix laisser Jeannie, son amie, sa confidente, sa compagne en douleurs et en joies, loin derrière elle et seule sur la route. Valéry fait sa cour, mais sans insister, il a compris que Julie (et la sœur Paule) protègent son dessein. Il se montre gentil et toujours aussi brillant. Jeannie ne manque pas de qualités, mais l'aime-t-il ?

Que je voudrais que Jeannie lui plaise, j'ai cette idée fixe de voir ce mariage... note Julie, qui ajoute : *Valéry me paraît très difficile à pénétrer*[2].

Visites de galeries, et sorties en concert, elles n'arrêtent pas. Invitées à écouter l'oratorio d'un dénommé Renosi, elles s'y rendent et le jugement de Julie est sans appel. Il montre la maturité étonnante de son goût, et son aptitude à l'exprimer. *Renosi*, écrit-elle, *s'est servi de ces mêmes instruments de cuivre qui avec Wagner résonnent avec tristesse et profondeur, et avec lui tournent à la trompette de foire.* Puis dans cette analyse de la médiocrité en art qui plaît peut-être à des contemporains crédules, mais ne peut emporter l'adhésion d'une jeune femme raffinée, elle précise : *je trouve qu'il manque de grandeur (l'art a besoin de grandeur, dans un rien d'un vrai artiste il y en a toujours)...* Puis elle conclut avec son ingénuité : *Voilà que moi qui*

---

1. *Ibid.*, 30 janvier 1899.
2. *Ibid.*, 23 février 1899.

ne m'y connais pas en musique, j'écris des pages et des pages sur la musique ; que de bêtises dois-je dire[1].

Charme infini de Julie...

En visitant la collection Doria, elles revoient des œuvres de Manet et de sa mère qui la bouleversent. Elles y retournent le lendemain et rencontrent Henri Rouart ému, accompagné d'Ernest et de Louis.

Hélas, un malheur a touché ces familles.

À l'approche de l'été 1899, à Limay près de Mantes, Ernest Chausson a loué une villa comme chaque année pour y séjourner en famille. Le 10 juin, il fait soudain très chaud. Vers six heures du soir, Chausson, après avoir travaillé à un quatuor, appelle sa fille Étiennette et lui propose une promenade à bicyclette. Le père et la fille enfourchent leurs vélos. Chausson n'y a jamais été très habile. À la sortie de la villa, Étiennette prend immédiatement de l'avance sur cette pente douce et disparaît, puis, ne voyant plus son père, rebrousse chemin. Elle l'aperçoit alors de loin tombé au pied de la porte cochère. Arrivée à lui, elle découvre avec horreur qu'il est mort, le crâne fracassé contre l'un des piliers.

Le Paris des arts et des lettres entre en émoi. Les lettres s'échangent, désolées. Eugène Rouart écrit à André Gide, Julie Manet en parle dans son journal, les musiciens, les écrivains, les peintres dont Chausson avait acheté les toiles, présentent leurs condoléances.

Quant à Debussy, s'il ne se rendit pas à l'enterrement, il joua plus tard la musique de Chausson en hommage à une amitié qui manqua sans doute de mots pour fleurir.

Ernest Chausson, le musicien si attachant de la mélancolie est mort. Il semble que son destin ait été marqué à jamais par le malheur.

---

1. *Ibid.*, 6 mars 1899.

Julie et ses cousines rendent visite à la famille d'Henry Lerolle. *Nous allons voir Mme Lerolle et Christine, elles nous parlent de leur pauvre beau-frère et oncle. « C'était un beau-frère et en même temps un ami, nous dit Mme Lerolle, mon mari ne s'en remettra jamais*[1] *».* Jugement qui se révéla exact. Henry Lerolle est effondré. Après l'Affaire Dreyfus et ses drames, cette mort met un terme à un grand cycle de sa vie. Désormais, il prendra une forme de retraite et s'effacera peu à peu du paysage parisien.

Puis la vie reprend ses droits. Valéry rend visite aux cousines et Jeannie se met au piano. Elle porte une robe neuve de couleur abricot. Même si elle n'a pas la beauté de Geneviève Mallarmé, elle rayonne, et au piano, on ne peut que l'aimer. Elle joue Wagner avec passion, nous raconte Julie. Les accords les plus tragiques, les envolées de notes comme des souvenirs heureux de l'enfance perdue, les grondements, les chevauchées, les élans éperdus... Jeannie n'a peut-être pas la conversation de celui pour qui elle soupire, mais elle lui donne tout son art et tout son être. Elle se révèle romantique, passionnée, ardente, bien plus que Julie. Et le dit de ses doigts qui courent sur le clavier entre noirs et blancs.

Valéry est très gentil, écrit Julie. Nous sommes au début de juillet. Elles lui annoncent qu'elles passeront le 14 à Valvins chez les Mallarmé, près de la forêt de Fontainebleau. Viendra-t-il leur rendre visite ? Oui, répond-il, et on devine le cœur de Jeannie qui déborde.

Une grosse semaine plus tard, on se retrouve à Valvins. À défaut de piano on se promène en forêt ou au bord de la Seine, on dessine et on peint. Valéry fait rire à table Geneviève Mallarmé un an après la mort de son père, puis il pose pour Jeannie qui réalise un portrait de lui au crayon et au fusain en le regardant longuement. Était-ce le prétexte pour

---

1. *Ibid.,* 16 juin 1899.

le dévorer des yeux ? Ont-ils échangé un premier baiser ? Ce n'est pas impossible. Paul Valéry est content du dessin et l'emporte en rentrant à Paris. On se dit adieu. Hélas, les voyages projetés ne permettront pas à Jeannie et à Paul de se revoir avant la fin de l'été. *Je remarque chez Jeannie après un émoustillement de la tristesse. Elle fait un profil frappant comme ressemblance de Valéry. Je crois bien qu'elle est un peu pincée pour lui, le fait est qu'il a été charmant ces deux jours. Je désire si vivement que Jeannie soit heureuse et il me semble que c'est lui qui pourrait la rendre heureuse*[1].

Tout l'été, Jeannie gardera une tristesse au cœur qu'elle aura du mal à dissimuler. Elle est fatiguée, ennuyée de tout. Un jeune homme rencontré durant l'été en Bourgogne tentera en vain de la dérider, une photo est parvenue où elle lui fait la tête. Julie découvre à quel point la passion traverse et ravage sa cousine. Mais il semble bien que l'intéressée soit elle-même surprise de réagir ainsi.

Telle n'est pas Julie, sa maîtrise d'elle-même est tout autre et au contact de sa cousine elle perçoit mieux les lignes de son caractère. Elle se dit elle aussi passionnée, malgré les apparences, ce qui n'étonne guère celui qui la lit, et elle s'en explique : *C'est même l'excès de cette passion contenue qui engendre chez moi la froideur. Je préfère me montrer de glace que de faire soupçonner qu'il y a en moi de la sentimentalité, et pour la cacher je suis forcée d'avoir recours à un complet travestissement*[2].

Renoir, revu en ce dernier été de jeunes filles, leur parle de peinture, il aborde la question des noirs et des glacis, puis, il s'en prend à ceux qui veulent mettre de la raison dans la religion, détruisant ainsi la foi du peuple, comme Renan, évoque la beauté des femmes. Judith Gautier, la fille du poète, était la plus belle, déclare-t-il, « Elle était la déesse »

---

1. *Ibid.*, 16 juillet 1899.
2. *Ibid.*, 14 novembre 1899.

et Julie comprend qu'il a soupiré pour elle comme tant de jeunes gens de sa génération.

Les trois cousines arrivent enfin à la ferme d'Eugène et d'Yvonne Rouart. Julie qui ignore les goûts d'Eugène et les dessous de ce couple singulier remarque le nombre étonnant d'hommes autour d'Yvonne devenue fermière ici. Peu importe, Ernest est là ! Le cœur de Julie bat très vite, bien qu'elle le laisse peu voir, même par écrit dans son journal. Mais on le devine entre les lignes. Elle décrit soigneusement tout ce qu'il fait. Promenades, piques-niques en de beaux endroits choisis par Eugène, Yvonne fait de son mieux. On découvre Autun en prenant une route à lacets sur les hauteurs, c'est un enchantement. Ernest se démène. Que ne ferait-il pas pour plaire à Julie ! Il monte aux arbres cueillir ou chercher on ne sait quoi, porte les sacs de provisions, ouvre la voie, sert, débarrasse la nappe. Puis vient le jour des adieux. *Yvonne et Ernest restent avec nous à la gare jusqu'au départ du train. Ernest nous porte notre valise, ouvre les fenêtres dans notre compartiment pour qu'il fasse moins chaud, nous achète des journaux, enfin c'est un garçon plein d'attentions, il est charmant. Nous remercions bien Yvonne de ces délicieuses journées à Autun, y rencontrant Ernest comme je n'osais le rêver*[1].

Les cousines descendent ensuite pour un voyage qui les comble, d'étape en étape, jusqu'à Nice, en passant par Lyon, Vienne, Avignon, Arles. Devant les Alyscamps peints quelque dix ans plus tôt par Van Gogh et Gauguin qu'elle ne connaît pas, Julie voit un motif à la Corot... *La beauté des Arlésiennes n'est pas surfaite*[2], écrit-elle comme Van Gogh déjà en 1888. Puis c'est l'Estaque, Cimiez, Cagnes, Monaco, Menton, enfin le retour par Marseille, Nîmes, le Pont du Gard, et Paris au début de novembre... *Charme enveloppant et presque inexpli-*

1. *Ibid.*, 4 septembre 1899.
2. *Ibid.*, 15 octobre 1899.

cable de cette merveilleuse contrée pour laquelle on conçoit de l'amour…[…] Impressions délicieuses que m'ont procurées tous les différents aspects de cette attachante Provence, qui vous invite si souvent à peindre[1].

Ce long périple loin de Paris attise leur faim de sorties, elles rentrent après la Toussaint et ont hâte de retrouver leurs soupirants. Deux semaines plus tard, elles assistent à une représentation intégrale cette fois, et sur scène, de *Tristan et Iseult* de Wagner. C'est l'événement parisien qu'on ne saurait manquer. Julie est à nouveau emportée par cette musique qui sonne comme l'écho de sa jeunesse et de son amour naissant. Malgré si peu d'écoutes et sans le secours de la partition, elle perçoit clairement le pic de l'œuvre au second acte : le duo *O sink hernieder nacht der liebe…* sans doute chanté alors en français. Aucune page en musique, ni même en littérature, ne s'est élevée jusqu'à cette cime pour faire sentir l'amour, et non l'indiquer par quelques adjectifs comme on le voit trop souvent faire. Julie écrit que *dans le second (acte) exulte le débordement de passion durant le grand duo d'amour poussé à l'extrême, d'amour envahisseur de toutes les fibres de ces deux êtres qui laissent les sons passionnés de leurs voix monter parmi les arbres*[2]. Tristan et Iseult s'aiment tandis que la servante Brangaine veille dans la nuit en prolongeant ses mots par de longues notes de sa voix d'alto fondue tel un cor avec le son velouté de l'orchestre. À la fin de cette représentation dirigée par Lamoureux lui-même, Julie évoque son ressenti : *Puis ce drame se termine par la merveilleuse mort d'Yseult que Sitvine chante triomphalement conservant la douceur et le charme de sa voix tout en dominant l'orchestre qui arrive à l'apogée de son éclat, puis cette dernière exclamation du nouvel amour par ces cuivres foudroyants et resplendissants qui semblent laisser planer leurs résonances tandis que peu à peu tout s'éteint.*

---

1. *Ibid.*, 3 novembre 1899.
2. *Ibid.*, 21 novembre 1899.

Pendant les 5 h que dure Tristan et Iseult *pas une minute on ne s'éloigne de la musique et pas une minute l'on s'ennuie*[1].

Julie et Jeannie sortent en effet foudroyées par cette expérience, comme si l'œuvre les avait ramenées à leur propre vie. Elles en sont malades de cette musique, possédées par le philtre wagnérien. Deux jours plus tard, Valéry vient leur rendre visite et Jeannie se met au piano pour jouer *Tristan*, les grands thèmes, les plus belles pages. Pâle et concentrée, belle sûrement, les nerfs à vif après si longue absence de celui qu'elle aime, elle parvient à rendre, dit Julie, dans la mort d'Iseult *tout à fait bien les diverses sonorités de l'orchestre*[2].

Ce n'est du reste plus une prestation de salon, c'est une déclaration d'amour de Jeannie à Paul Valéry. On peut imaginer la scène, on entend la réduction pour piano qui naît sous les doigts inspirés de cette jeune femme ; elle sait ce qu'elle veut et le dit de toutes ses forces.

Une deuxième représentation de Tristan se donne trois semaines plus tard. Évidemment elles y courent et peuvent s'abandonner cette fois à l'œuvre sans les aspérités inévitables de la découverte. *Nous rentrons très excitées par cette musique encore plus énervante, envahissante à la seconde audition. C'est admirable, magnifique, vibrant. Il me semble que je deviendrais folle au bout de quelques soirées passées à abreuver mes sens de cette trop forte nourriture, de cette griserie sonore, de ce poison violent qui n'est autre que la passion*[3].

Quelques jours plus tard, mourait le chef d'orchestre Lamoureux qui avait dirigé ces représentations. Mourir après ce drame de l'amour et de la mort, quel symbole ! Julie écrit une superbe oraison en son honneur. L'année 1899 s'achève sur ce pic, le journal de Julie tenu depuis sept ans s'interrompt, et on a envie de briser sa plume ou son clavier de

1. *Ibid.*
2. *Ibid.*, 23 novembre 1899.
3. *Ibid.*, 12 décembre 1899.

1. Henri Rouart peignant dans son atelier chez lui.

2. La grille Sainte-Lucie à La Queue-en-Brie, par Henri Rouart.

1. Le grand salon atelier du 34, rue de Lisbonne. La collection occupait tous les murs sur trois étages. On reconnaît en haut *L'allée cavalière au Bois de Boulogne* de Renoir, aujourd'hui à la Kunsthalle de Hambourg.

2. Louis Rouart lisant, par Henri Rouart.

Saisir le frémissement de l'instant qui passe par un art de l'inachèvement. Touche dissociée, fiévreuse, signes plutôt qu'image parfaite représentée. Le génie de Berthe Morisot est porté à l'incandescence dans cette scène familiale qui montre son mari Eugène Manet et sa fille Julie dans le jardin de Bougival.

1

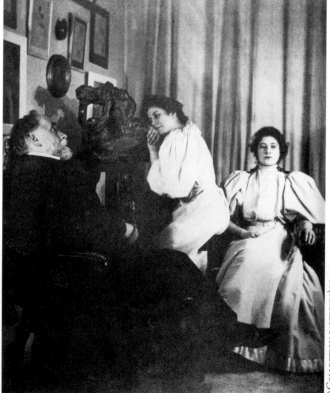

2

1. Paul Valéry, par Ernest Rouart.

2. Christine et Yvonne Lerolle photographiées par Degas à gauche qui tient dissimulée la poire du déclencheur.

1916. Augustin Rouart entre son grand-père Henry Lerolle et sa mère Christine Lerolle-Rouart.

1900. Photo de mariage de Julie Manet à gauche
et de sa cousine Jeannie Gobillard. Debout, Ernest
Rouart et Paul Valéry.

2

Deux éditeurs
de musique :
1. Alexis Rouart,
fils d'Henri Rouart.
2. Paul, fils d'Alexis.

3. Eugène Rouart,
par Hermann Paul
(1864-1940).

3

1. Portrait d'Augustin Rouart enfant, en 1911, par sa marraine Julie Manet-Rouart.

2. Jean-Marie Rouart par son père Augustin Rouart (1954).

1

2

rage. Tant de talent et de sensibilité arrivés à maturité, tant d'intelligence chez cette jeune femme si douée pour écrire, ne trouveront pas d'accomplissement. Mais pour l'instant elle n'y songe guère. Elle s'interrompt pour préparer la noce ou les noces.

Mariage simultané des deux cousines. Julie Manet épouse Ernest Rouart ; Jeannie Gobillard épouse Paul Valéry, le même jour. André Gide fut le témoin de Paul Valéry à la mairie et Pierre Louÿs l'assista à l'Église. En robes blanches, les deux cousines portent des couronnes de fleurs, Ernest, grand et mince, en habit et papillon blanc, porte la barbe noire à la russe avec distinction, Paul Valéry habillé de même est plus libre de son corps sur la photo officielle où ils posent tous les quatre. Moustache noire, il regarde au loin de ses yeux clairs.

Quelques épisodes cocasses émaillent la noce. Les jardiniers du Mesnil, ce château acheté par Eugène Manet et Berthe Morisot, se sont attablés pour manger avant la cérémonie religieuse, et on leur avait attribué à l'église les sièges réservés aux mariés ! Peu importe, les amis, illustres ou non, sont là, Degas est heureux, et son ami Henri Rouart aussi. Durant la fête, un jeune violoncelliste espagnol se fait remarquer par son talent, il s'appelle Pablo Casals.

Pour le voyage de noces, les Valéry prirent la direction de Bruxelles et d'Amsterdam, tandis que les Rouart partirent pour Saint-Valéry-en-Caux, un petit port entre Fécamp et Dieppe. C'était un conseil de Degas, dont on sait qu'il détestait la campagne : *Tous ces peintres qui disposent leur chevalet en pleine nature, les gendarmes devraient leur tirer dessus*[1] *!* Berthe Morisot s'était décidée à épouser Eugène Manet dans cette région peinte par Jongkind, Isabey et elle-même. Sur place, Julie trouva « cet endroit absolument sinistre ». On

---

1. Agathe Rouart-Valéry, *Crayons*, Actes Sud, Arles, 1999, p. 120.

télégraphia aux Valéry qui se délectaient des capitales du nord, de leurs musées, et de peinture. Aussitôt Julie et Ernest décidèrent de les rejoindre pour une lune de miel à quatre, puisque après tout le mariage l'était déjà. Mais bientôt ils éprouvèrent des remords d'avoir laissé Paule toute seule à Paris. On lui télégraphia pour lui dire de venir. Elle accepta, tout heureuse, fit son bagage et la lune de miel se passa à cinq. L'« escadron volant » de Mallarmé était reconstitué, indestructible. On vit de la peinture et on parla de peinture. Pouvait-il y avoir un autre sujet de conversation ? On se le demande.

Cette noce et son voyage singulier préfigurèrent la suite. Après avoir habité peu de temps ailleurs, les Valéry vinrent s'installer rue de Villejust au troisième étage, tandis que les Rouart occupaient le quatrième. Paule n'ayant pas trouvé mari, les cinq ne devaient plus se quitter.

X

Louis, l'anarchiste aux cheveux d'or

Qu'a-t-il manqué à Louis Rouart, grand-père de Jean-Marie Rouart, pour devenir l'écrivain que tout annonçait ? Il avait le temps, les relations, nul souci d'argent (au moins dans sa jeunesse), aucune opposition familiale à combattre et un talent de premier ordre : une écriture déliée, des fulgurances d'images qui font vibrer la phrase, une agressivité peu commune, une passion dévorante pour la beauté. Il n'a pourtant laissé que deux plaquettes, l'une, admirable, son plus beau texte, écrite au soir de sa vie à la mémoire de son frère Ernest, l'autre moins pénétrante que ses articles de jeunesse, sur Berthe Morisot. Et de nombreuses contributions sous de presque aussi nombreux pseudonymes parus dans la revue *L'Occident* de 1901 à 1909 et dans *Les Marges*. Enfin il fut, avec Gide, l'un des fondateurs de la *Nouvelle Revue Française* en 1908, avant de se faire éditeur.

Quand Eugène Rouart écrivit à Gide pour lui signaler la qualité d'un article de son jeune frère, il reçut cette réponse du 15 juin 1905 : *Du reste, l'article de ton frère est bon ; mais à toutes ces broutilles il perd son temps et ses forces ; il me tarde de le voir se concentrer dans un travail plus sérieux*[1].

---

1. André Gide – Eugène Rouart, *Correspondance* II, p. 220.

Jean-Marie Rouart, en des souvenirs émouvants sur son grand-père, l'a appelé « le Condottiere[1] ». Il faut suivre le chemin emprunté par ce combattant orgueilleux, tempétueux et chimérique, pour comprendre qu'il ne suffit pas d'avoir du talent pour devenir écrivain ; d'autres qualités, sur lesquelles Balzac revint si souvent dans ses romans riches en créateurs manqués, sont indispensables pour faire un artiste.

Louis naît en 1875. Dernier enfant d'Henri Rouart et d'Hélène Jacob-Desmalter, il suit d'un an à peine son frère Ernest, et de trois ans Eugène. À sa naissance, son père est déjà un ingénieur d'envergure et un collectionneur important. Il va abandonner bientôt son métier vers 1883 pour se consacrer à la peinture, quand Louis est âgé de huit ans environ. Les trois garçons de la seconde fratrie, Eugène, Ernest et Louis, auront donc peu vu leur père aux prises avec les nécessités et les contraintes de ses usines ou de ses projets industriels. Henri est rapidement absorbé par les arts, sa peinture, sa collection.

Puis leur mère meurt prématurément, quand Louis est âgé de onze ans. Parlant de son frère Ernest, nous l'avons vu évoquer ce que cette catastrophe représenta pour lui aussi. *La mort de sa mère vint brusquement assombrir son enfance qui s'annonçait heureuse.* La maison vide en rentrant du collège, personne le matin au réveil, et l'absence de cet amour maternel qui porte le garçon, puis le jeune homme, à tenter avec confiance ou témérité les voies les plus difficiles. Un déficit affectif d'autant plus grand que le père, on le sait, s'interdisait toute marque de tendresse pour compenser ce vide immense.

Il fallut donc, rapporte Louis, *se laisser traîner les jeudis et les dimanches par une vieille bonne sèche, laide, autori-*

---

1. Jean-Marie Rouart, *Une jeunesse à l'ombre de la lumière*, Gallimard-Folio, p. 147.

taire, et d'une bêtise mécanique comme celle d'un gendarme en retraite, tantôt aux hideuses fêtes foraines, *dont les plaisirs vulgaires et grossiers donnaient l'avant-goût de l'enfer,* tantôt au Musée Grévin pour assister à la reconstitution de crimes horribles de l'histoire dont la vue causait à Ernest, et peut-être à Louis aussi, des cauchemars les nuits suivantes[1].

Les fils Rouart détestent les joies de la foule depuis que leur mère est morte un 14 juillet.

Les deux jeunes frères, presque jumeaux, vont répondre à ce déficit affectif de manière différente. Si Ernest se tourne vers lui-même et cherche des consolations dans l'art, la contemplation, une douceur de caractère indiscutable, Louis va réagir, on le voit bien ici dans ses mots sur cette bonne haïe, et se défendre, par une agressivité verbale hors normes. Comme Eugène, c'est un extraverti, mais si Eugène est bridé par son homosexualité vite découverte et mal assumée, qui lui apprend une certaine prudence, il n'en est rien chez Louis qui peut aller jusqu'au bout de ses pulsions pour le meilleur et pour le pire.

Son intelligence est grande, il n'a pourtant pas la docilité d'Ernest, capable de s'astreindre à de longs efforts solitaires pour ses études. Louis est un rebelle. Il dit de lui-même au soir de sa vie qu'il était *épris dès l'enfance de liberté et d'aventures et paresseux avec délices,* qu'il *n'avait rien de ce qu'il fallait pour préparer avec quelque chance de succès des examens difficiles.* Et il ajoute que *l'espoir de situations confortables dans l'avenir ne suffisait pas à lui en donner le courage[2].*

Réfractaire à la discipline scolaire comme plus tard à tout ce qui est académique ou administratif, Louis ne laisse pas

---

1. Louis Rouart, *Ernest Rouart, 1874-1942*, Rouart Éditeur, Mâcon, 1956, p. 19.
2. *Ibid.*, p. 22.

le souvenir d'un élève brillant, il perd des années de-ci de-là durant son parcours de lycéen.

Il grandit, en dernier-né, à l'ombre de ses frères proches, et singulièrement d'Eugène, plus attiré par les lettres que par la peinture. Il a certes baigné dans un univers pictural incomparable comme tous les enfants Rouart. Degas, dans ses lettres, l'appelle « mon cher enfant », ou « mon petit rouquin », mais Louis ne cherche pas à prendre le pinceau. Eugène s'étant lié à Gide qui débutait, puis l'ayant introduit rue de Lisbonne pour le présenter à sa famille et lui montrer la collection, Louis va rechercher lui aussi l'amitié de l'écrivain. Gide qui s'intéresse toujours aux jeunes gens, le prend en amitié et lui envoie un exemplaire de *Paludes*.

Nous sommes en mai 1895, Louis a vingt ans et prépare son bac, mais rien n'est plus urgent pour lui que de lire ce livre dans la maison de son père à La Queue-en-Brie. La lettre qu'il envoie à Gide mérite d'être citée :

> *Cher Monsieur Gide,*
> *Votre affectueuse dédicace m'a tendrement ému ; vous me demandez un peu d'amitié, je vous donne tout mon cœur avec joie, vous n'en perdrez que ce que vous voudrez.*
> *Ce matin à l'ombre des tilleuls j'ai lu* Paludes. *Vos autres livres m'avaient rempli d'enthousiasme ; celui-là m'a enchanté comme un triste sourire. Je croyais causer avec un frère ou un ami, rire avec lui des ridicules de la vie, en comprendre soudain la monotone tristesse et retenir mes sanglots*[1].

Sensibilité exquise et maîtrise précoce de la langue chez ce jeune homme… Quelques semaines plus tard, Louis échoue au bac, mais on sent bien à lire cette lettre que son esprit est ailleurs et que son talent est déjà là. Il passe la session d'automne, cette fois reçu avec les félicitations du jury.

---

1. André Gide – Eugène Rouart, *Correspondance* I, p. 274.

Grand, comme tous ses frères et comme son père, il est certainement le plus beau de tous, bien qu'il porte une barbe et une moustache lui masquant le bas du visage, mais le haut est d'une régularité parfaite. Il avait une façon rapide et irrégulière de projeter les mots comme s'ils se bousculaient dans son esprit, selon François Chapon, ancien conservateur de la Bibliothèque Littéraire Jacques-Doucet, qui l'a bien connu. Louis est roux, comme Eugène et sa sœur Hélène. Henri Rouart a laissé de lui un portrait le montrant absorbé dans quelque lecture. « Anarchiste aux cheveux d'or », dit-il de lui-même dans une lettre à son ami Albert Chapon. Gide l'appelle « le petit Rouart », le « grand » étant bien sûr Eugène que Gide nomme tout simplement « Rouart » quand il en parle dans sa correspondance.

Peu attiré par les sciences, Louis s'inscrit en Droit et apprend l'arabe pour préparer un voyage en Égypte dont l'art le fascine ; la collection de son père compte des pièces égyptiennes remarquables. Paul Valéry devient aussi son ami. Durant un temps, le jeune Louis est en quelque sorte le lieutenant de son grand frère qu'il admire et pour qui il se charge de diverses commissions. Lorsque Valéry demande à Eugène si Degas serait prêt à accepter que la « *Soirée avec M. Teste* » lui soit dédiée, Eugène se tourne vers Louis qui accepte de sonder le vieux peintre ombrageux censé être plus indulgent avec le plus jeune Rouart. Le refus est catégorique. Degas qui ne comprenait déjà rien à Mallarmé réagit à sa manière et dit à Louis : « *Je ne tiens pas à ce qu'on me dédie des choses que je ne comprendrai pas. J'ai soupé des poètes*[1]*...* » Bon... Les propos, rapportés à l'intéressé, sont restés dans la famille.

Louis part à l'armée et fait son service militaire. Il traverse alors une crise de doute, écrit à Gide qui le réconforte. Louis

---

1. Jean-Marie Rouart, ouvr. cité, p. 141.

en sait aussitôt gré à l'écrivain. Il le confie à Eugène dans une lettre : *Je n'oublierai jamais la tendresse qu'il m'a témoignée cet automne quand j'étais malheureux*[1]. Puis, sur le point de quitter l'armée, il répond à Gide qui l'invite à passer quelques jours avec lui et Madeleine Gide : *Je reste confondu devant votre bonté et la délicatesse de votre cœur, vous avez divinement compris qu'à ma sortie du régiment où je ne trouvais pas un peu d'affection autour de moi ma tristesse deviendrait plus grande encore et ma maladie morale recommencerait*[2].

Eugène qui apprend la visite de Louis à Gide met en garde solennellement celui-ci avec menaces : Louis ne doit rien apprendre de l'homosexualité de son frère. Mais tout se passe au mieux. Louis rentre à Paris après ce séjour en Normandie dans la ferme des Gide. Nous sommes à la fin de l'année 1897. Dès le début du mois de janvier suivant, Clemenceau publie le *J'accuse* de Zola dans *L'Aurore*.

La vie de Louis, jusque-là encore indécise, va prendre sa direction définitive. S'il est des combats formateurs pour un jeune homme qui y fait son épreuve du feu politique, il en est d'autres qui enferment ou étriquent, à moins de s'en dépêtrer à temps.

Louis était encore au lycée quand l'Affaire Dreyfus commença en 1894 avec la dégradation du capitaine. Il avait vingt-deux ans quand Zola publiait sa lettre ouverte mettant la France en feu. Eugène écrit à Gide : *mes frères sont dans les mêmes idées que moi, mon frère Louis est dans les comités, influent au milieu de ces étudiants que tu méprises*[3]. Gide avait trouvé *ignoble* la conduite des étudiants antidreyfusards. Eugène, Louis, mais aussi Ernest, et Paul Valéry, se lancent dans la lutte. Pourtant si Eugène en sortit par le haut au fil des années en reconnaissant son erreur et en revenant sur

1. André Gide – Eugène Rouart, ouvr. cité I, p. 382.
2. *Ibid.*, p. 410.
3. *Ibid.*, p. 441.

tout ce qu'il avait écrit, si Ernest trouva rapidement refuge dans ses rêves, sa peinture, son amour pour Julie, ses enfants, et une forme de mysticisme chrétien, Louis était fait d'un tout autre bois. Orgueil ou entêtement ? Il poursuivit dans la direction esquissée durant l'Affaire, celle d'un nationalisme imprégné d'esprit religieux catholique. Il devint un militant de cette cause, armé d'une plume redoutable. Barrès fut son écrivain de référence et son ami.

Degas, qui aimait les fils Rouart comme s'ils étaient les siens, avait marié Julie à Ernest, mais c'est aussi lui qui imagina le mariage des deux sœurs Lerolle, Yvonne et Christine, aux deux frères Rouart Eugène et Louis, en en faisant part à Henry Lerolle et à Henri Rouart.

Christine était très jolie, son visage, on l'a vu, enchantait Renoir. Plus tard, elle posa, dans cette famille où tout le monde peint tout le monde, pour Degas, Maurice Denis, Paule Gobillard, et pour son propre fils Augustin Rouart. Louis et Christine se plurent et les deux familles s'étant déjà liées, le mariage eut lieu en février 1901, au retour de Louis d'Égypte. Il avait passé l'année 1900 à l'Institut français d'archéologie orientale du Caire, avait voyagé dans le désert en compagnie d'un Arabe comme guide et se souviendra d'avoir été heureux dans cette quasi-solitude. Il aimait l'art égyptien comme toutes les expressions artistiques issues d'un élan collectif. Gide assistait à la réception donnée pour son mariage chez les Lerolle le 14 février. Le dernier des fils Rouart dans la seconde génération se mariait ; une union qui fut aussi féconde que désastreuse pour les époux qui ne réussirent pas à s'entendre, mais qui trouvèrent le temps de faire sept enfants.

Les portraits peints de Christine Lerolle, ceux de Renoir ou Denis, montrent une femme qui aime la vie et ne semble pas prête à sacrifier ce goût sur quelque autel chimérique. Déjà ronde dans sa jeunesse, son visage s'empâte au fil des grossesses. Une nette affirmation de soi s'en dégage. Elle n'est pas effacée ou éthérée comme sa sœur. Louis n'allait pas tarder à comprendre qu'elle ne se soumettrait pas devant son ironie corrosive, ses sorties et ses caprices de grand seigneur et de Don Juan couvert de femmes. Il ne pouvait réfréner le bon mot cruel s'il était beau, mais regrettait ensuite cette sortie blessante au point d'en pleurer parfois. Christine était, de plus, une Lerolle, venue d'un milieu de gauche ardemment dreyfusard, l'opposition des caractères ne tarda pas à se nourrir d'opposition politique. Ils n'étaient d'accord à peu près sur rien, sinon sur Chateaubriand, Barrès, Verlaine, Baudelaire...

Louis se lance en effet dans un nouveau combat. Il s'engage auprès d'Adrien Mithouard pour l'aider à créer la revue *L'Occident*, dont l'objectif est de défendre les valeurs et l'art d'un Occident surtout chrétien, censé avoir été dénaturé par les temps modernes. Tel était du moins le projet d'origine, puis l'orientation des articles s'élargira vers une vision plus laïque. La revue commence à paraître en décembre 1901, quelques mois après le mariage de Louis et Christine, et d'emblée, Louis Rouart assure une grande partie de la rédaction aux côtés de contributeurs remarquables comme Maurice Denis, Vincent d'Indy, Francis Vielé-Griffin, Paul Claudel, André Gide pour un numéro, André Suarès, Jacques Rivière. Nombre de collaborateurs deviendront des piliers de la *Nouvelle Revue Française* et des Éditions Gallimard.

Sous divers pseudonymes, Raoul Narsy, Georges Dralin, François de Poncher, Zed Marcas, Pierre Vimal ou Pierre Valbranche, Solrac, et bien d'autres, parfois sous son nom, Louis Rouart publie jusqu'en 1909 des articles importants, aux partis pris flamboyants, et assure les pages d'échos, de nécrologie, ou de réaction rapide à l'actualité, en fin de volume. Même si ces dernières ne sont pas toujours signées, on le reconnaît à son style mordant de polémiste hors pair, à sa rosserie, sa drôlerie irrésistible. Il ira jusqu'à faire un éloge du fanatisme en plusieurs livraisons, non ce qu'on entend sous ce mot, mais un fanatisme « à éduquer » ! Par ces mots, il entendait un éloge du parti pris, « décomplexé », un plaidoyer *pro domo*... Mais parfois il laisse tomber sur ces pages des phrases ou aphorismes détachés de tout :

Ma nature a horreur du vague. Je ne sais pas aimer ce que je connais mal[1].

Pour Rostand ce trait :

On applaudit M. Rostand, comme on embrasse telle bonne fortune, en fermant les yeux[2].

À propos du Prix Goncourt qui venait de débuter :

Dès que dix hommes individuellement intelligents s'assemblent en commission, ils deviennent aussitôt une unité irréparablement stupide[3].

Une vacherie sur le peintre Jacques-Émile Blanche :

M. Blanche est aussi un virtuose, mais le son qu'il tire de son violon est menu, menu[4]...

Parlant de l'architecture de « l'État républicain » qu'il abhorre :

Ses monuments sont comme lui, ils n'ont pas d'âme. On les dirait construits, et décorés à la machine par d'anciens élèves de l'école polytechnique[5]. (Une pierre, rare, dans le jardin de son père !)

Ou ce fabuleux coup de griffe :

La Ville est pleine de Césars faibles et de Jésus méchants ; tous écrivent[6].

On ne finirait pas de relever les mots de Louis Rouart. Son écriture d'une grande clarté est parsemée d'images sai-

---

1. *L'Occident*, n° 2, janvier 1902, p. 70.
2. *Ibid.*, n° 21, août 1903.
3. *Ibid.*, n° 27, février 1904.
4. *Ibid.*, n° 30, mai 1904.
5. *Ibid.*, n° 72, novembre 1907.
6. *Ibid.*, n° 2, janvier 1902, p. 71.

sissantes comme autant de pierreries qui brillent de mille feux dans l'esprit du lecteur. Ses comptes rendus d'exposition de peinture n'ont pas pris une ride. Louis qui a un œil d'une étonnante acuité comme tous les Rouart, une marque de fabrique familiale, y donne des analyses passionnantes, pénétrantes, révélatrices, il aime aller au fond pour saisir ce qui fait la grâce d'un peintre, comprendre, comme disait Van Gogh, *pourquoi on trouve beau ce qu'on trouve beau.*

À propos des peintures de Degas, il souligne *leur pénétration, leur énergie concentrée, leur justesse profonde...* [Elles] *atteignent à la beauté définitive des Holbein et des Ingres.* Son dessin *autrefois serré, élégant et précis, s'élargit avec force et souplesse, se simplifiant peu à peu jusqu'à se résumer en quelques traits écrasés et puissants qui donnent aux gestes, aux attitudes, une intensité d'expression extraordinaire*[1].

Mais c'est peut-être Berthe Morisot qu'il place au dessus de tout. Après avoir écrit qu'elle fut le plus grand peintre féminin de l'Histoire, il expose ses raisons en une superbe analyse :

Elle posséda de naissance ce sens exquis de la mesure, cette liberté et cette précision, qui caractérisent un Watteau et un Boucher. De ce dernier du reste, elle fit des copies claires et fraîches, d'une saveur incomparable. Elle interpréta d'abord Corot avec une invention toujours heureuse et apprit de lui le secret des valeurs ; puis, elle se mêla au mouvement impressionniste dont elle fut et restera l'une des gloires les plus certaines[2].

Il évoque ensuite ses œuvres exposées chez Druet : *Une lumière douce, irisée, y répand sur toutes choses, meubles, fleurs, paysages, figures de femmes et de jeunes filles, une harmonie enivrante de jeunesse et de fraîcheur. Un dessin aussi ferme et précis*

---

1. *Ibid.*, n° 4, mars 1902, p. 228.
2. *Ibid.*, n° 39, février 1905.

qu'élégant, une mise en place aisée et sûre, y soutiennent la grâce légère et frémissante des couleurs.

Il manque pourtant quelques mots sur la violence, la fougue, la véhémence de Berthe Morisot. Comme si Louis tenait, malgré tout, à la ranger dans le « féminin » et ses qualités « éternelles ».

De Toulouse-Lautrec « peintre de la génération suivante » Louis écrit : *Citons un portrait de fille par Toulouse-Lautrec, d'un dessin concentré et féroce dont les moindres traits gardent un accent tragique. Lautrec développa avec originalité et puissance certaines manières de voir de Degas et l'on peut dire qu'à l'égal du maître qui l'inspira il eut le génie du dessin*[1].

Dans un autre numéro il précise : *Son crayon semble avoir le rire sarcastique du peintre et s'amuser à dégager le côté « monstre » de notre pauvre nature*[2].

Sur Pissarro, des analyses au scalpel, sur Corot, Renoir, Lorrain, Maillol, Rodin, il écrit des pages où son regard aigu et généreux nous permet de décupler le bonheur ressenti face aux œuvres de ces peintres.

À lire ces textes, on peut se faire une idée des conversations à la table des Rouart. Les témoignages sont unanimes sur la finesse des aperçus, étayés par des arguments techniques que seuls des praticiens – ils peignaient presque tous – pouvaient avancer. Comme de grands peintres étaient souvent présents, on peut imaginer la hauteur des vues échangées sur un mode passionné. Ces conversations étaient une école de premier ordre pour les jeunes qui vérifiaient aussitôt la qualité de tel ou tel propos sur un Corot, un Renoir, un Manet ou un Greco sur les murs.

Mais, hélas, tant de talent est mis chez Louis au service d'idées générales bien courtes sur le monde, l'Histoire, la France, qui finiront par rétrécir sa vision, même en peinture.

---

1. *L'Occident*, n° 17, avril 1903.
2. *Ibid.*, n° 37, décembre 1904.

À l'en croire, toute la faute viendrait de la Renaissance.

La France gauloise avait un bon fonds, assure Louis Rouart, mais la conquête romaine l'a ligotée, corsetée, asphyxiée, par l'administratif qui fut le caractère principal de la civilisation romaine. Heureusement, les invasions barbares ont libéré la France et son génie national. La fusion du fonds celtique et de ces deux apports a donné l'éclosion de la vraie civilisation française chrétienne au Moyen Âge, au temps des cathédrales. Hélas, la Renaissance a ramené au premier plan le paganisme, la laïcité, des artistes et penseurs qui ne croient en rien, et la France n'a jamais retrouvé depuis les cathédrales ce qui est le génie de sa race, génie et goût héréditaires. Pas plus que Barrès, Louis n'aime la Grèce qui a inspiré la Renaissance. Il est donc nécessaire, selon lui, de réhabiliter l'art médiéval et chrétien, de faire un travail intellectuel d'analyse, et de montrer ce qui appartient en propre à l'art français et occidental, en rejetant les expressions perverties venues de la Renaissance.

Par ailleurs, Louis se dit individualiste féroce, épris de liberté, et même anarchiste.

Outre la faiblesse de la théorie qui fait d'un pays aussi composite que la France une « race », sans parler de la notion confuse et absurde de « goût héréditaire » (tout en la matière est affaire d'éducation et on sait qu'il n'y a pas d'hérédité des caractères acquis), il ne voit pas que c'est la Renaissance honnie qui a permis à l'individu d'émerger pour la première fois dans l'Histoire, avant de devenir une valeur, et que lui-même, Louis Rouart, n'aurait jamais pu trouver sa place au Moyen Âge, il y aurait été bien vite rôti sur un bûcher, pour ses écrits, leur liberté, leur irrévérence souveraine !

On reste pantois devant tant d'inconséquence. Comment peut-il concilier une telle philosophie et son amour inconditionnel pour l'art « laïc », d'un Manet, pour ne prendre que cet exemple parmi tant d'autres ? Mais Louis n'est pas un penseur, il sent vite, fort, et les mots éblouissants ou colériques affleurent immédiatement sous sa plume, c'est là son talent. La volonté de redonner sa place à l'art chrétien médiéval, de la littérature à l'architecture, était légitime, mais fallait-il une philosophie aussi faible pour cela qui voue tout autre expression aux gémonies ?

Louis, en réaliste, pense que le devoir de l'artiste consiste en une réinterprétation de la nature qui exalte les paysages de la France, rende leur beauté, leurs nuances infinies. De même pour les portraits et les scènes avec personnages. En dehors de ce programme, rien ne trouve grâce à ses yeux. On peut s'interroger ici sur l'effet de la collection d'Henri Rouart dans la formation de son jugement critique. Il est incapable de dépasser l'esthétique sous-tendue par les choix de son père, celle du réel réinterprété, celle de Zola, n'en déplaise à Louis qui le détestait : la Nature vue à travers un tempérament. Par Nature, il faut entendre pour Louis le réel au sens le plus étroit, celui qui est accessible aux yeux humains, ce qui exclut les rêves et les chimères à un bout, toute conception artistique par trop « intellectuelle » à l'autre.

Mais cette remarque a ses limites : Henri Rouart, en son temps, avait fait des choix révolutionnaires qui rompaient avec une conception de la peinture dominante, perpétuellement historique. Il sut accompagner le nouveau mouvement de l'art vers le présent de l'artiste, en achetant nombre d'œuvres qui en étaient l'incarnation. Henri Rouart intégra Gauguin à sa collection à un moment où il sentait encore le soufre. Louis, suit la lettre de la collection de son père, et non l'esprit. Il n'est pas le seul parmi les Rouart, son frère Ernest sera lui aussi enfermé avec talent, l'intolérance en moins, dans la même vision des choses. Difficile pour ces fils : une fois de plus, leur père a raison contre eux.

Symptomatique est la charge que Louis dirigea contre Gustave Moreau.

Le maître de la rue La Rochefoucauld, dont le génie onirique, déjà reconnu par Huysmans et quelques autres, serait vénéré par les surréalistes et André Breton, était mort depuis peu. Louis visite son atelier transformé en musée et les pages qu'il écrit n'informent que sur lui-même. Il n'entre pas dans cette peinture, le clame, mais la violence de ce qu'il ressent est telle qu'elle lui masque les qualités de cette œuvre dont l'étrangeté le rebute. *Gustave Moreau… semble n'avoir jamais regardé ce qui l'entoure et l'on chercherait en vain dans son œuvre une interprétation quelconque de la nature*[1].

Nos goûts nous définissent mieux que toute profession de foi, Louis en est un exemple dans ces lignes où il s'en prend aux admirateurs de Gustave Moreau : le pays merveilleux des rêves qui les enchante dans son œuvre incarne pour lui *cette contrée imaginaire toujours trop malsaine et trop fausse et nous n'y saurions vivre sans air et sans soleil.*

Tout est dit. Freud n'ayant pas encore pénétré le monde lettré, Louis ne se doute pas de la confidence qu'il fait ici sur lui-même. Il entend, comme critique, ne donner aux peintres que le droit de célébrer « la beauté réelle de la France », « sa lumière douce et blonde ». Et il conclut ainsi ce texte capital pour comprendre son destin : *Quand on sort du musée La Rochefoucauld, et qu'on analyse l'étrange dégoût dont on vient d'être saisi, on y trouve deux causes principales : la séparation complète d'avec la nature et l'impuissance. Un esprit sans flamme intérieure se repliant sans cesse sur lui-même, ne peut en effet que se dessécher de plus en plus au contact des idées abstraites, de l'érudition vaine dont il fait sa seule nourriture.*

Ces lignes de 1902 le coupent de l'évolution de l'art au XXᵉ siècle, de toute une sensibilité. On est sidéré devant l'aveuglement de ce jeune homme talentueux que son orgueil ou son talent même enferment.

---

1. *L'Occident*, n° 3, février 1902.

Certes, on se souvient du violent conflit qui opposa Degas, le second père des Rouart, à Gustave Moreau, après que leurs chemins artistiques eurent divergé, le premier accusant le second de vouloir « mettre aux lions des chaînes de montre », et celui-ci raillant les danseuses de son ancien compagnon de voyage et quasi-disciple en Italie. Ils se trompaient l'un et l'autre : en art, qu'importe le sujet, pourvu qu'on ait l'ivresse ! Leurs ateliers étaient tout proches, Degas travaillait et habitait rue Victor-Massé et Moreau était dans son hôtel-atelier rue La Rochefoucauld qui faisait l'angle avec la première, mais ils ne se parlaient plus depuis longtemps. Certes, Louis ne pouvait s'opposer à Degas ou trouver quelque qualité à son ennemi. Pourtant, à le lire l'enjeu est ailleurs. Louis est parti en croisade, mais dans quel but ? Il l'ignore encore.

C'est un même mouvement de refuser de voir l'Autre en soi et au dehors, en art comme dans la société, dans les songes et en politique. La recherche obsessionnelle du Même enferme mieux qu'une prison.

Ce qu'a pressenti Gustave Moreau en accordant tant de prix à la chimère, au travers des mythes qu'il met en scène dans sa peinture, éclatera au siècle suivant et ne sera qu'un approfondissement de ce mouvement qui va toujours plus profond vers l'individu. Ses songes, ses rêves, ne représentent-ils pas le plus intime de ce qu'il est ? Quant aux mouvements vers une abstraction croissante dans un art plus spéculatif, ils interrogent les racines de la perception, avant sa mise en forme dont on sait qu'elle est tardive chez l'être humain, et c'est une autre façon d'aller vers le plus intime de la vision, de l'individualité, de la subjectivité.

Commencèrent alors ses démêlés suicidaires avec Gide, la personnalité originale en pleine ascension des lettres françaises. Une querelle éclate au printemps de 1906. Ce n'était pas la première. Louis avait reçu à la rédaction de *L'Occident* les notes de divers voyages en Afrique publiées par Gide sous le titre *Amyntas*. Ne voyant rien paraître sur son livre dans la revue, Gide se plaignit à Louis de l'avoir « escamoté ». Louis répondit par une lettre où il déclarait être prêt à écrire une critique louangeuse sur « la musique exquise et fraîche » de la première partie de l'ouvrage à condition de pouvoir faire de vives restrictions sur la seconde, et il attaquait de but en blanc : *Qu'attendez-vous pour nous donner un beau livre que je rangerai dans ma bibliothèque à côté des tragédies de Racine*[1]*... ?* Ces mots, qui faisaient de Gide un lettré incapable de créer une « œuvre » digne de ce nom, le rendirent malade et il nota dans son *Journal* : *Passé un temps énorme à répondre à Louis Rouart. Il est de ces êtres qui ne se croient francs que lorsqu'ils sont brutaux*[2]. Finalement on se réconcilie, mais rien ne paraîtra sur *Amyntas* dans la revue.

La querelle rebondit deux ans plus tard en avril 1908 et cette fois Gide excédé regrette dans son *Journal* de n'avoir pas rompu avec Louis lors de l'Affaire Dreyfus, puis il écrit ces lignes terribles : *Notre amitié reste comme ces poitrinaires douloureux dont on prolonge l'existence à force de précautions, et qui ne continuent à vivre que pour souffrir. Cette amitié ne me procure aucune joie, ne me fournit que peu de motifs d'estime de moi-même, ne m'apprend rien et me meurtrit dès que je cherche à l'enfoncer un peu plus avant dans mon cœur*[3].

Le lien puissant d'amitié de Gide et d'Eugène Rouart a longtemps empêché cette rupture. Louis était devenu catholique militant, ami de Barrès que repoussait Gide, le protestant libéral, comment l'entente pouvait-elle exister entre eux ?

---

1. Sur cette affaire, voir André Gide – Jean Schlumberger, *Correspondance*, Gallimard, 1993, pp. 239 et 1027 ; et aussi André Gide, *Journal* I, 21 mai 1906, p. 537 et note p. 1518.
2. Gide, *Journal* I, p. 538.
3. *Ibid.*, p. 594.

Une nouvelle réconciliation intervint lors d'une *excellente visite* de Louis à Gide qui espère, dans son *Journal*, que cette fois tout est arrangé entre eux.

Dans la revue *L'Occident*, Louis sent qu'il n'avance plus, ses contributions se raréfient dès 1908 pour disparaître l'année suivante. C'est qu'il a les yeux tournés ailleurs. Gide a décidé lui aussi de défendre sa conception de la littérature par la publication d'une revue. Ces années sont l'âge d'or des revues littéraires, elles foisonnent, se répondent, se soutiennent ou s'attaquent. Plus tard, André Breton pensera dans les mêmes termes au lendemain de la guerre en publiant des revues pour lancer le surréalisme.

Gide et ses amis, dont Jean Schlumberger, issu comme lui d'un riche milieu protestant, veulent lancer la *Nouvelle Revue Française*, qui sera à l'origine des éditions Gallimard. Se sentant peu expérimenté, Gide cherche d'abord dans le paysage autour de lui des personnalités susceptibles de prendre la direction du projet. Il fait appel à Eugène Montfort et Louis Rouart avec lequel il venait de se réconcilier.

Eugène Montfort avait créé une revue, *Les Marges*, qui paraissait depuis 1903 et fut l'un des ancêtres de la *Nouvelle Revue Française*. Le projet des *Marges*, joliment exprimé, était de donner au lecteur *les remarques qu'on note en marge des livres, et celles aussi qu'on se dit à part soi sur les gens et les choses que l'on voit*[1]. Et dans le même esprit, cette petite revue refusait la publication périodique et contraignante, *Les Marges* sortaient quand elles avaient quelque chose à dire. Il y avait peu ou prou l'esprit de Montaigne dans cette revue. Irrégularité, totale liberté, esprit fin de leur rédacteur unique sur tous les sujets : Eugène Montfort.

Cet écrivain distingué, oublié aujourd'hui, « à égale distance de l'avant-garde et de l'arrière garde », prônait un bon

---

1. *Les Marges*, n° 1, novembre 1903.

ton qui peut séduire, mais reste éphémère. Sa prose, non dénuée d'intérêt et d'un nationalisme plus que modéré, laisse deviner un homme affable et sceptique, regardant peut-être d'un peu haut les choses humaines. Il avait publié des critiques d'ouvrages de Gide chez qui il remarquait *une recherche passionnée d'un écrivain pour se rapprocher de la vie, car, ayant reçu une culture trop intellectuelle, il était dans l'incapacité de créer*[1]... La question littéraire posée tant ici qu'avec Louis était d'importance. L'œuvre littéraire devait-elle obéir aux mêmes canons que jadis ?

Apparemment, Gide n'en tenait pas rigueur à Montfort, il le prit comme directeur du premier numéro de la *Nouvelle Revue Française* qui se réclama d'emblée des *Marges*. Gide n'a peut-être pas perçu ce que les propos de Montfort signifiaient. Louis Rouart, pressenti, fit partie également des fondateurs de la revue et du comité de rédaction. Ce premier numéro ne comptait pourtant aucune contribution de lui.

Était-ce l'occasion pour Louis de décoller enfin en se mettant dans le sillage de Gide après sa période à *L'Occident* ? En ce mois de novembre 1908, il n'a après tout que trente-trois ans. La *NRF*, comme on ne l'appelle pas encore, « entend conserver l'indépendance entière vis-à-vis des doctrines et des personnes. » Les positions de Gide durant l'Affaire Dreyfus, le côté protestant de certains collaborateurs, promettent une diversité d'opinions réelle et un respect de chacune. C'est ce qu'annonce le texte de présentation. Aucun pseudonyme, liberté absolue et responsabilité limitée aux seuls auteurs, la revue se veut « le reflet direct et très vivant de ce que pense la nouvelle génération. »

Un tel projet, ainsi formulé, s'éloigne, de fait, de tout nationalisme ou antisémitisme. Du reste, depuis 1906, après

---

1. *Ibid.*, note sur le *Saül* d'André Gide.

l'examen des milliers de pièces du dossier, la Cour de Cassation a clos l'Affaire Dreyfus, en prouvant la fausseté de toutes les accusations. Dreyfus est réhabilité. On ne reviendra plus sur cette question.

Parmi les articles publiés dans ce premier numéro, figurait celui d'un certain Bernard Bocquet qui s'attaquait à Mallarmé en parlant d'un livre sur l'impuissance du poète, argument destiné à l'évacuer ou en finir avec lui. Cet article déclencha un violent conflit entre les rédacteurs qui incita Gide à se débarrasser d'Eugène Montfort et de son groupe.

Certes, Mallarmé, à de nombreuses reprises, met en vers *le terrain avare et froid de sa cervelle*, sa difficulté devant *le vide du papier que la blancheur défend*; il pare ce manque, d'images rares : *la solitude bleue et stérile a frémi* ; invoque la stérilité du miroir : *Eau froide par l'ennui dans ton cadre gelée*, qui lui renvoie telle une *sévère fontaine* l'ultime révélation : « *J'ai de mon rêve épars connu la nudité* », et bien d'autres aveux somptueux d'impuissance devant la page blanche vue comme *un lac dur oublié que hante sous le givre / Le transparent glacier des vols qui n'ont pas fui*[1].

Mallarmé décrivait ainsi la limite ou le mur qui empêche tout être humain d'atteindre une transparence absolue plus redoutable que cette impuissance même.

Était-ce une raison de considérer l'œuvre comme nulle et à rejeter dans l'oubli ? Impossible de laisser passer cette attaque contre ce poète sublime. Mallarmé fut la cause posthume d'une rupture fracassante et d'une clarification du projet de la *NRF*. Gide et ses amis décidèrent de ne pas reconnaître comme leur ce premier numéro, et ils publièrent un nouveau numéro un, quatre mois plus tard en

---

1. Mallarmé, *Œuvres complètes*, Pléiade, Gallimard, 1965. Vers tirés notamment de *Las de l'amer repos, Brise marine, Hérodiade, Le vierge, le vivace et le bel aujourd'hui*, etc.

février 1909, avec une direction restreinte réunie autour d'idées plus précises. Dans un texte réponse sur Mallarmé qui sonnait comme un manifeste pour une nouvelle littérature, annoncée par *Paludes*, Gide déclarait : *Les vers ne doivent pas espérer d'autre défense que leur propre beauté.* Qu'importait le sujet de ces vers si leur tenue, leur beauté, leur noblesse, font *que le cerveau dans lequel ils ont enfoncé leur éblouissement glacé s'en souvienne désormais ?* Et combien de vers consacrés à la joie, à la vie, à la fécondité, semblent si nuls en regard ? Et de conclure : *On ne se débarrasse pas d'un tel poète, simplement, en ne le comprenant pas*[1].

Cette bataille menée par Gide dès le début donna à la *NRF* une impulsion décisive vers une vision nouvelle de la littérature et la rendit capable d'accompagner l'essentiel des mouvements littéraires du XXe siècle.

Par delà ces péripéties, ce conflit illustrait le passage conscient en France à une littérature où la création elle-même devenait sujet d'un livre. Ce mouvement artistique que nous suivons depuis Degas et Manet, qui commença par se détacher de l'Histoire, franchit ici une nouvelle étape. L'écrivain devient son propre objet littéraire, le processus créateur, ce point de rencontre mystérieux du fortuit et du nécessaire, fascine et interroge. L'œuvre de Proust confirmera bientôt cette évolution avec éclat. Mais la vigueur de la réponse de Gide était aussi une réponse à Louis Rouart qui attendait de lui une œuvre « à ranger près de celles de Racine »...

Cela dit, une conception était-elle exclusive de l'autre ? Nous ne le pensons pas, une fois de plus, comme lors du conflit qui opposa Degas à Gustave Moreau. C'est un égal bonheur d'avoir eu au XXe siècle *La Recherche du Temps perdu* et *Vie et Destin* de Vassili Grossman, pour ne prendre

---

1. *Nouvelle Revue Française*, n° 1, février 1909.

que deux exemples parmi bien d'autres. En art, le seul régime acceptable est la République respectueuse de toutes les voies.

Louis qui aimait, et pour cause, Mallarmé, tuteur jusqu'à sa mort de sa belle-sœur Julie, restait membre fondateur et rédacteur de la *NRF*. Mais on comprend que cette redéfinition de la littérature ne pouvait être la sienne. Un article de lui sur Paul Bourget, prévu dans ce premier numéro, ne parut pas. Il en voulut à Gide et quitta la revue pour rejoindre fort logiquement le groupe de Montfort qui fit reparaître *Les Marges* en mai 1909, comme une anti-*NRF*, avec plusieurs collaborateurs, dont Louis Rouart.

Sa participation aux *Marges* commençait. Cette fois, plus d'invocations à la race ou de sorties douteuses sur les juifs, l'Affaire ayant été close par voie judiciaire, tout ce fatras disparaît de sa plume. Louis tenait la rubrique des Beaux-Arts. Mais son écriture n'avait plus l'allégresse d'antan, il n'en restait souvent que la dureté. Enfermé dans une esthétique étroite, d'un autre âge, qu'une nouvelle génération bousculait, il se déchaînait avec sa violence terrible contre Matisse, Vallotton, les nouvelles formes que prenait l'art, avec les fauves et les cubistes. Il n'admirait Bonnard que sur certains points, lui reprochant de noyer son sujet afin qu'on ne pût distinguer plus rien sur sa toile, réduisait Cézanne à un maître de la couleur, vitupérait les pointillistes, traitait Pissarro avec bien moins de nuances que dans la revue *L'Occident*.

Puis, quelques mois plus tard, comme une nouvelle étape dans cette voie obscure dans laquelle il s'engage, la rupture définitive avec Gide intervint en janvier 1910, qui lui coupait tout retour ou contribution à la *Nouvelle Revue Française*. Dans le numéro de Janvier de la *NRF*, Gide avait fait paraître un entrefilet ironique à propos de la *Catherine de Médicis* de Balzac, que Louis Rouart lui aurait conseillé de lire. *Mais... L'a-t-il lu ?* demandait Gide qui soupçonnait dans cette invitation de Louis une défense du massacre de la Saint Barthélemy,

Bref, mon arrêt de mort. J'ai presque été déçu, ajoutait le protestant Gide malicieusement. Furieux, Louis écrivit à son ancien ami une lettre « folle » qui souhaitait sa « décomposition prochaine ». Puis il demanda à la *NRF* l'insertion de quelques lignes où il assurait ne pas se souvenir d'avoir donné ce conseil de lecture à Gide à qui il n'avait ni parlé, ni écrit depuis un an. Il attribuait à Gide *une imagination soupçonneuse et craintive* et assurait avoir nombre d'amis protestants qui ne voyaient pas leur arrêt de mort quand il leur recommandait la lecture d'un livre, puis il terminait : *C'est sans doute qu'ils ont plus de droiture d'esprit, de générosité et de franchise que M. Gide.*

Dans une lettre, Gide demandait à Louis de renoncer à l'insertion de ce texte, l'avertissant que s'il l'exigeait tout de même, il publierait dessous une réponse où il intègrerait des fragments de la lettre « folle » qu'il avait reçue. Et de conclure non sans quelque perfidie : *Amicalement, j'eusse voulu vous éviter ce ridicule.*

Louis ne donna pas suite, mais la rupture entre eux était consommée, malgré quelques rencontres ultérieures. Il n'y eut pas de réconciliation. Louis manquait le train de la *NRF*. Ce fut le tournant de sa vie.

Gide en informa Eugène Rouart qui vivait dans le Midi à Bagnols-de-Grenade. Eugène lui répondit : *Très triste ce que tu me dis pour Louis, il s'est fait une déplorable réputation – et il est inabordable, je souffre beaucoup de le voir ainsi ; j'aurais tant voulu être fier de lui et l'avoir pour fidèle ami*[1]. Eugène savait aussi par Yvonne que la mésentente de Louis et de sa sœur Chistine était complète.

Dans cette rupture, on peut se demander pourtant si l'initiative n'est pas venue de Gide, consciemment ou non. Deux ans plus tôt, la note où il regrettait dans son *Journal* de ne

---

1. André Gide – Eugène Rouart, ouvr. cité II, p. 333.

pas avoir rompu avec Louis durant l'Affaire Dreyfus n'annonçait-elle pas ce nouveau rebond ?

Ayant écrit de tels mots, Gide au fond de lui n'attendait peut-être que l'occasion de mettre un terme à cette relation. Il connaissait bien Louis, savait comment le faire sortir de ses gonds. Il le savait vulnérable. Sur ce point, il est difficile de ne pas prendre la défense de Louis Rouart qui travaillait suffisamment contre lui-même pour ne pas lui donner la responsabilité entière de cette rupture.

Restait le dernier acte de cette destruction ou autodestruction de Louis comme écrivain. Dans la revue *Les Marges*, sa position était menacée.

Parmi les collaborateurs, un nouveau venu de vingt-huit ans avait été recruté, qui signait Guillaume Apollinaire. Auteur de poèmes publiés de-ci de-là, il donnait aux *Marges* des chroniques d'une merveilleuse ouverture d'esprit, subtiles et pleines d'humour, où il se penchait sur des « contemporains pittoresques » comme Jarry et quelques autres. Il signait d'autres articles tout aussi drôles d'un pseudonyme féminin dont la revue annonça la mort et autres facéties. Apollinaire diffusait un esprit nouveau qui serait l'âme du surréalisme plus tard, mot dont il fut l'inventeur. La revue se transforma sous son influence, en s'intéressant à ces jeunes artistes honnis par Louis.

Et le coup attendu arriva. À la faveur de quelques-uns de ses congés pour voyage, les articles de la rubrique de Louis sur les Beaux-Arts furent confiés par Montfort, le directeur, à un certain Michel Puy, qui partageait les idées d'Apollinaire. Durant les absences de Louis, *Les Marges* se firent le héraut d'un art nouveau, avec Matisse, Marquet, les élèves de Gustave Moreau dont l'œuvre était saluée, Picasso, et beaucoup d'autres. Enfin, dans un texte qui sanctionnait cette nouvelle orientation, Michel Puy renvoyait Louis, avec précaution, à son esthétique du passé.

Celui-ci répondit dans la revue par une lettre ouverte à Eugène Montfort pour se défendre, mais le cœur n'y était plus. Il le fit non sans amertume et réaffirma un rôle outrancier du critique promu au rang d'un magistrat que les artistes devaient écouter afin de ne pas emprunter des voies dangereuses ou sans intérêt. Position intenable en art où l'unique règle est celle de la liberté.

Un demi-siècle plus tôt, dans son *William Shakespeare*, Hugo avait déjà abordé la question pour conclure : *Lecteur, tu as le droit de tout exiger en art, excepté une borne.* C'était un courant de la pensée française tournée vers les profondeurs de l'inconscient que Louis rejetait de fait. Hugo dans son *Promontoire du songe* et bien d'autres ouvrages, Nerval, Gautier, Baudelaire, Rimbaud redécouvert par Claudel, avaient commencé l'exploration du monde de la chimère. Lautréamont restait ignoré. Apollinaire se situait dans le droit fil de ce courant qui s'était toujours tourné *vers l'inconnu pour trouver du nouveau.*

Il était suicidaire (mais n'était-ce pas le but recherché ?) de prétendre exclure cette lame de fond que les découvertes de Freud sur l'inconscient rendraient bientôt irrésistible. Cette dernière contribution de Louis Rouart aux *Marges* était datée de mars 1911. Dans la conclusion de cette lettre ouverte, il brûlait ses vaisseaux en lançant une ultime attaque virulente contre Matisse accusé d'être *un commerçant très avisé. Il a su tirer un merveilleux parti de la naïveté vaniteuse et du pédantisme d'un certain public... Ses tableaux m'ennuient, et je n'éprouve aucun plaisir à les regarder même lorsqu'ils sont grotesques*[1]. Après dix ans d'activité dans les revues, comme critique d'art et critique littéraire, Louis Rouart entérinait son échec en constatant qu'il n'avait plus sa place dans le mouvement des lettres et des arts tel qu'il se dessinait.

---

1. *Les Marges,* n° 26, mars 1911. Lettre-réponse à Michel Puy.

Pourtant, tout n'était pas négatif dans ce premier parcours de jeunesse. Louis avait soutenu avec talent des peintres qu'il aimait, peu connus encore, comme Berthe Morisot ou Maurice Denis. Il défendit Rodin, Maillol, se battit pour Gauguin : la revue *L'Occident* permit au peintre Armand Seguin d'évoquer le solitaire des Marquises, son ami, en plusieurs livraisons. Enfin, il se battit contre les administrations de l'État pour qu'elles achètent des œuvres qui en valaient la peine. Il s'agaçait de voir partir tout l'art français, de Manet aux impressionnistes, vers les collections étrangères. Il ne comprenait pas que le Louvre mît un prix si élevé pour acquérir des objets d'intérêt purement historique tandis que *presque tous les chefs d'œuvre français passent les mers et la frontière et vont enrichir les collections publiques et privées d'Amérique et d'Allemagne. Bientôt par exemple, on ne trouvera plus en France que des Manet douteux, entièrement remis à neuf et finis par des amateurs et des marchands sans scrupules. Alors sans doute le Louvre se décidera à acheter très cher un tableau de ce grand maître. Il en sera de même pour les peintures de Daumier, de Jongkind, ou pour les figures de Corot*[1].

Ces lignes prophétiques montrent sa clairvoyance et sa générosité envers le public français, dans cette dénonciation de ce qui se tramait en son nom et avec son argent.

On peut invoquer aussi pour expliquer cet échec de l'écrivain qu'il aurait pu être cette paresse qu'il s'attribue dans le texte sur son frère Ernest. Dans une de ces revues, il lâche cette confidence : *Je ne pourrais écrire de romans que si j'avais un domestique pour écrire à ma place tout ce qu'il y faut d'arbitraire*[2].

Son foyer ne lui donnait pas non plus de grandes satisfactions. Le couple qu'il formait avec Christine Lerolle n'était

---

1. *L'Occident*, n° 39, février 1905.
2. *Ibid.*, n° 2, janvier 1902, p. 69.

qu'une longue, une interminable querelle, malgré les naissances qui se succédaient. À cette date ils avaient eu cinq enfants : Alain (1902), Philippe (1904), Marie (1905), Augustin (1907), Catherine (1909). Deux autres naîtront encore : Eléonore (1912) et Isabelle (1915).

Rien ne dit mieux leur histoire qu'un dessin de Degas en 1904. Christine, imposante, sans doute enceinte de Marie, est assise de trois quarts dans un fauteuil tourné vers la gauche, tenant une canne qui se perd vers le bord de la feuille de papier. Elle regarde à gauche, sa tête de profil ostensiblement tournée et levée comme en défi, tandis que Louis, debout, accoudé au dossier du fauteuil de son épouse, lit un livre, les yeux et le corps tournés à droite. Liés tels des siamois, indissolublement, par le dossier du fauteuil, ils se tournent le dos. Les lignes de forces de leurs corps divergent comme s'ils cherchaient à échapper à leur union infernale. Du reste, Christine était de gauche, Louis de droite. Degas y avait-il pensé ? Ce n'est pas impossible. Plus tard, le soir de Noël, ils feront deux réveillons en deux lieux différents, les enfants allant de l'un à l'autre... Œdipe oblige, les filles penchaient pour leur père, et les garçons pour leur mère.

Quand on disait à Degas que ce mariage qu'il avait voulu était une catastrophe, il répondit comme s'il commentait son dessin : *Heureusement qu'ils se sont mariés ensemble... Cela aurait fait deux divorces*[1].

Louis était un séducteur, un Don Juan insatiable. Très bel homme, grand seigneur, Château d'Yquem, bouquets de roses, drôle, intelligent, amoureux de l'Italie, humour ravageur, extravagant, imprévisible, les femmes ne lui résistaient pas. Mais, on imagine comment Christine ressentit la compagnie de ce cavalier chimérique en perpétuelle chasse à courre...

---

1. Jean-Marie Rouart, *Une jeunesse à l'ombre de la lumière*, p. 145.

En 1911, à trente-six ans, il se trouvait à la croisée des chemins. Il avait écrit plus tôt dans une lettre à Albert Chapon, qui travaillait avec lui à *L'Occident* : *Je ne vois que deux solutions, que deux moyens de salut : écrire de belles œuvres ou devenir catholique enthousiaste*[1].

Ayant échoué dans les revues et la voie littéraire, il se destina à la défense et l'illustration de la pensée et de l'art catholiques. En 1911, il créa sa maison d'édition *La librairie de l'art catholique*. Son projet était de régénérer l'imagerie chrétienne. Évoquant les églises nouvelles, il avait pourfendu dix ans plus tôt *ces vitraux criards, ces statues polychromes, toute cette ferraille dorée de Saint-Sulpice dont s'encombrent les autels*. Et il se demandait comment une grande religion pouvait laisser commettre *un pareil sacrilège. Le mot n'est pas trop fort et nous ne craignons pas d'ajouter qu'elle a corrompu ainsi le goût et jusqu'à la conscience publics*[2]. Ces lignes fougueuses traçaient un programme, introduire un sens esthétique réel dans l'art catholique, en bannir les laideurs, restituer à la foi sa force et sa jeunesse.

Mais la maison d'édition créée, son objectif s'élargit et Louis put enfin donner sa mesure, atteindre une vraie grandeur dans sa maturité. Il publia toutes sortes d'ouvrages liés de près ou de loin à l'art catholique, et au catholicisme, allant jusqu'à retrouver la liturgie ancienne en se faisant éditeur de musique. Des écrivains catholiques vinrent à lui comme Paul Claudel ou Francis Jammes, des hommes d'église qui pouvaient exposer leur réflexion sur divers sujets, mais surtout Louis fut l'éditeur de Jacques Maritain. Et quand on sait le rayonnement international, universel, de ce penseur antitotalitaire majeur, on

---

1. François Chapon, *Louis Rouart*, in *Au cœur de l'impressionnisme, La famille Rouart*, Catalogue de l'exposition du Musée de la vie romantique à Paris en 2004, Éditions des musées de la ville de Paris, 2004, p. 93 et suiv.
2. *L'Occident*, n° 1, décembre 1901, article *Maurice Denis et la renaissance de l'art chrétien*, p. 37 et suiv.

prend la mesure de ce que recherchait Louis de manière plus ou moins obscure en rompant avec les uns et les autres, avec un monde où il ne se reconnaissait plus.

Jacques Maritain avait été dreyfusard et milita contre l'antisémitisme, il fut celui qui réconcilia l'Église avec le monde, le penseur de ce qu'on a appelé la démocratie chrétienne. Appelé à enseigner dans nombre d'universités et jusqu'à celle de Princeton aux États-Unis, il approfondit sa pensée au long du siècle en redonnant à la personne ses droits face à la montée puis aux triomphes momentanés de tous les totalitarismes. On se souvient que Louis se disait « anarchiste ». Derrière cette revendication confuse de jeune homme, il y avait la certitude que l'individu était le roc sans lequel on ne pouvait rien construire de neuf et de proprement humain dans ce siècle nouveau qui commençait. Jacques Maritain, dont il fut l'éditeur à ses débuts avec *Frontières de la poésie* et *Art et scholastique*, lui apporta ce qui lui manquait de structure philosophique pour penser la question à partir d'un christianisme dans le siècle.

Louis Rouart se situait ainsi, à sa manière, dans le courant toujours soutenu par sa famille en faveur des droits inaliénables de l'individu, de la personne humaine. Mais la vision des Rouart était centrée sur l'artiste, la liberté qui lui était nécessaire comme créateur. L'artiste, peintre de préférence, incarnait pour eux l'archétype de l'homme parfait, aussi tentèrent-ils tous de se lancer dans la création. Par son action en faveur de la philosophie de Maritain, Louis permit un élargissement de cette vision encore étroite, pour l'étendre à tout être humain. L'œuvre de Louis ne fut donc pas mince et s'il mourut en 1964, en pleine guerre froide, le siècle finit par donner raison à ses intuitions.

Il créa plus tard une autre structure éditoriale pour permettre à ses fils Philippe et Augustin, peintres et plasticiens, d'avoir des emplois dans l'imagerie chrétienne rénovée.

Mais ne gardait-il pas au fond de lui comme un manque de n'avoir pu se consacrer à la création personnelle ? C'est possible. Il transmit du moins beaucoup de son amour dévorant pour les mots à son petit-fils Jean-Marie Rouart.

XI

Les années 1900

Il est tentant de voir dans la douzaine d'années qui va du mariage de Louis en 1901 au déclenchement de la guerre mondiale en 1914 la fin d'une époque. La réalité fut plus complexe. S'il est vrai que l'historien peut déceler après coup la montée des périls en Europe et dans le monde, si la perte de l'Alsace et de la Lorraine depuis 1871 empêchait toute réconciliation entre l'Allemagne et la France, si le partage du monde créait un climat d'hostilité qui faillit dégénérer lors de la crise marocaine entre ces deux puissances, l'Europe était devenue une terre bénie des dieux au début d'un siècle cataclysmique pour elle. À lire la correspondance des uns et des autres, on constate une indiscutable douceur de vivre en Europe occidentale, et en France singulièrement.

Le chemin de fer permet des voyages aisés, incessants chez nos protagonistes, et sûrs. Il permet surtout un essor inconnu alors à l'échange épistolaire. Les postes devenues efficaces et rapides grâce au train transportent d'innombrables lettres, tandis que l'analphabétisme régresse de jour en jour. Les Européens se déplacent et s'écrivent. Le premier « j'ai téléphoné » d'Eugène Rouart apparaît dans une lettre de juillet 1913... Mauvaise nouvelle pour le biographe : l'âge d'or de la lettre qui nous a donné tant de correspondances d'une incomparable richesse, à commencer par celle de Van Gogh, mais celles aussi de Gide avec divers amis, dont Eugène, touche à sa fin.

Si ce mode d'échange régulier par lettre a accéléré le rythme des relations entre les hommes, celui-ci n'en reste pas moins raisonnable. Il faut écrire la lettre, la poster, attendre la réponse avant de réagir aux mots qu'elle contient. Tout ceci crée un monde où chacun dispose de bien plus de temps qu'aujourd'hui pour réfléchir, se recueillir à l'abri des contraintes. La journée de travail limitée à huit heures et le repos hebdomadaire, dont les lois ont été élaborées par Arthur Fontaine durant cette période, accentuent encore cette impression de temps dont le citoyen jouit à sa guise. La radio est inventée, mais n'existe pas dans les foyers. La presse écrite a le monopole de la diffusion de l'information. Ces années sont bien l'âge d'or de l'écrit sur papier.

Certes, l'ancienne génération, celle d'Henri Rouart et Degas, entrait dans le grand âge, du moins pour l'époque, puisqu'ils atteignaient les 70 ans en 1903 pour le premier, l'année suivante pour le second. Renoir est souvent fatigué et ne peut répondre aussi facilement aux invitations. Mais nos jeunes mariés n'en prennent pas la mesure. Ils sont bien trop occupés à vivre, entreprendre, faire la fête pour certains et surtout des enfants.

Les années 1900 voient arriver l'essentiel de la troisième génération Rouart. Si les trois enfants d'Hélène Marin étaient nés avant le nouveau siècle, si Madeleine, l'aînée d'Alexis, naquit de même avant 1900, treize des dix-huit petits enfants d'Henri Rouart naissent durant cette période : deux chez Alexis : Hélène (1901) et Paul (1906) ; deux chez Eugène : Stanislas (1903) et Olivier (1906) ; trois chez Ernest : Julien (1901), Clément (1906), Denis (1908) ; six chez Louis : Alain (1902), Philippe (1904), Marie (1905), Augustin (1907), Catherine (1909), Éléonore (1912). Isabelle, dernière fille de Louis et benjamine de la troisième génération, naîtra durant la guerre en 1915.

À ces naissances on peut ajouter celles des trois enfants de Jeannie et Paul Valéry : Claude (1903), Agathe (1906) et

François en 1916, puisque ces enfants grandirent avec les autres, et que plus tard Agathe Valéry épousa Paul Rouart, fils d'Alexis.

Les photos de l'époque et les peintures montrent ces jeunes parents entourés d'enfants. La famille s'étend, Henri Rouart, devenu une sorte de patriarche, porte une toque noire dans les portraits que Degas a faits de lui, assis, sa canne à la main, car il traînait un peu la jambe, soit avec son fils Alexis debout, soit seul dans un dessin au fusain, l'œil toujours en éveil. La même expression se retrouve dans une photo prise de lui en chapeau et manteau, assis dans un jardin et tenant sa canne. Ses yeux interrogateurs et mélancoliques, regardent hors champ. Il a été élu maire de La Queue-en-Brie depuis 1891 et le restera jusqu'à sa mort. Apparemment rien n'a changé, les vendredis de la rue de Lisbonne se maintiennent, avec Degas comme invité perpétuel.

Henri Rouart continue de peindre, mais avec frénésie à l'approche de la fin. Il peint les panneaux de bois de sa maison, les dessus de porte, il peint aussi dans l'hospice de la charité de sa vieille amie et maîtresse Marguerite Brandon. L'incapacité motrice qui le frappe ne l'arrête pas. Il peint en chaise roulante et partout où il le peut étale de la couleur, crée des formes, des paysages.

Degas, dont la vue ne cesse de baisser, s'est tourné vers la sculpture et y montre rapidement une maîtrise telle qu'on finit par se demander s'il est peintre ou sculpteur de métier. Ses statuettes de danseuses souvent en équilibre instable sont représentées dans cet instant qu'il ne cesse d'explorer. On y reconnaît comme en peinture la grâce, la précision, et cette vérité qu'il veut ensorceler pour lui donner l'apparence de la folie, selon ses propres mots. Degas recherchait ce qu'il appelait « l'accent ». « C'est mou, ça manque d'accent »[1] est l'un

---

1. Ernest Rouart, *Degas*, article cité de la revue *Le Point*, 1937.

de ses mots favoris. Cette « accentuation » donne à ses figures peintes ou sculptées une présence inaltérable. Quand tant d'œuvres se dissolvent sous le regard, les siennes résistent et opposent la pensée concentrée qui les hante.

Nous avons vu comment Louis, après une carrière littéraire manquée, s'était tourné vers l'édition catholique en 1911 pour créer sa propre maison. Son frère Alexis lui avait ouvert la voie.

En 1905, l'aîné des fils Rouart se décida à créer une maison d'édition musicale et pour qu'elle fût viable, grâce à un catalogue suffisamment étendu, il chercha à acheter des fonds appartenant à d'autres maisons en difficulté ou désireuses de vendre le leur.

Il acquit dès 1905 le fonds Meuriot, composé de musiques populaires, qui lui donna une première assise. La grande édition musicale était alors dominée par deux éditeurs : Durand et Heugel. Chez le premier, Saint-Saëns régnait sans partage et barrait la route à toute musique qui remettait en question son esthétique classique. En musique comme en peinture, les positions acquises devenaient inexpugnables. Il avait fallu toute la diplomatie et la finesse de Jacques Durand, le directeur, pour faire accepter la publication d'œuvres de Debussy et de Ravel. Chez Heugel, le compositeur dominant était Massenet, « entouré de quelques satellites », écrit Francis Poulenc. Massenet avait tout de même accepté la publication d'œuvres de Charpentier[1].

Alexis Rouart fit comme son père, il se tourna vers les novateurs.

Vincent d'Indy, Charles Bordes, et Alexandre Guilmant, avaient créé dix ans plus tôt en 1894, la Schola Cantorum,

---

1. Agathe Rouart-Valéry, ouvr. cité, pp. 167 et suiv. Cf. aussi Francis Poulenc, *Journal musical français*, n° du 15 janvier 1953, *Souvenirs sur un grand éditeur : Alexis Rouart*.

une école de musique dont les cours commencèrent deux ans plus tard, à Paris, rue Stanislas. Cette école concurrençait le Conservatoire National et souhaitait promouvoir la musique religieuse ancienne tombée dans l'oubli, ou guère plus jouée. Elle désirait aussi encourager la création d'œuvres religieuses nouvelles. Elle s'inscrivait dans ce renouveau de l'expression artistique catholique que Louis Rouart se proposait d'illustrer. Vincent d'Indy du reste, écrivait aux côtés de Louis, dans la revue *L'Occident*. Il y tenait la rubrique consacrée à l'actualité musicale. Il avait été aussi un ami de Chausson et surtout d'Henry Lerolle dont il fréquentait le salon.

La Schola Cantorum attira bientôt nombre d'élèves parmi les plus brillants de la nouvelle génération. Animée par des musiciens accomplis, elle faisait penser à une sorte de *NRF* musicale, dotée d'un même sens de la liberté et de l'innovation, de la passion pour la beauté. On remit à l'honneur et avec enthousiasme le chant grégorien, Palestrina, Monteverdi, entre autres compositeurs de la Renaissance.

Alexis n'eut donc aucune peine à rencontrer Vincent d'Indy en lui faisant part de son projet éditorial. Saint-Saens détestait la Schola Cantorum, ce qui fermait bien des portes à ce mouvement. Quelle importance ! La jeune maison d'Alexis Rouart publia ses musiciens : Dukas, d'Indy, Roussel, Magnard, Canteloube et bien d'autres.

En 1907, Alexis rachetait le fonds Baudoux-Ponscarme qui lui apportait les admirables mélodies de Duparc, des œuvres de Chausson, et celles du facétieux Satie. Il publia aussi Manuel de Falla sur recommandation de Debussy.

L'influence et le succès de la Schola devenant considérables, le catalogue de la maison Rouart s'étendit à la musique contemporaine la plus avancée. Avec Charles Bordes, l'un des fondateurs, Alexis travailla à publier les musiciens de la Renaissance, et d'abord le plus grand de tous, Monteverdi. Mais il n'oubliait pas la musique populaire. En 1907, il créait la *Revue des Chansons de France* qui parut jusqu'en 1914. Et par patriotisme, il publia durant la guerre les anciennes chansons de France.

En 1908, Alexis s'associa avec Jacques Lerolle, fils d'Henry et frère d'Yvonne et Christine. Jacques Lerolle lui apportait l'œuvre de son oncle défunt Ernest Chausson et l'appui de sa famille. La maison s'appela dès lors *Rouart et Lerolle*. Elle quitta le boulevard de Strasbourg pour s'installer au boulevard Malesherbes, témoignage d'une place éminente prise en peu de temps dans le paysage musical, grâce à l'esprit d'innovation d'Alexis. Cet homme si réservé, avec son visage de vieux lettré chinois, qui ne considérait dans une œuvre que sa qualité en dehors de toute autre considération, devint, selon Francis Poulenc, « un grand seigneur de la vie musicale. »

Deux événements majeurs marquèrent ces années 1900 dans le monde de la musique, deux premières théâtrales, celle de *Pelléas et Mélisande* de Debussy et celle du *Roi Arthus* de Chausson.

La première de *Pelléas* eut lieu après tant de difficultés, le 30 avril 1902, à Paris, dans le petit théâtre de l'Opéra Comique sous la direction d'orchestre d'André Messager[1]. Il fut demandé à Debussy d'allonger certains préludes pour permettre les changements de décors derrière le rideau de scène. Il fit cela dans la fièvre et la hâte. Le Paris des arts et des lettres était bien représenté ce soir-là : Julie et Ernest Rouart, Jeannie et Paul Valéry, leur ami et poète Léon-Paul Fargue, les musiciens Erik Satie, Gabriel Fauré, le jeune Maurice Ravel, Henry Lerolle et son épouse, Jeanne Chausson, Marie et Arthur Fontaine, mais aussi les écrivains Jules Renard, Pierre Louÿs, Henri de Régnier et André Gide. On pouvait voir aussi Marguerite de Saint-Marceaux qui tenait

---

1. Sur cette soirée, voir François Lesure, *Debussy*, Klincksieck, Paris, 1994, p. 221.

son salon de musiciens et avait tôt décelé le talent de Debussy. Bien entendu, Alexis Rouart et son épouse Valentine étaient là. Peut-être aussi Louis et Christine Rouart. Christine qui avait vu durant son adolescence l'œuvre s'élaborer et son père s'enthousiasmer pour elle, ne pouvait rater une telle soirée. En fait, il ne manquait qu'une personne, la plus importante de toutes, Yvonne Lerolle, l'une des inspiratrices, sinon l'inspiratrice naguère du personnage de Mélisande, devenue Madame Eugène Rouart et retenue à la ferme de son mari, près de Toulouse. Gide écrivit à Eugène : *J'y ai vu tous les tiens, ce qui m'a fait plus encore sentir ton absence*[1].

Beaucoup ignoraient l'œuvre et furent déroutés par ce langage si nouveau, si inattendu, mais les applaudissements couvrirent les murmures et certains sifflets. Marguerite de Saint-Marceaux notait le lendemain dans son journal : *L'œuvre musicale est un chef d'œuvre absolu. Le public n'y comprend rien.* Fauré, s'il concéda qu'il eut *en plus d'un endroit le bon frisson, de véritables émotions*, avoua demeurer *rebelle aux procédés de Debussy.* Jules Renard fit part d'*un sombre ennui.* Julie et Jeannie, comme toute la famille Lerolle, furent enthousiastes. Maurice Ravel parla de génie à propos de son auteur. L'œuvre se donnant ensuite, plusieurs de ces spectateurs revinrent l'écouter pour s'en imprégner et lui accorder leurs suffrages. Gide écrivit à Debussy sur son « admirable *Pelléas et Mélisande* », mot qu'il reprit dans sa lettre à Eugène. Debussy remercia André Messager pour sa direction d'orchestre. La nouvelle se propagea, la partition voyagea, et avant 1914, l'opéra avait fait le tour du monde en s'imposant dans toutes les capitales européennes et les grandes villes américaines.

L'année suivante, le 30 novembre 1903, était créé *Le Roi Arthus* de Chausson au Théâtre de la Monnaie à Bruxelles

---

1. André Gide – Eugène Rouart, *Correspondance* II, p. 115.

et ce fut un triomphe[1]. Les amateurs, les passionnés de musique ayant assimilé depuis longtemps le langage wagnérien furent moins déroutés que par *Pelléas*. *Arthus* restait dans le sillage de Wagner, mais avec l'écriture propre de Chausson, ce style qu'on lui connaissait dans ses mélodies. Pas de facilités, une musique rare, raffinée et méconnue.

La représentation de l'œuvre ne fut pas de tout repos. Jeanne Chausson, aidée par Henry Lerolle et Vincent d'Indy qui se dépensèrent sans compter, essuya de nombreux refus tant en France qu'à l'étranger. Les directeurs de théâtre ne voulaient pas monter cet opéra, pour diverses raisons blafardes, à commencer par la mort de l'auteur. Finalement le Théâtre de la Monnaie à Bruxelles donna son accord moyennant une participation financière de 15 000 francs, somme considérable pour l'époque. Jeanne Chausson accepta et paya pour voir montée l'œuvre de son mari.

Les répétitions commencèrent. Vincent d'Indy dirigea les petits ajustements nécessaires de la partition en veillant au respect de la volonté de son ami défunt. Les décors de Dubosq furent peints par Henry Lerolle. De nombreux journalistes et chroniqueurs musicaux parisiens étaient venus assister à la première présidée par la Princesse Clémentine et la duchesse de Vendôme dans la loge royale. Les Lerolle, Fontaine et Chausson étaient présents ainsi que les musiciens Fauré, Lalo, Messager, d'Indy et quelques autres. Cette fois, Yvonne et Eugène avaient fait le voyage de Toulouse à Bruxelles, bien qu'Yvonne eût accouché de son premier-né, le petit Stanislas, onze jours plus tôt à peine. Alexis et Valentine Rouart assistaient aussi à cette première tant attendue par la famille. L'approbation fut unanime et le lendemain la critique dithyrambique. On parla de « haute envolée de l'inspiration » (*Le Gaulois*), de « puissance d'expression exception-

---

1. Pour la première d'*Arthus*, voir Jean Gallois, *Ernest Chausson*, Fayard, 1994, pp. 409-410.

nelle » (*Gil Blas*). En janvier 1904, paraissait dans *L'Occident*, un article approfondi et des plus élogieux sur l'œuvre. La composition de cet opéra avait demandé huit années d'efforts à Chausson, mais le « clown triste et fervent » n'était plus là pour recevoir cette reconnaissance. Du moins ses amis, et Henry Lerolle le premier d'entre eux, eurent-ils le sentiment d'avoir fait ce que l'amitié et la fraternité exigeaient.

Quant à Eugène, il s'éloigna encore plus de Paris. Après une expérience significative dans sa ferme d'Autun, il décida de migrer vers le sud et acheta un domaine important à Bagnols-de-Grenade entre Montauban et Toulouse, sur les bords de la Garonne.

À peine installé, il écrit à un ami, Henri Ghéon, qu'il veut certes revenir à Paris, mais « fort ». Il se l'est promis. Ghéon est médecin, un ami commun de Gide et d'Eugène, compagnon d'aventures homosexuelles et écrivain. *Je ne voudrais y vivre* [à Paris] *qu'une vie très large et sans me priver de rien*, lui dit encore Eugène, *aussi je m'applique frénétiquement à faire fortune, je crois être en bonne voie, c'est quelquefois dur, mais comme j'ai très fortement cette volonté, j'avale quelques couleuvres pour profiter plus voluptueusement d'un breuvage doux*[1]. Eugène a trente ans, mais n'aura guère le temps de couronner une carrière fort riche conduite dans plusieurs directions.

Ingénieur agronome, il s'efforce de mener la production de ses domaines (il en achète d'autres, tant au Barcarès qu'ailleurs) avec rigueur, haute technicité et recherche scientifique. Il plante, amende, travaille ses terres, expérimente des solutions culturales nouvelles, donne des conférences à la faculté des sciences, écrit et publie un ouvrage sur les hybrides de la vigne avec un autre ingénieur. Il est étonnant de voir comment le parcours du héros de son roman *La villa sans*

---

1. André Gide – Eugène Rouart, II, p. 144.

maître annonçait son activité dans le Sud-Ouest. Et il collectionne les médailles et les distinctions agricoles. On retrouve avec lui bien des traits du parcours d'Henri Rouart appliqués à l'agriculture. Gide qui finit par lui rendre visite fort tard, assiste un jour avec lui à un concours agricole, puis envoie une carte postale à son ami Henri Ghéon : *Eugène Rouart en proie aux comices et dévoré de médailles ; moi de mouches*[1] !

Eugène travaille très dur, un travail enragé, écrit-il, mais c'est bien passionnant ; *somme toute je suis très satisfait d'avoir acheté et d'avoir acheté ici*[2]. Que fait-il de ses soirées ? *Je mets mes pantoufles à 6 h ½ du soir, je bois une camomille à 8 h ½, je dors à 9 h*[3].

Cette activité qui l'abat ainsi le soir, demande beaucoup d'argent, il n'en a pas et ne veut pas s'adresser à son père qui, dit-il, le lui refuserait. Il envisage de vendre ses actions au Mercure de France, et s'en ouvre à Gide qui connaît bien la maison d'édition. On s'informe, à quel prix sont-elles ? Les lettres vont et viennent puisque le téléphone n'existe pas. Gide est sans cesse en voyage entre la Normandie où il exploite une ferme, Paris pour sa vie d'homme de lettres, la Suisse où il séjourne souvent et consulte divers médecins, et l'Italie où il travaille bien, et rencontre aussi des mignons. Les lettres manquent parfois leur destinataire, reviennent, repartent. Finalement Gide rachète à Eugène les actions du Mercure.

Jeanne Chausson est une autre source financière, elle prête de l'argent à Eugène pour qu'il puisse investir dans des machines, des outils performants, des semences, des plants ou des bêtes qu'il se fait envoyer de loin. Comique est l'échange de lettres entre Gide et Eugène à propos

1. *Ibid.*, p. 350.
2. *Ibid.*, p. 148.
3. *Ibid.*, p 144.

d'un envoi de porcs normands auxquels Eugène tenait beaucoup.

Eugène, qui a encore besoin d'argent, veut vendre un Gauguin de sa collection personnelle. Les échanges et les discussions par lettres sur le prix exigent un temps fou. Gide finira par trouver preneur pour ce tableau qui se vend moins cher qu'il ne l'avait escompté.

De tous ses frères, Eugène est celui qui est le plus à son aise dans les relations sociales, ce que lui reconnaît Gide à plusieurs reprises. Il n'est guère réservé comme Alexis ou Ernest, et bien plus conscient de ses intérêts que Louis, capable de tout brûler pour un bon mot. Eugène est vraiment doué pour le social, ayant appris à faire des compromis. Il a vu et sait comment fonctionne le pouvoir en France, et il a bien l'intention de mener une activité politique parallèlement à son activité d'agriculteur, les deux actions se renforçant.

Eugène commence donc dès son arrivée dans le Sud-Ouest à tisser des liens avec les notables locaux pour organiser son ascension politique. Il comprend parfaitement que la France demande à être gouvernée au centre et que l'idée républicaine y est devenue indéracinable. Il se dira donc « républicain réformiste » et s'approchera des politiques du parti radical.

Finis les excès de sa jeunesse, place à la politique, Eugène se débarrasse de son ancien nationalisme étroit ; il ne se signe plus quand il entre dans une église, évoque *Dieu que je sais ni sentir ni invoquer*, se dit *très anticlérical en ce moment*[1]. Ces trois derniers mots font sourire et montrent que sa relation à la vérité se relâche. Gide, à l'affût, ne cesse de noter les étapes de ce processus ; il s'inspirera de son ami pour *Les Faux-Monnayeurs*. Eugène veut se faire élire maire et conseiller général, il s'active, assiste aux réunions, soutient

---

1. *Ibid.*, p. 111.

un tel ou un tel. Difficile de s'implanter dans le sud rural. On le surnomme « L'étranger roussi » à cause de ses cheveux. Il découvre le niveau intellectuel de la population et fait cette remarque à Gide : *le suffrage universel avec les cerveaux incomplets et déformés de la masse humaine donne le vertige lorsqu'on l'examine au point de vue pratique*[1]. Mais il s'en accommode et se bat, se fait connaître, prononce des discours, soumet des propositions intelligentes. Yvonne, qui a hérité du christianisme social de sa famille, est toujours prête à secourir indigents et malheureux.

« L'étranger roussi » parvient à se faire accepter. Il est élu conseiller municipal de Castelnau-d'Estrétefonds en octobre 1905, et maire de la commune la semaine suivante. L'année d'après, le maire Rouart soutient par un discours sûrement enflammé le candidat Jean Cruppi, un magistrat de la Cour de Cassation, qui est élu député de Toulouse et devient son ami. Eugène est alors fait officier du Mérite Agricole.

Le voilà notable local. Lorsque Clemenceau, président du Conseil, remaniera son ministère et nommera Jean Cruppi au Commerce et à l'Industrie, Eugène deviendra le chef de cabinet du ministre en 1908. Quand on pense à ce qu'il écrivait de Clemenceau durant l'Affaire, l'évolution surprend. Cela n'échappe pas à Gide qui l'observe, puisque Eugène est l'un de ses sujets littéraires de prédilection, il remarque sa tendance à s'écouter parler et à glisser vers une langue de bois d'époque, depuis qu'il est entré en politique. *Je crois que je dessinerais assez bien sa figure*, écrit-il dans son *Journal*[2]. Les élections de 1910 feront d'Eugène le conseiller général de Fronton jusqu'à sa mort. Brillant résultat en un temps si court.

Est-il pour autant heureux ? À lire sa correspondance, on ne peut l'affirmer. Il travaille, s'agite, remporte des succès indiscutables, mais un désenchantement s'installe peu à peu

1. *Ibid.*, p. 110.
2. André Gide, *Journal*, 15 janvier 1908, Pléiade I, p. 586.

dans son existence. Le jeune homme flamboyant des débuts, si souvent heureux dans la transgression, laisse la place à un homme qui, en abandonnant ses excès, a perdu ses raisons de vivre. Ne lui reste que l'amitié de Gide pour le rattacher aux élans de sa jeunesse.

Il se sent vieillir prématurément et en souffre. De graves affections rénales se manifestent tôt par de l'albuminurie. Il est atteint dans son corps et pressent que sa vie ne sera pas longue. *Je suis plus qu'à moitié blanc*[1], écrit-il à Gide en parlant de ses cheveux. *Mes trente ans me pèsent*[2]... Gide lui répond à propos de son petit garçon : *Mais c'est le tour du petit Stanislas, à présent, de croire à la jeunesse éternelle des choses*[3]. Eugène peine à renoncer à cette jeunesse éternelle, et quand il le fait, il ne voit rien venir en échange. Gide construit une œuvre ; la sienne, agricole et politique, ne lui apporte pas les satisfactions intimes escomptées. Quelques tentatives d'écriture avortent ou ne sont pas d'une qualité suffisante pour être publiées. Il avoue ne lire le plus souvent que des ouvrages scientifiques ou politiques. Quant à son mariage, c'est une déception : *Quelle folie ai-je faite de me marier avec une femme ayant de la famille et des besoins du monde, elle souffre et souffrira de moi*[4]... note-t-il dès 1902. Et de regretter de ne pas avoir choisi quelque exil dans un pays lointain comme le héros de son roman *La villa sans maître*, ou la cellule du trappiste.

Ce désenchantement latent s'exprime lors d'une demande de Gide qui le blesse cruellement.

L'écrivain s'est lié au peintre belge Théo Van Rysselberghe qui peint à la manière de Signac, en pointilliste à touches larges. Ce peintre et sa femme Maria deviennent des intimes

---

1. André Gide – Eugène Rouart, ouvr. cité II, p. 134.
2. *Ibid.*, p. 136.
3. *Ibid.*, p. 181.
4. *Ibid.*, p. 120.

de Gide. Leur fille Élisabeth lui voue très tôt un véritable culte. Et un jour, au cours de quelque conversation, Gide promet de donner à Madame Van Rysselberghe le manuscrit des *Nourritures Terrestres*. Or ce manuscrit était chez Eugène. Gide avait oublié qu'il le lui avait donné et non prêté au plus fiévreux de leur amitié. Il écrit aussitôt à son ami pour lui demander de faire parvenir l'objet au plus vite à Madame Van Rysselberghe.

Eugène, surpris et ulcéré, répond par une lettre digne, où il ne cache pas ce qu'il ressent. *Il a suffi*, écrit-il, *que tu m'exprimes ce désir pour que je me sente sans défense, cependant une pénétrante amertume et une vraie tristesse m'ont envahi en me séparant de ce manuscrit – que tu ne savais plus m'avoir donné ; ce matin il m'a semblé mettre en linceul la plus belle partie de notre jeunesse*[1]. Il dit se souvenir de toutes leurs conversations, leurs promenades et leurs lettres d'alors. Il en a gardé *précieusement et silencieusement* la mémoire et ce manuscrit comme un talisman. Puisque Gide pense que d'autres mains en sont plus dignes, il s'en sépare immédiatement. *Mais sache bien que ce jour est lourd de mélancolie*[2].

La lettre part, puis, au moment d'envoyer le texte, il se ravise, comme si le jeune homme colérique se réveillait soudain en lui, et il en retire une petite partie, le sixième cahier et une brève section intitulée « Ronde de la Grenade ». Il en avertit Gide dans une seconde lettre et annonce son « larcin » à Mme Van Rysselberghe.

Cette réaction en dit long sur son mal-être. Il ne lui restait que Gide comme lien avec les jours heureux et il se voit relégué à une amitié de second ordre.

Gide comprend qu'il l'a durement touché. Il lui répond aussitôt de Bordeaux où il se trouve, sans attendre de rentrer chez lui. Sa lettre va le définir à son tour avec une précision

---

1. *Ibid.*, p. 214.
2. *Ibid.*, p. 215.

accomplie. Elle éclaire sa pensée, sa hantise au cœur de son œuvre d'écrivain. Il reconnaît avoir d'abord été ému par les lettres d'Eugène et confus de sa demande, puis il donne une explication qui n'est pas une fuite ou une justification après coup. *Ce matin, c'est parce qu'elle me montre l'importance pour toi de ce « souvenir » que ta lettre me touche ; il faut que tu m'excuses de ne pas l'avoir d'abord mieux compris ; que veux-tu ? il faut bien l'avouer, je n'attache pas grand prix aux « souvenirs »*[1]... Le passé ne l'intéresse pas, ne l'a jamais intéressé. Gide recherche l'instant sans cause, le présent éternel comme pure origine, la liberté de dire non à tout passé quel qu'il soit. Depuis son *Paludes*, nous le suivons dans cette quête éperdue qui est au cœur de ce mouvement littéraire et artistique tourné toujours plus profond vers le moi. Certes, dans les lettres anciennes à Eugène, le ton et les mots des *Nourritures terrestres* ont jailli sous une forme spontanée qui sera reprise ensuite dans l'œuvre. Il était donc légitime de lui offrir le manuscrit autographe, cette œuvre étant comme le concentré de leurs rêves communs, de leur amitié, voire de leur amour. Mais dès lors que cette histoire appartient au passé, elle n'existe plus pour lui. Et il termine sa lettre par cette superbe confidence : *À présent je suis heureux de savoir que tu en as gardé un morceau. Oui beaucoup de notre jeunesse est comme embaumé dans ces pages. Il faut que notre amitié soit bien forte et belle aujourd'hui pour me paraître plus belle encore qu'hier ; voilà pourquoi, tenant au présent admirable, mes mains sont mal serrées pour retenir les cendres du passé*[2].

Et pour réparer ce geste malheureux, Gide promet de donner à Eugène le manuscrit de *L'Immoraliste* qu'il se chargera de lui faire parvenir. Cet ouvrage n'avait-il pas été inspiré par le roman de son ami *La villa sans maître* ?

---

1. *Ibid.*, p. 216.
2. *Ibid.*

Tout semble rentrer dans l'ordre. Après une telle preuve d'amitié que peut-on attendre de plus ? Eugène vient pourtant de comprendre que tout présent devenant passé, ce serment peut devenir caduc. Leur relation change. Si au début de leur amitié, Eugène dominait – Gide disait craindre ses colères, ses silences – si après l'Affaire Dreyfus leur amitié avait trouvé un équilibre, désormais Gide prend le dessus. Eugène est devenu étrangement passif, sauf pour proposer des placements ou des affaires à son ami.

Et à mesure que les relations d'Eugène s'étendent durant son ascension politique, que son aisance financière s'affirme, les demandes d'intervention de Gide, ou de « piston », comme il l'écrit lui-même, se multiplient. On ne compte plus les lettres où Gide sollicite Eugène pour le prier de soutenir ou aider tel ou tel de ses protégés. Argent pour un ami en difficulté, places à obtenir, inscription dans une école, obtention d'une bourse ou d'une allocation, Gide est inlassable, et si Eugène ne répond pas assez vite, il revient à la charge de lettre en lettre, gentil et tenace, jusqu'à obtenir satisfaction. Eugène acquiesce toujours. Jamais une protestation, un agacement, un refus. Sans doute est-ce devenu le prix de leur amitié.

Eugène est resté passionné de peinture. Quand il est à Paris, il suit l'actualité picturale. Avec Gide il découvre Van Gogh exposé dans une galerie parisienne avec des Gauguin et des Cézanne. Les Rouart commencent à se passionner pour le peintre hollandais. On trouve plusieurs mentions de Louis Rouart à son propos dès le début des années 1900 dans la revue *L'Occident*.

Eugène intervient pour permettre à l'écrivain autrichien Hofmannsthal et sa famille, accompagnés par le vibrionnant Gide, de visiter la collection d'Henri Rouart. Mais c'est avec le jeune Picasso qu'il aura un véritable échange. Gide l'avait déjà rencontré à la faveur d'une exposition de ses œuvres à la Galerie Sérusier et en avait parlé à Eugène. Pablo Picasso était alors installé au Bateau-Lavoir au 13, rue Ravignan à Montmartre. Après sa période bleue si mélancolique, et sa période rose qui l'était encore, il avait du mal à manger. Gide le surnomme « Picassiette » dans une lettre à Eugène. Celui-ci l'invite donc à déjeuner en ce mois de mars 1907 puis va visiter son atelier. Il remarque un tableau qui représente un saltimbanque en rouge accompagné d'un arlequin enfant couvert de losanges bleus, roses et rouge bordeaux, le tout sur un fond indéfini à la Degas, dans les ocres, avec un pot de fleurs en haut à droite sur un ciel bleu qui laisse l'ocre le « salir ». Les visages de l'homme et de l'enfant ont une expression neutre, comme s'ils étaient absorbés dans leurs pensées, regardant l'un à gauche, l'autre à droite. Malgré son étrangeté, le tableau plaît à Eugène qui décide de l'acheter. À la différence de Louis, il n'est pas prisonnier d'une esthétique a priori. Le prix convenu est de 800 francs payables en deux fois, Picasso se chargeant de l'expédition à Toulouse. Lors d'un nouveau séjour parisien, Eugène invite de nouveau le peintre à déjeuner. Un échange de lettres commence. Picasso fait envoyer des fleurs avec son tableau, Eugène remercie et se promet d'aller voir à Paris, une grande toile à laquelle travaille Picasso, il invite le peintre à venir passer un moment à Bagnols. Cette nouvelle toile inspirée par l'art africain, n'est autre que les *Demoiselles d'Avignon*. Picasso est reçu à Bagnols durant l'été 1907.

La « complaisance » d'Eugène pour Gide, le mot est de ce dernier, va loin. Après avoir désespéré de l'attirer dans sa ferme près de Toulouse – Gide qui a pourtant la bougeotte met trois longues années à lui rendre visite – il parvient à le faire venir seul au moment d'une campagne électorale vers la fin de juillet 1907. Et connaissant son ami, il lui présente des jeunes gens... Eugène qui a remporté les élections haut la main avait constitué une brigade de jeunes cyclistes qui quadrillaient la commune pour porter les nouvelles, distribuer le matériel de campagne électorale, centraliser les résultats de tous les bureaux de vote. Gide qui s'ennuie ferme dans ces manifestations se retrouve le soir, à l'instigation d'Eugène, au milieu de ces jeunes cyclistes qui fêtent la victoire, et d'un coup, il prend un intérêt passionné à la situation.

La joie, le vin, la gaieté et les rires ne manquent pas dans cette nuit tiède où on dîne en plein air sur de grandes tables disposées par la mairie. Gide se mêle aux conversations et, dit-il, *je n'ai point l'air farouche, tout en questionnant, je caresse et de la main, et du sourire, et de la voix*[1]. Il avise alors non le jeune homme qu'Eugène voulait lui présenter, mais un autre, âgé de dix-sept ans, Ferdinand Pouzac. Ce jeune cycliste tenait son pantalon de toile serré aux jarrets avec les courroies de ses sandales, ce qui lui donnait un air de mameluck. On se lève bientôt pour marcher dans les rues avant de prendre la route de la campagne jusqu'à la maison d'Eugène qui est vide ce soir-là. Eugène qui les accompagne comprend qu'il doit laisser son ami à ses amours. Il s'éclipse en automobile, il vient d'en acheter une. Gide continue de marcher avec Ferdinand qui pousse son vélo… *Dès que je me trouvai seul avec lui sur la route, toute idée s'échappa de ma tête et je n'y sentis plus que joie, qu'ivresse, que désir et que poésie*[2]. La route traverse des champs de blé moissonnés. *Il posa sa bicyclette dans le fossé et nous nous accotâmes contre une meule. Comme ivre, il se laissa choir contre moi ; tout debout je le pressai dans mes bras. Il posa tendrement son front sur ma joue ; je l'embrassai. Il disait encore : « Comme il fait beau ! »* puis, *mes lèvres s'étant posées sur les siennes, il commença une sorte de râle très doux. On eût dit un roucoulement de colombe*[3].

La nuit se passe dans la maison d'Eugène. *Je n'en ai pas connu de plus belle*, écrit Gide dans ce texte qu'il n'a jamais publié de son vivant. *Non, pensais-je, même Luigi à Rome,*

---

1. André Gide, *Le ramier*, Gallimard, 2002, p. 25.
2. *Ibid.*, p. 27.
3. *Ibid.*, pp. 27-28.

même Mohammed à Alger n'avaient pas à la fois tant de grâce avec tant de force, et l'amour n'obtenait pas d'eux des mouvements si passionnés, si délicats[1].

Gide en parle à Eugène exalté par cette histoire *et par ce que je lui disais de celui que nous appelâmes bientôt « le Ramier » parce que l'aventure de l'amour le faisait roucouler si doucement dans la nuit*[2]. Le lendemain Gide se sent « plein de verve », « le corps et l'esprit extraordinairement dispos », il a « rajeuni de dix ans ». Il doit rentrer à Paris. Mais on devine que cette fois il reviendra vite. L'aventure du Ramier fait le tour du cercle des amis de Gide qui tous veulent entendre le fameux roucoulement, en conditions. Eugène, en verve lui aussi, écrit à Gide qu'il projette « d'apprivoiser ce ramier ». Il s'y est appliqué. *C'est la première fois que je m'intéresse si fortement à un oiseau*[3]. La lettre est bien sûr codée. Gide qui avait tant différé sa visite à Eugène est prêt maintenant à redescendre sans tarder dans le Midi. *J'ai la tête encore pleine de Bagnols ! J'ai même quelque mal à faire passer ça à l'état de souvenir ; c'est comme ces fleurs trop pleines de sève, qui, dans les herbiers, ne veulent pas sécher*[4].

Le Ramier va les occuper, mais peu de temps. Il tombe malade, est hospitalisé pour une tuberculose, et malgré les soins et l'assistance désespérée que lui prodigue Eugène, il meurt à vingt ans en 1910. L'image de la fleur séchée de Gide était étrangement prophétique.

L'aventure, et ce texte écrit immédiatement après, incitent Gide à franchir un nouveau pas, il commence à réfléchir, amasser des matériaux et travailler à son *Corydon* pour revendiquer le droit à l'homosexualité. De son côté, Eugène veut tirer un roman de l'histoire. Il en écrit quelques pages. Gide

---

1. *Ibid.*, p. 30.
2. *Ibid.*, p. 31.
3. André Gide – Eugène Rouart, ouvr. cité II, p. 269.
4. *Ibid.*, p. 272.

lui dit que jamais il n'a eu autant envie de collaborer. Mais la tentative restera sans suite. Eugène est pris par la politique qui absorbe toute son énergie. Six mois plus tard, il est nommé au début de janvier 1908 chef de cabinet du ministre du Commerce et de l'Industrie dans le gouvernement Clemenceau. Et Gide voit aussitôt le parti qu'il peut tirer de la situation.

Une chance que cette fonction d'Eugène coïncide à partir de janvier 1909 avec le lancement de *la Nouvelle Revue Française*. Après avoir beaucoup parcouru les allées du monde éditorial et littéraire parisien durant une quinzaine d'années, Gide franchit le pas et crée cette revue qui va donner à son œuvre une audience de plus en plus large. Et, après s'être débarrassé d'Eugène Montfort, il refait un second « numéro un » sur des idées littéraires bien plus claires. On y trouve une première livraison de son nouveau roman *La porte étroite*. La position clef d'Eugène dans un ministère depuis un an est une aubaine pour la *NRF*. *Cher*, lui écrit Gide, *ne néglige pas de nous donner un coup de main ou d'épaule. Tu peux nous décrocher nombre d'abonnements, que nous n'obtiendrions pas par le simple envoi d'un spécimen*[1]... Dans une autre lettre, il lui demande de mettre sa carte du ministère et sa signature dans tous les courriers concernant la *NRF*. Eugène n'hésite pas et met les services du ministère du Commerce et de l'Industrie à la disposition du lancement de la revue, un « coup d'épaule » peu connu. Au même moment, Louis Rouart figurait encore dans le comité de rédaction et dans celui des membres fondateurs.

La nouvelle revue s'impose au fil des mois et franchit « un pas de géant » un an plus tard, en dépassant les 1400 exemplaires par numéro, chiffre important pour l'époque, les livres de Gide suivent la même courbe. Dès lors, l'équipe de la *NRF* songe sérieusement à créer une maison d'édition nou-

---

1. André Gide – Eugène Rouard, ouvr. cit. II, p. 313.

velle. On finit par trouver l'homme capable de diriger ce
« comptoir d'édition » qui serait l'émanation de la revue :
Gaston Gallimard, d'une famille bien connue des Rouart et
des Manet. Julie raconte dans son journal qu'elle leur a rendu
souvent visite. C'est aussi en ces années qu'un jeune docteur
en sciences économiques passionné de littérature monte à
Paris pour créer la maison qui porte son nom : Bernard Grasset. Le paysage éditorial français du siècle se met ainsi en
place en ces années 1900. La rivalité des deux maisons ani-
mera la vie littéraire parisienne.

Eugène participe à diverses missions avec Jean Cruppi, son
ministre, dont un important voyage en Espagne, à l'issue
duquel le roi Alphonse XIII le fait Comendador de l'ordre
royal d'Isabelle-la-catholique. Jean Cruppi ayant, lui, reçu le
grand cordon de Charles III.

En juillet 1909, le ministère Clemenceau tombe, après trois
ans de réformes importantes et une dure répression des grèves
qui se sont multipliées. Eugène ne retrouve pas de poste, mais
il n'y tient pas trop non plus. Il restera lié aux cercles importants du pouvoir et peut-être a-t-il joué un rôle lors de la
crise marocaine de 1911, en assurant une mission à Berlin,
ce que suggère David Walker sans pouvoir l'affirmer. Il recevra la Légion d'honneur en 1910.

Revenu dans son Sud-Ouest, Eugène donne des conférences sur l'agriculture, participe aux congrès internationaux
d'agriculture, et reçoit Gide pour de grands voyages en
« auto » dont la vitesse à travers la Camargue grise l'écrivain,
qui parle des « sensations tournoyantes de l'auto ». Eugène,
toujours à l'affût des progrès, aime conduire l'automobile.
Les pannes sont certes fréquentes, les routes poussiéreuses exigent lunettes d'aviateur et tenues appropriées, mais quel plaisir de découvrir la France ainsi, à petites étapes et sans les
contraintes du train ! Eugène s'équipera aussi rapidement en
téléphone.

Mais après cette activité politique frénétique à un si haut niveau, Eugène retrouve sa vie et son mal-être de toujours. *Je suis repris du mal de vivre et je souffre*, confie-t-il à Gide au début de l'été 1910, *je ne me résigne pas facilement à l'impossibilité dont la vie nous enserre, un désir infini de tendresses qui ne trouve pas d'échos m'obsède ; et je ne trouve à me distraire de mon inquiète tristesse ni par le labeur des champs ni par des déplacements qui à d'autres heures me raviraient*[1].

On devine ici le drame de son mariage sans amour. Il avait avoué à Gide un jour « n'aimer que les… et commander ». Les… étant les garçons, bien sûr.

Le préfet lui propose d'être candidat à la députation, il décline l'offre. Je manque de désir, explique-t-il à Gide. Il se sent plutôt maintenant « un grand désir de recueillement et un grand besoin de silence ». La vie depuis dix ans l'a « férocement distrait », il apprend la mort de Charles Bordes, l'un des créateurs de la Schola Cantorum et se désole de ne pas avoir pris le temps d'entretenir cette amitié. Son père qui est au plus mal s'irrite devant Gide de ne pas avoir de nouvelles de son fils.

Eugène projette alors de faire un voyage au Maroc avec l'écrivain que l'idée emballe et qui se met en campagne : il achète des vêtements, des médicaments dont la liste en dit long sur l'état rudimentaire de la médecine de l'époque, et un casque colonial. Hélas, une bronchite sérieuse de Gide et la grave crise entre l'Allemagne et la France pour savoir qui mettrait la main sur le Maroc les conduit à reporter ce voyage à plus tard. Nous sommes en 1911, la vie ne le leur permettra jamais.

À suivre le romanesque Eugène, on comprend que Gide se soit inspiré de lui ou de leur amitié ou bientôt de son couple avec Yvonne pour écrire une demi-douzaine de ses

---

1. *Ibid.*, p. 345.

plus grands ouvrages. De *Paludes* aux *Faux-monnayeurs* Eugène Rouart est partout dans l'œuvre de Gide, de près ou de loin.

La vie d'Ernest est plus calme. Cet homme contemplatif mit sa vie sous le signe de la peinture, de la famille, des voyages centrés sur la peinture, et de la religion.

Grand, la barbe à la russe, le regard sérieux, attentif, parfois interrogateur sur les photos, il porte sur l'une d'elles des bottes qui achèvent de lui donner cette allure slave tant prisée en ces années où la culture russe brillait de mille feux. L'homme est d'une bonté et d'une gentillesse à toute épreuve d'après les témoignages. Il n'a rien d'Eugène ou de Louis, ses frères colériques. On peut le rapprocher plutôt d'Alexis pour cette douceur, bien qu'on lui connaisse au moins une colère homérique plus tard. *On n'avait jamais en vain recours à lui. Il suffisait de lui signaler une détresse pour qu'il s'empressât de la secourir*, écrit Louis Rouart à son sujet[1].

La passion dominante d'Ernest, toute familiale, est la peinture, non seulement comme art, mais comme question.

Il peint sa famille, et voyage beaucoup, surtout en Italie, pour voir de la peinture, étudier cet art si simple en apparence, si mystérieux quand on l'interroge. Il rappelait souvent le mot de Degas : « La peinture c'est facile quand on ne sait pas, mais quand on sait... »

Ernest Rouart est un peintre méconnu. Même s'il exposa au salon des Indépendants avec le Douanier Rousseau, Rouault, Bonnard, Vuillard et Maurice Denis, peu a été fait pour donner à sa peinture la lumière qu'elle mérite. Ernest est demeuré dans la mouvance de l'impressionnisme, mais pas toujours. Sa peinture inégale, parfois lumineuse, vibrante, peut paraître terne parce qu'inachevée en certains tableaux.

---

1. Louis Rouart, ouvr. cité, p. 40.

De superbes réussites émaillent ce parcours. Une belle peinture où les taches de lumière percent les ombres légères dans la chaleur de l'été en jouant ici et là. C'est suave, charmant et séduisant.

Ernest est excellent portraitiste. Son Paul Valéry en lunettes qui tourne des pages tout en bleus et violets, ses tableaux de Julie Manet peignant, et son portrait d'Eugène Rouart assis dans un jardin, sa chienne Ellis à ses pieds, sont admirables. L'image d'Eugène surtout, que nous avons appris à connaître et qu'Ernest sonde ici sans rien laisser dans l'ombre, avec son masque de souffrance, son élégance anglaise en gris et noir, sa taille de lis, et sa violence rentrée prête à sortir de manière chaotique. Il est assis sur un siège en rotin à l'ombre de grands arbres et là aussi la lumière perce pour tacher le sol ici et là tandis qu'elle inonde le fond où serpentent de brillantes couleurs.

Ernest fit un bel autoportrait à la manière de celui de Berthe Morisot en 1885, tout en inachèvements, pleine face, dans des tons bruns, ocres et noirs. Il réalisa aussi des pastels de toute beauté dont le fini à la Degas surprend par sa précision d'exécution quand on connaît ses toiles.

Comme sa femme Julie, Ernest est croyant fervent et pratiquant. Il devient membre du Tiers Ordre de Saint Dominique et se fera enterrer dans la robe de moine des Dominicains. Depuis sa création, ce Tiers Ordre regroupait des laïcs qui voulaient vivre leur foi en s'inspirant de la règle dominicaine, mais tout en restant laïcs, sans avoir à respecter les contraintes de la vie communautaire. Ils n'en étaient pas moins astreints à diverses obligations à commencer par la charité et les prières.

Lors des leçons qu'il recevait de Degas, ils parlèrent beaucoup de l'Italie. Degas y avait passé un temps assez long pour en connaître les beautés picturales mieux qu'aucun autre. Ernest avait fait déjà plusieurs voyages dans sa jeunesse avec son frère Louis. Après son mariage, il y alla souvent accompagné de Julie et de ses enfants pour voir et étudier. L'art de la Renaissance italienne, souvent religieux, lui permettait de retrouver ses deux passions réunies. Il prospecta plus qu'il ne voyagea. Il étudia les fresques de Giotto à Padoue, alliant la foi à la légèreté en une fusion miraculeuse, le trait survolté et presque romantique de Lucas Signorelli à Orvieto, la peinture serrée, qui résiste au regard, de Piero della Francesca à Arezzo, chez qui le refus de séduire fait penser à Degas, la gracieuse et tournoyante Salomé de Filippo Lippi à Prato, l'*Annonciation* de Ghirlandaio à San Gimignano, si précise de trait, si vibrante dans ses violets enchanteurs, et bien sûr les ensembles qu'on pouvait voir dans les musées ou au Vatican, Botticelli, Michel-Ange, Raphaël, Titien, Giovanni Bellini ou Carpaccio. Degas lui avait communiqué sa passion des maîtres dessinateurs du Quattrocento. Ernest sillonna l'Italie en tous sens et devint un expert et un érudit sans l'avoir cherché.

Quoi d'étonnant à ce que le plus jeune de ses fils, Denis Rouart, fût devenu un maître en histoire de l'art, conservateur du musée de Nancy durant vingt-cinq ans, auteur du catalogue raisonné de Manet, et éditeur d'ouvrages importants comme le volume des lettres de Berthe Morisot. Il avait été à bonne école.

Du reste ce travail d'archivage, de mémoire et d'histoire sur l'œuvre de « la belle peintre » fut commencé par Ernest et Julie, poursuivi par leur fils Denis, achevé par leur petit-fils Yves Rouart, neveu de Denis. Ernest et Julie possédaient une collection importante d'œuvres de Berthe Morisot, de Manet, et des peintres impressionnistes. Ils furent non seulement des contributeurs sans lesquels aucune exposition de ces peintres et d'autres ne pouvait décemment se monter, mais ils commencèrent la photographie systématique des œuvres de Berthe. Il s'agissait de préserver, sélectionner, dater, éliminer ce qui était douteux.

Conservateur, Ernest le fut dans l'âme et il poursuivit ce travail tout au long de sa vie. Il transmit ainsi à Paul Valéry son voisin rue de Villejust, lors d'innombrables conversations, le fond qui a nourri les écrits sur l'art du poète. La qualité exceptionnelle de l'essai *Degas, Danse, Dessin* est inconcevable sans l'apport d'Ernest qui connaissait Degas mieux que personne, l'avait vu travailler, et avait en mémoire toutes les œuvres de son atelier.

Julie, en ces années 1900, s'adonna elle aussi à la peinture et réalisa quelques belles toiles comme le pigeonnier du château du Mesnil peint sous l'angle choisi par sa mère. Il est intéressant de rapprocher les deux œuvres, celle finie, bien fondue et sage de la fille, et celle de la mère, fougueuse et plus libre, à peine achevée par endroits. Julie réalisa aussi une cueillette des cerises qui ressemble étrangement à celle de sa mère, et d'autres œuvres où on reconnaît encore telle ou telle composition de Berthe Morisot... Julie qui eut trois enfants, Julien, Clément, Denis, fut mieux inspirée avec les siens. Elle fit le portrait de nombre de Rouart grands et petits comme Augustin Rouart enfant, son filleul, fils de Louis et futur peintre. Elle peignit également Christine Lerolle et Louis. Julie révèle dans ces œuvres virtuosité technique et trait incisif, une réelle finesse psychologique. Une famille où tout le monde peint tout le monde, soit dans la même génération, soit d'une génération à l'autre : Augustin peint par Julie peint à son tour son fils Jean-Marie au même âge. Toute la maison, tant rue de Villejust qu'au château du Mesnil, vivait pour la peinture. Ouvrir un tiroir ne donnait ni fil à coudre, ni argenterie, mais immanquablement un vieux chiffon taché de peintre, des brosses, des tubes et des pinceaux. Tout le monde peint et tout le monde pose, parfois on pose tout en peignant, et même Paul Valéry dut s'y mettre sous peine d'indignité. Il réalisa des toiles qui sont des curiosités, mais fit une belle aquarelle représentant Ernest de dos, assis dans un fauteuil, en train de dessiner ou d'écrire.

Les Valéry sont venus habiter rue de Villejust en juillet 1902, après moins de deux ans passés avenue Victor-Hugo. Julie et Jeannie n'ont pu tenir si loin l'une de l'autre. L'ancien atelier de Berthe est au rez-de-chaussée. Ernest a installé le sien au-delà d'une courette plantée d'arbres, dans une annexe de la maison avec un gros poêle pour se chauffer l'hiver. Julie n'a cessé de s'élever moralement et dans sa foi. Devenue elle aussi membre du Tiers Ordre Dominicain, elle distribue ses bienfaits autour d'elle.

Au lendemain de son mariage, Valéry a quitté le ministère de la Guerre où il travaillait comme fonctionnaire pour devenir secrétaire particulier de l'un des administrateurs les plus importants de l'Agence Havas, Édouard Lebey qui est handicapé, atteint de paralysie. Valéry passe auprès de lui trois à quatre heures par jour, il l'aide, écrit pour lui, le représente parfois lors de missions à l'extérieur. Cette activité lui laisse beaucoup de temps libre. Ce sont les années où il se lève très tôt, à l'aube, pour travailler à exercer et observer son esprit qu'il affûte par des problèmes de mathématiques, des réflexions sur la science (les ouvrages de Poincaré, le physicien, sont ses livres de chevet), des lectures philosophiques. Et il note sa pensée, tâchant d'aller au delà des affects et de ce qui l'embourbe.

Aristote avait écrit que seul le « loisir studieux » était l'activité digne d'un homme libre. Tout travail où on exécute l'ordre ou la pensée d'un autre que soi est un travail qui devrait être réservé aux esclaves, selon Aristote, qui distinguait les « instruments inanimés » comme un outil, et les « instruments animés » comme les esclaves, les ouvriers, les exécutants de toutes sortes. Car tout ce qui applique la décision d'un autre entre dans le genre instrument, écrit-il dans *La Politique*. Valéry connaissait cette expression de « loisir studieux » qui, selon Aristote, est le fond du bonheur. On la trouve sous sa plume. Parallèle amusant, Valéry qui est « instrument animé » tant qu'il est au service d'Édouard Lebey, peut s'adonner à son « loisir studieux » dès son réveil à l'aube. « Placements à fonds perdus », dit-il des connaissances et du travail qu'il fait ainsi, en remplissant ses *Cahiers*. Il n'en est rien, cette discipline et cette prospection durant ces années de retraite feront la richesse de ses écrits futurs. Il voit souvent Ernest qui lui parle peinture, et l'initie aux techniques diverses. Degas qui l'a rabroué en public devient son ami, il lui rend visite dans son atelier et en laisse une description précise, l'interroge, l'écoute parler de son art et de son passé. Plusieurs détails biographiques sur Degas n'ont d'autre source que ces entretiens. Leurs origines italiennes communes les rapprochent. Valéry se rend au concert avec Jeannie, qui travaille toujours son piano. Il assiste à la première de *Pelléas* et déjeune avec Debussy. Un projet de ballet est envisagé qui n'aura pas de suite.

Le vrai confident est Gide avec qui il entretient une correspondance volumineuse. Les Valéry sont allés chez les Gide en Normandie, Jeannie et Gide ont joué avec bonheur du piano à quatre mains. Les conversations sont allées bon train et Gide est fasciné par son ami dont la parole s'enrichit du travail mené tous les matins. Valéry lui parle de ses recherches, de l'excès de possibilités qui se dégagent devant lui ou du désert qu'il traverse. Il aimerait bien lui montrer ses *Cahiers* un jour. Gide suit avec attention le parcours de son ami. *J'attends je ne sais quel messie*, écrit Valéry à Paul Léautaud. *Je fais mon Faust*, raille-t-il dans une lettre à Jeannie en parlant des livres de science, d'anatomie, d'algèbre ou de mystique étalés sur sa table. Lorsque Gide lance la *Nouvelle Revue Française* puis les éditions qui deviendront Gallimard, il le presse de donner le meilleur de ce qu'il a écrit tant en vers qu'en prose. De premières *Études* de Valéry paraissent dans la revue. Puis il reprend ses poèmes de naguère, ne s'y reconnaît plus, veut les retravailler, faire des ajouts, cela donnera *L'Album de vers anciens* avec *La Jeune Parque*. Gide l'a comme libéré, désormais il ne s'arrêtera plus.

Période de transition et de construction, ces années 1900 se terminent dans la tristesse pour la famille Rouart.

L'année 1911 s'ouvre sur la mort d'Alexis, le frère d'Henri, le 3 janvier. Sa collection d'art est vendue et dispersée en mai. Outre des Degas et des Pissarro, elle constituait un ensemble d'œuvres d'art asiatique de premier ordre. Gide présente ses condoléances à Eugène Rouart. Alexis était aimé de tous et de Degas qui dînait chez lui un mardi sur deux depuis des décennies.

Hélène Marin, la fille aînée d'Henri Rouart et veuve depuis douze ans, vivait dans la maison familiale de La Queue-en-Brie qu'elle ne quittait plus. La femme svelte du portrait de Degas a pris des formes imposantes et on la voit toujours à coudre sur les photos de l'époque. Mais elle n'a décidément pas de chance. Un nouveau malheur la frappe. En cette année 1911, sa fille prénommée aussi Hélène, meurt à vingt ans, une catastrophe qui ne sera pas sans conséquence sur le reste de la famille.

Enfin, un an presque jour pour jour après son frère Alexis, le 2 janvier 1912, Henri Rouart meurt à l'âge de soixante-dix-neuf ans.

XII

Une fabuleuse collection

Henri Rouart, l'homme au regard doux et songeur, photographié dans un jardin sa canne à la main, qui avait tant souffert après la disparition de sa femme, n'était plus. Sa carrière d'ingénieur se perdait dans les brumes ; près de trente ans s'étaient écoulés depuis le temps où il s'occupait d'usines, de tubes de fer et de moteurs. Il était devenu peintre, tout en refusant obstinément l'organisation d'une exposition consacrée uniquement à ses œuvres, donnant ainsi à ses fils l'image de l'amateur éclairé, en marge, qui reste dans une forme d'inachèvement. Exemple redoutable.

Il est impossible qu'Eugène et Gide n'aient pas échangé à ce propos. Rien ne nous est parvenu de ces lettres et condoléances. Gide avait plusieurs fois écrit à Henri Rouart, qui lui avait répondu. Il l'avait encore revu en conduisant Hofmannsthal rue de Lisbonne pour lui faire visiter la collection. Huit mois après la mort de son père, dans une lettre à Henri Ghéon, Eugène écrivait : *J'ai encore au cœur la déchirure de janvier dernier [...]. Outre la séparation douloureuse, il y a une impression inexprimable à voir s'éteindre ceux qui nous ont précédé dans la vie*[1].

Pour Degas, la fin de son ami de lycée, retrouvé en 1870 et jamais quitté depuis quelque quarante-deux ans, signifiait sa fin prochaine. Il avait perdu Alexis, maintenant Henri.

---

1. André Gide – Eugène Rouart, *Correspondance* II, p. 387.

Pour lui aussi qui voyait dans les Rouart sa famille, cette seconde disparition était une déchirure irréparable. Il était trop vieux, quasiment aveugle, et n'avait plus assez d'énergie pour recoller les morceaux. Il demanda à Ernest de trier à sa mort le contenu de son atelier afin de détruire tout ce qui ne méritait pas d'être conservé. Ernest promit d'y veiller.

La mort en achevant en apparence le portrait d'une vie installe un moment de rêve ou de contemplation durant lequel l'esprit en stupeur est comme figé devant une image paradoxale, « finie » par la disparition, ouverte sur des questions qui surgissent et ne trouveront jamais de réponse. Quelques mots, quelques éclats épars, prononcés naguère en des moments d'une grande banalité par celui qui n'est plus, hantent le cerveau des vivants. Les cinq enfants d'Henri n'y échappaient pas.

Mais dans un premier temps, les soucis des actions à mener, des démarches administratives à faire, des décisions à prendre, troublaient leur vue et occultaient la signification de ce qu'ils vivaient.

Il n'en était pas de même pour Degas. Dans sa position, cette mort ne lui apportait que chagrin et interrogations sur la vie si brève au miroir du souvenir. *Que de choses, projets, plans, visions, pensées, / Je vais laisser dans l'ombre à peine commencées*[1], écrivait Hugo. Quelle plaisanterie que la vie. Hier encore, il retrouvait son ami en 1870 sur un Fort autour de Paris, puis les soirées rue de Lisbonne avaient filé, les œuvres, les joies, les rires, les bons mots, et maintenant...

Si les biens d'Henri Rouart ne suscitaient aucune difficulté et suivraient le cours normal réservé à toutes les successions, d'emblée il fallut décider du devenir de la collection constituée par l'ingénieur peintre. Qu'allait-on faire de ce trésor ?

---

1. Victor Hugo, *Œuvres complètes,* in *Portefeuille 1843-1851,* p. 676, Édition chronologique sous la direction de Jean Massin, Paris, 1968.

Les quatre frères, Alexis, Eugène, Ernest et Louis se déclarèrent pour sa conservation et sa gestion en commun, Ernest étant le plus convaincu par cette solution. On pouvait faire de l'hôtel de la rue de Lisbonne un musée ; Gustave Moreau, par testament, avait procédé ainsi une dizaine d'années plus tôt. Conservateur dans l'âme et peintre lui-même, Ernest avait été « fait » par cette collection et refusait de la voir partir et se disperser.

Les prix de ces toiles désormais reconnues ne cessaient de monter dans les ventes et les successions. Près de quarante ans s'étaient écoulés depuis la première exposition impressionniste, leur peinture trouvait toujours plus d'amateurs tandis que l'étoile de leurs ennemis pâlissait chaque année un peu plus. La cote des tableaux de Corot et de Delacroix avait monté de façon régulière. Il était donc très difficile aux enfants de pouvoir racheter des œuvres par anticipation : comment estimer leur valeur tant qu'elles n'étaient pas mises en vente ? Cinq cents peintures, presque autant de dessins de maîtres. Disperser une telle merveille paraissait une folie à Ernest et à ses frères.

C'était compter sans leur sœur aînée Hélène, veuve Marin, dont le portrait par Degas, était l'un des chefs-d'œuvre de la collection parmi tant d'autres. Hélène qui venait de perdre sa fille avait un autre point de vue. De telles épreuves modifient le regard sur les œuvres d'art et ne permettent pas de leur accorder une valeur absolue. Que vaut un chef-d'œuvre, quel qu'il soit, face à la vie d'un être aimé ou même d'un être humain inconnu ? Rien.

Cruellement frappée par la vie, ayant la charge de son fils Henri âgé de vingt-quatre ans, et de son autre fille Geneviève, dix-neuf ans, Hélène exigea la vente afin de recevoir la part d'héritage pleine et entière qui lui revenait. De plus, elle se méfiait de ses frères, déclarait ne pas avoir leur connaissance en peinture. Elle serait certainement dupée dans un partage en privé. La vente était aussi pour elle un moyen de recevoir la part objective qui lui revenait. Comme il était impossible à ses frères de racheter la part d'Hélène, soit le cinquième d'une valeur difficile à estimer sur un marché en hausse continue, la décision de vendre fut prise, une décision douloureuse pour Ernest.

Comment imaginer que ce joyau, édifié en une vie, allait disparaître sous les coups de maillet de ventes aux enchères ? Le 34, rue de Lisbonne était une maison magique dont l'intérieur se parait des élans les plus fous d'artistes tourmentés ou heureux qui avaient tenté de maîtriser une infinité de difficultés pour en laisser une trace visible. Combien de souffrances, d'insatisfactions, d'heureuses trouvailles, de moments de grâce ou de désespoir sans fond restaient concentrés dans ces images ! Ernest qui savait tout cela en était malade. Ses frères aussi.

Il fallait vendre. Rien ne put faire fléchir Hélène.

Un catalogue fut publié, et en le feuilletant aujourd'hui, on est stupéfié devant une profusion où le nombre s'impose d'abord. Quarante-sept toiles de Corot, parmi les plus belles et quinze aquarelles et dessins, en tout soixante-deux œuvres du peintre à la pipe, le maître d'Henri Rouart, de Berthe Morisot, et le précurseur des impressionnistes. Il dominait la collection. Venait ensuite Delacroix avec douze toiles et soixante-quatre aquarelles, pastels et dessins, mais une seule huile d'Ingres et trois dessins. Dans la querelle entre Delacroix et Ingres, Henri Rouart avait pris son parti. Millet, l'autre maître et ami de la Seine-et-Marne, était représenté par quatorze toiles et un ensemble de cinquante-huit aquarelles et dessins dont certains des plus grands chefs-d'œuvre de ce peintre. Il faut se déchausser pour voir Millet, écrivait Van Gogh. On peut supposer le bonheur qu'il aurait éprouvé devant cette collection. Henri Rouart aimait aussi des artistes qui ne lui ressemblaient pas : quatorze tableaux de Daumier et trente-quatre dessins et aquarelles au trait féroce où la torsion expressionniste fait penser parfois à Goya. Huit toiles de Courbet, quatre de Théodore Rousseau, six d'Isabey, sept de Jongkind accompagnées de douze aquarelles, pastels et dessins, trois toiles de Prud'hon et sept de ses dessins, une peinture du Baron Gros et une de David, mais quatre du Greco, et un portrait d'homme par Vélasquez, trois tableaux de Tiepolo, et deux Philippe de Champaigne, avec un Chardin, un Poussin, deux Fragonard, un Hubert Robert, un Breughel… Le Goya donné sur son lit de mort par son ami Cherfils. Puis l'ensemble des amis et contemporains : trois toiles de Manet, cinq de Monet, autant de Cézanne et de Pissarro, une de Berthe Morisot avec une aquarelle, trois Renoir, quatre Eugène Boudin, autant de Fantin-Latour, cinq toiles et huit pastels de l'ami Degas, deux Gauguin, sans oublier *Le thé* de Mary Cassatt et un pastel de cette artiste américaine ; une toile de Toulouse-Lautrec. Des primitifs anonymes allemands, italiens du Quattrocento florentin et des œuvres des Écoles espagnole, anglaise, siennoise, véronaise, hollandaise, byzantine ou française, sans oublier une peinture murale d'Herculanum. Et malgré cette énumération hugolienne, on est loin d'avoir épuisé les œuvres dessinées ou peintes de cette caverne d'Ali Baba où on ne comptait pas pour la vente, les sculptures, les sarcophages égyptiens entièrement peints, les tanagras. Il n'est pas besoin de l'infini pour avoir le sentiment de l'infini, disait Baudelaire, quelques kilomètres carrés d'océan et j'ai l'infini devant moi. On est tenté de dire de même ici : Henri Rouart avait créé un ensemble si important et varié qu'il donnait l'impression d'un infini de la peinture.

Le même Baudelaire disait qu'un chef-d'œuvre est une source infinie de suggestions. La qualité des œuvres amassées donnait une autre dimension infinie au regard. Combien de toiles auraient fait à elles seules la gloire d'un musée ? On trouvait non seulement les Corot d'Italie, mais aussi ce qu'on appelait ses figures comme la *Femme en bleu* et la *Dame en rose* dont le visage rapidement esquissé annonçait bien des

301

libertés futures, le magistral *Autoportrait à la ceinture* de Courbet, les paysans de Millet et ses dessins envoûtants de bois à la tombée de la nuit, ou ce tableau étrange montrant des étoiles filantes représentées par des couples nus enlacés dont les jambes se prolongent en sillage de lumière dans un ciel nocturne. Les *Danseuses à la barre* de Degas en gris argenté, blanc et citron, avec leur arrosoir, déjà rencontrées dans ce récit, mais aussi des pastels d'une finesse, d'une maîtrise et d'une vibration colorée que nul n'a surpassées dans cette technique. *Sur la plage* de Manet où souffle la fraîcheur marine sous le soleil, *C'est vivant vivant*, avait écrit Julie de ce tableau. *La fuite en Égypte* de Fragonard, le méditatif *Nave Nave Mahana* tout en roses de Gauguin, *L'Allée du Bois de Boulogne* de Renoir, *La terrasse* de Berthe Morisot, des paysages de Monet, et les grands Daumier grimaçants, *Scapin et Crispin*, ou *La parade de théâtre*, le monumental portrait d'Hélène Rouart par Degas, et la *Brune aux seins nus* de Manet, dont les tétons rendent fou qui veut bien les regarder avec l'imagination requise, un merveilleux portrait d'homme ovale d'un anonyme par un anonyme du XVIIIe siècle, et des arbres, des paysages, comme autant d'échappées ouvertes de Corot, Rousseau, Monet, Daubigny, et beaucoup d'autres ; les Greco avaient une place à part, avec le Goya et un Vélasquez. Henri Rouart à l'évidence aimait les peintres espagnols pour ce mélange de folie et d'austérité qui est le leur. Enfin, comment ne pas percevoir la tendresse du collectionneur dans les choix de Prud'hon, artiste tendre s'il en fut, Millet, et Cals, peintre de la vie paysanne, de sa pauvreté, de sa dureté. En revanche, on ne trouve dans cette collection aucun des grands noms qui faisaient courir les salons et s'extasier les contemporains, les Bouguereau, Gérôme, Gleyre, Cormon, Couture, « gloires » éphémères comme toute époque en connaît. On ne trouvait pas non plus de Gustave Moreau, mais des *Caprices* de Goya. On parcourt ce catalogue avec les yeux d'un vendangeur ivre, pour parler comme Hugo. À peine a-t-on vu que telle œuvre y figurait, que la page suivante vous donne le nom d'une autre au moins égale en puissance d'incantation.

Aucun tableau d'Henri Rouart dans cette collection, et pourtant certains d'entre eux eussent pu y figurer avec avantage. La discrétion d'Henri, sa volonté de peindre à l'écart, furent respectées.

Il fallait dépecer cette architecture, décrocher une à une ces œuvres pour rendre les murs de la rue de Lisbonne à leur triste nudité. La vente commença à la galerie Manzi-Joyant en décembre 1912. Puis les dessins, aquarelles et pastels virent leur sort réglé en avril de l'année suivante.

La vente rapporta plus de six millions et demi de francs, soit quelque dix-huit millions d'euros, somme astronomique pour l'époque, qui fit sensation. Les seules *Danseuses à la barre* (avec leur arrosoir) furent adjugées 435 000 francs, chiffre jamais encore atteint par une toile impressionniste. L'œuvre devint la propriété de Mrs Havemeyer, amie de Mary Cassatt et femme de M. Havemeyer, un roi du sucre de New York. Degas presque aveugle assistait à la vente. Quand on lui annonça les prix de ses œuvres, il sourit. *C'est curieux,* dit-il, *des tableaux que j'ai vendus cinq cents francs.* Il l'avait écrit à Durand-Ruel, il ferait fortune quand cela ne lui servirait plus à rien. On se le montra dans la salle et des inconnus vinrent le saluer, lui dire qu'ils l'admiraient. Il serrait des mains sans pouvoir distinguer les visages.

L'envol des prix de la peinture impressionniste commença avec la vente Rouart. L'ensemble Caillebotte, qui comptait nombre de toiles majeures de Renoir, Monet et Degas, aurait pu être le moment de cette reconnaissance par le marché de l'art, mais il fut un legs à l'État, non estimé par conséquent, et cette cession avait eu lieu trop tôt, en 1894. Près de vingt ans s'étaient écoulés depuis. La vente Rouart consacra le triomphe définitif de la peinture impressionniste. Le prix des Degas fit hausser les épaules du peintre qui avait refusé obstinément les prix, médailles, récompenses. *Il est arrivé, mais dans quel état!* disait-il d'un confrère. L'État se mobilisa pour acquérir des œuvres si longtemps vilipendées par les commissions officielles et autres critiques. Le Louvre enleva pour 162 000 francs *La Femme en bleu* de Corot, pour 60 000 francs *Crispin et Scapin* de Daumier, et 30 000 francs *Le poêle* de Delacroix, tableaux qu'on peut admirer aujourd'hui dans les collections nationales. Prix modiques quand on y songe, mais qui furent autant de records. Ils entrèrent dans les musées français si pauvres en peinture du temps.

La famille racheta certaines œuvres. Chacun avait ses préférences qu'il refusait de voir partir à quelque bout de la terre. Eugène racheta le portrait d'Henri Rouart par Degas en haut-de-forme devant son usine de Montluçon, tableau qu'il revendra à Ernest dans les années trente pour payer des dettes pressantes. Il racheta aussi un Gauguin qu'il fit vendre par Gide pour financer des investissements agricoles. Ernest acheta un Chardin, la *Brune aux seins nus* de Manet et quatre ou cinq Corot. Louis emporta *La dame en rose* de Corot qu'André Malraux acquit pour l'État dans les années soixante, *Le pont San Bartolomeo*, autre Corot d'anthologie, une toile de Jongkind, des dessins de Millet, un dessin de Lagneau et un tableau de Tiepolo.

La somme pharaonique récoltée à l'issue de la vente n'était au fond que justice pour la famille Rouart dont le chef avait soutenu constamment des artistes novateurs, longtemps impécunieux ou raillés, qui changeaient par leur regard la sensibilité des hommes. Rouart ne fut pas le seul collectionneur, il y eut les Chocquet, Doria, Caillebotte, Vollard et bien d'autres. Ces hommes avaient su accompagner cette sensibilité nouvelle, cette ouverture à la vie, la vie présente, celle de l'artiste ou de n'importe quel homme ou femme.

Les dessins, aquarelles, pastels, atteignirent aussi de hauts prix et battirent tous les records connus. Quant aux objets d'art, les héritiers Rouart se les partagèrent.

Par le jeu des successions et donations, la plupart de ces œuvres finirent par trouver place dans les grands musées du monde, à Paris, Londres, New York, Dublin, Hambourg, Lyon, Cardiff, etc. Aujourd'hui, ces peintures réjouissent le cœur et l'esprit de millions de visiteurs. La passion les avait fait choisir et acheter par Henri Rouart, qu'elles l'éveillent à nouveau chez d'innombrables anonymes est juste.

Après la vente, les articles de presse, les commentaires, quand les exclamations furent retombées, le 34 rue de Lisbonne, dépouillé de sa parure et de son maître, resta propriété de la famille. Mais souvent, le vendredi soir, comme si on l'y attendait, un vieil homme quittait son Montmartre pour se diriger vers cette rue. Puis, arrivé à l'hôtel d'Henri Rouart, il errait devant, comme si la soirée habituelle allait commencer. Il marchait en s'appuyant sur une canne, et sous son chapeau il portait une barbe blanche qu'il taillait de moins en moins.

Un voisin, M. Cartier-Bresson, qui rentrait chez lui en face, l'avait remarqué, et quand il retrouvait sa famille, lançait à la cantonade : *J'ai vu Degas, le peintre*[1] ! Degas venait en effet rôder comme un vieux chien aveugle à l'endroit où il avait été si heureux. Quant au voisin, c'était le père du futur photographe Henri Cartier-Bresson.

Longtemps Degas hanta les lieux ainsi, tel un fantôme en quête d'un passé réduit en miettes par les amis disparus, mû par le désespoir de ne plus voir son ami lui sourire en l'accueillant, ou comme en défi au temps, à l'instant, qu'il avait si souvent interrogé dans sa peinture pour lui arracher son mystère.

---

1. Pierre Assouline, *Cartier-Bresson, L'œil du siècle*, Plon, 1999. Souvenir d'Henri Cartier-Bresson enfant rapporté à Pierre Assouline, que je remercie ici.

XIII

« Nous autres Civilisations… »

Après tant de décennies où l'art avait exalté l'instant, l'individu, la vie dans ce qu'elle avait d'infiniment précieux et irréductible, on entrait en 1914 dans une guerre où elle ne vaudrait même plus la paille mise à la disposition des bestiaux. Durant une guerre apocalyptique, des généraux de tous bords crurent bon, durant des années, de lancer des offensives sans moyens, croyant faire la décision par le nombre de poitrines nues face à des barrages infranchissables d'artillerie et de tirs de mitrailleuses de l'autre côté des tranchées. Des vies d'anonymes, aussi singulières que celles des personnages peints en tant de scènes quotidiennes par Manet, Degas ou Renoir, furent ainsi sacrifiées par millions. Le contraste est saisissant entre ces toiles qui évoquent des instants de loisirs heureux, où le moindre souffle d'air sur la peau a de l'importance, et cette régression vers une folie collective meurtrière où l'individu n'est plus rien.

Il n'aura fallu qu'un mois et quelques jours pour déclencher la Première Guerre mondiale. L'assassinat de l'archiduc François-Joseph par un obscur Serbe eut lieu le 28 juin 1914, les hostilités commencèrent dans les premiers jours d'août. Quand on songe aux lenteurs relatives des communications de l'époque, et aux conséquences de ces quelques semaines sur tout le XXe siècle, cela donne le vertige. Un mécanisme auquel nul ne résista, a entraîné le monde, et d'abord l'Europe, dans l'enfer, par le jeu des alliances et des rivalités. Pas de tentative de médiation sérieuse par la voie diplomatique, pas de conciliation, un appel du vide où se précipite sans réflexion le continent. Les historiens ont avancé diverses explications, comme l'indispensable précipitation de l'Allemagne qui voulait vaincre la France au plus vite avant de se retourner contre la Russie dont la mobilisation était lente, mais cela dit plutôt le comment que le pourquoi.

La vraie raison qui fait courir tant de gouvernants à l'abîme est l'impossibilité de prévoir ce que serait une guerre moderne à l'âge industriel. On se persuadait que le conflit ne durerait que quelques mois et qu'il serait de type traditionnel. La référence restait la guerre de 1870. On peut penser, connaissant leur personnalité, que la plupart des dirigeants d'alors auraient reculé avant de se lancer dans ce conflit, s'ils avaient un instant su ou entrevu vers quoi ils s'engageaient. L'ère des dictateurs psychopathes n'était pas encore venue.

Ces cinq semaines provoquèrent une réaction en chaîne : non seulement ce qu'on appela la Grande Guerre, mais la Révolution russe d'Octobre en 1917, la Seconde Guerre mondiale conséquence de la première, les guerres coloniales et la guerre froide issues les unes et les autres comme une suite de convulsions de ce premier cataclysme.

Si les gouvernants furent si légers au moment de se jeter dans le gouffre, à lire les écrits des acteurs de cette histoire, on sent pourtant une angoisse qui ne se cache pas devant l'inconnu.

L'on s'apprête à entrer dans un long tunnel plein de sang et d'ombre... note Gide dans son *Journal* le 31 juillet 1914. Eugène Rouart a reçu comme tous les maires le télégramme « blanc » du gouvernement qui le charge de conduire la mobilisation dans sa commune. Il supervise les départs en train des mobilisés, dirige le service du ravitaillement et veille au bon déroulement des réquisitions en temps de guerre : les paysans laissent partir sans un mot chevaux et voitures. *Si mon cœur n'était déchiré par des angoisses pour notre France de liberté et de générosité – et si je ne pensais au sacrifice humain – je serais intéressé par la partie formidable qui se joue ; mais les sentiments chez moi dominent l'intérêt de l'esprit*[1], écrit Eugène Rouart à Gide.

Plus tard, en 1919, il se souviendra de ces instants « poignants » : *Le dimanche [2 août] à cinq heures du soir le tocsin du village, les affiches à apposer, l'exultation de mes jeunes gens, leur départ le lendemain au premier train ; les séances du conseil d'approvisionnement où devant le désordre les vieux pleuraient ; mes adieux à ceux des régiments d'active et l'embarquement des troupes en gare de Toulouse et puis de mon bureau de la petite gare de Castelnau, le défilé incessant des trains encombrés de soldats, et la joie de cette jeunesse qui allait mourir avivaient mes larmes, je ne pouvais me distraire de mon angoisse que par un labeur acharné en m'efforçant d'être utile*[2].

Dans son *Journal*, le 1ᵉʳ août 1914, Gide décrit des scènes et des sentiments analogues en Normandie : *On a déjà fait partir aujourd'hui à 5 heures les garçons boulangers, cordonniers, bourreliers, etc. – Au lieu de cœur je ne sens qu'un chiffon mouillé dans ma poitrine ; l'idée fixe de la guerre est entre mes deux yeux comme une barre affreuse à quoi toutes mes pensées viennent buter.*

Eugène qui a quarante-deux ans n'est pas mobilisé pour le front, mais il s'engage comme volontaire dans les services et la direction de l'approvisionnement, Gide fera de même la guerre jusqu'en 1916 aux côtés de sa femme, prodiguant des soins aux blessés et aux réfugiés belges ayant fui leur pays occupé. Alexis né en 1868, comme Gide, n'est pas mobilisé, tandis qu'Ernest part au front. Engagé dans la section camouflage, il est chargé, comme peintre, de créer diverses maquettes pour tromper les avions de reconnaissance. Il

---

1. André Gide – Eugène Rouart, *Correspondance* II, p. 434.
2. *Ibid.*, p. 433.

représentera ainsi de fausses pièces d'artillerie, des arbres ou de faux buissons sur des toiles pour tromper l'ennemi. Lors d'une mission il sera gazé et restera atteint aux poumons. Jacques Lerolle, frère d'Yvonne et Christine, éditeur de musique associé d'Alexis Rouart, est mobilisé comme son cousin Jean Lerolle qui est décoré avec citation pour conduite héroïque dès le début de la guerre ; Jacques est grièvement blessé au genou, atteint d'une infection très grave qui mettra longtemps à se résorber. Louis Rouart, déjà père de six enfants, en attendant le septième en 1915, bénéficie du règlement qui lui épargne la guerre. Paul Valéry, né en 1871, ne sera pas mobilisé.

Sur le front, l'Allemagne tenta d'appliquer son Plan Schlieffen qui lui permettait, en traversant la Belgique, de déborder rapidement le gros de l'armée française appuyée par les Britanniques dans les plaines du nord, puis de l'enfermer dans une immense nasse en rejoignant l'Atlantique. Le pays serait vaincu en peu de temps comme en 1870 et l'armée allemande pourrait se retourner contre les Russes. Ce plan échoua grâce à la bonne tenue des armées françaises et à la victoire de la Marne. Le front se stabilisa sur une ligne allant de la mer du Nord à la Suisse. Sans armes capables de briser la ligne de tranchées dans lesquelles les combattants s'enterrèrent, l'aviation de bombardement et les chars n'existaient pas encore, la guerre de mouvement était impossible. Les forces en présence, en équilibre, ne purent faire la décision, malgré tirs d'artillerie et assauts perpétuellement voués à l'échec.

Une situation paradoxale s'établit qui voyait les hommes mourir au front par milliers chaque jour durant certaines batailles, et l'arrière-pays qui certes soutenait l'effort de guerre, mais n'en vivait pas moins dans des conditions à peu près normales. Il n'y avait ni aviation, ni artillerie capable d'inquiéter l'arrière, et au-delà d'une certaine ligne, le ciel restait bleu. On continuait de voyager : Gide allait de Normandie à Paris et de là vers le Midi pour rencontrer Eugène.

Cafés, restaurants étaient pleins, les peintres qui n'étaient pas mobilisés continuaient de peindre dans les ateliers, Valéry écrivit *la Jeune Parque* durant la guerre. On soignait sans grands moyens les blessés dans les hôpitaux. Les « gueules cassées » qui arrivaient par centaines donnaient une image de l'enfer.

Mais dans les tranchées, l'extrême dureté des conditions de vie et le désespoir qui en résultait atteignirent le moral des armées. La guerre brève et joyeuse n'avait pas eu lieu. La simplicité de la situation militaire permettait aux combattants de juger avec justesse l'inutilité des décisions si coûteuses en hommes de l'État-Major. L'absurdité des ordres apparaissait à tous et peu à peu, dans cette atmosphère de fin du monde, dont rien ne disait qu'on sortirait vivant, le doute saisit l'esprit des soldats.

Les raisons qui avaient amené cette guerre se délitèrent dans cette misère affreuse, dans les conversations, les lettres. L'absurdité du conflit apparut à son tour et on ne comprenait plus pourquoi on devait massacrer les jeunes Allemands qui souffraient tout autant en face.

Quand cette fermentation se fait dans les esprits, la révolte n'est plus très loin. De nationaliste la guerre s'oriente dans une tout autre direction. Les révolutions de l'ultra violence naissent le plus souvent de guerres qui n'aboutissent pas. Jamais Robespierre et les siens n'auraient pu imposer la Terreur sans la guerre de 1792. Le mouvement qui provoqua la Révolution russe et l'espoir qu'elle souleva sont issus de cette insupportable souffrance dont la fin n'était plus perceptible. Après la première révolution russe, celle de février 1917 qui abat le tsar en Russie, « maillon faible » de l'Europe, Gide fait cette remarque si lucide et si prophétique dans son *Journal* : *Depuis la Révolution russe il me paraît nettement que cette énorme guerre va être elle-même avalée par les questions sociales*[1].

---

1. Gide, *Journal* I, p. 1032.

Cela vaut pour le XXe siècle dans son ensemble. À partir de 1917, une vague révolutionnaire d'une puissance inconnue alors déferle durant des années sur toute l'Europe avant de gagner les empires coloniaux. À guerre mondiale, crise révolutionnaire mondiale. Tout l'ordre ancien semblait craquer et prêt à s'écrouler, l'arrêt des combats fut autant dû à la situation révolutionnaire en Europe et en Allemagne singulièrement, qu'à un retournement dans les opérations militaires. La crise en Allemagne fut l'une des causes déterminantes de l'effondrement de l'armée allemande, ce qui accréditera la thèse du « coup de poignard dans le dos » lancée par les nazis pour expliquer la défaite.

Ceux qui partirent à la guerre en 1914 étaient de joyeux et gentils jeunes gens, les rescapés avaient perdu toute illusion. Si certains furent pressés de mordre dans la vie en se mariant et en lançant des entreprises, beaucoup oscillaient entre désespoir, rage, colère ou ce cynisme qui gagna les esprits de place en place et transforma les arts jusque dans leurs formes.

Y eut-il un lien entre ces faits et la crise traversée par les couples d'Eugène et de Gide ? On ne peut l'affirmer, bien que la relation semble probable. En donnant à l'extrême le statut de norme, la guerre pousse à l'éclatement de conflits psychologiques qui couvent depuis longtemps.

Eugène Rouart était toujours engagé dans l'approvisionnement de l'armée : il travailla à la boulangerie de guerre, puis se spécialisa dans le vin, fut installé à Carcassonne avec ses nouveaux services, pour envoyer des millions d'hectolitres de vin du Languedoc vers le front. Mais il dut ralentir son activité quand ses affections rénales s'aggravèrent et que son albuminurie se fit préoccupante. Yvonne, atteinte de tuberculose, fut contrainte de recevoir des soins en sanatorium durant de longs mois. Leur deuxième enfant, Olivier, lui aussi tuberculeux, pouvait mourir à tout moment. Eugène, fou de douleur, devint très irascible. Sa propre maladie, qui lui faisait envisager une mort prochaine, et son tempérament, rendirent la vie des siens impossible. Son mariage, construit sur un mensonge, entra dans une crise dont il ne devait pas se remettre.

En 1915, Yvonne lui écrivait encore un mot où elle disait penser à lui « avec tendresse ». Mais l'année suivante, elle envoya une lettre désespérée sur ses relations avec Eugène à Paul-François Alibert, un de leurs amis, poète de Carcassonne oublié aujourd'hui, qui était mobilisé à Salonique. Alibert, en Grèce, ne savait que faire de ce document, il craignait de plus que cette lettre fût trouvée sur lui, s'il venait à mourir où être gravement blessé. Il jugea bon de renvoyer la lettre à Gide, leur ami commun, qui la reçut et fut ainsi informé de la situation intime entre Eugène et Yvonne.

Cette lettre de onze pages, nous est parvenue sans les pages 5 à 8, perdues ou probablement détruites. Le désespoir d'Yvonne s'y manifeste ouvertement. Elle écrit qu'Eugène est *insuivable* et *qu'aucune femme ne l'aurait suivi et ne se donnerait la peine d'essayer longtemps... mais les enfants...* Yvonne est sacrifice et soumission, elle s'empresse d'ajouter : *Surtout ne vous effrayez pas, je continuerai tant qu'il voudra et mon application et mon courage, l'effort, presque jamais couronné de succès de le contenter, ne faibliront pas.* Puis elle dépeint Eugène le qualifiant d'*affreux*. Homme instable, emporté, impossible... *Vous ne le connaissez qu'à demi, car avec moi seule il laisse aller jusqu'à leurs plus contradictoires extrémités ses impressions qu'il érige en principes autoritaires.* Son activité est de même chaotique, il achète sans cesse des propriétés, alors que celle de Bagnols accumule un lourd déficit. Elle connaît la situation et l'état des comptes, le prévient qu'ils ne seront bientôt plus solvables, qu'il doit arrêter de multiplier les contrats d'achats. *Il est venu de Carcassonne, m'a donné deux coups sur la tête, m'a presque étranglée...* Quelques semaines plus tard, il lui donne du « ma chérie », rejette la religion, puis s'y replonge, sans vraiment en croire un mot, assène des principes d'éducation à suivre pour les enfants, etc[1].

Gide se plaignait de n'avoir aucune invention romanesque. En lisant cette lettre, il trouve une matière nouvelle pour son prochain ouvrage, *La symphonie pastorale*. Il sait, lui, ce qui provoque une telle conduite.

Enhardie par sa première lettre, Yvonne continue d'écrire à Alibert en exprimant pour lui des sentiments qui vont au-delà de la simple amitié. Alibert, ne sachant que faire, écrit et retourne à Gide ces documents compromettants. Quand il répond à Yvonne, il doit peser, dit-il à Gide, chaque mot, au cas où il serait lu par Eugène. Il connaît trop son ami, ses colères, sa folie. Bientôt Yvonne lui apprend qu'Eugène ouvre ses lettres à elle et les déchire, elle en a trouvé une dans la corbeille à papier. Elle ruse pour écrire, et à la faveur d'un voyage à Carcassonne, elle rencontre la sœur d'Alibert à qui elle parle des goûts sexuels d'Eugène qu'elle avait long-temps ignorés. Dans le pays, ça s'est su, des rumeurs courent sur les fréquentations d'Eugène, maire et conseiller général, avec les jeunes gens de la contrée. Elle a enquêté et découvert le mensonge sur lequel est construit son couple, avec les conséquences probables.

Tant dans ses affaires, qu'en politique, ou dans sa famille, Eugène court à sa perte. Les lettres circulent de Bagnols à Salonique puis en Normandie chez Gide. Bien des pages de *La symphonie pastorale* sont nourries de cette crise. Mais – nous sommes en plein roman ! – Madeleine Gide intercepte à son tour les lettres d'Yvonne et les lit ! Elle a joué un rôle trouble au moment du mariage d'Eugène. L'échec de sa propre vie de femme, jamais touchée par un homme, privée de mater-nité, lui revient à la figure, avec le concours qu'elle a prêté

---

1. André Gide – Eugène Rouart, II, pp. 464-466.

pour le mariage de cette malheureuse Yvonne qu'elle n'a pas avertie.

Or, en mai 1917, Gide tombe amoureux fou du jeune Marc Allégret, fils d'un pasteur qui fut son précepteur et frère d'Yves Allégret, cinéaste et époux de Simone Signoret. Marc aussi devint cinéaste plus tard, auteur du fameux *Gribouille*. Gide est bouleversé par cette histoire d'amour, l'une des plus intenses de sa vie.

En juin 1918, il partit pour Londres avec Marc Allégret. C'en était trop pour Madeleine. Elle alla chercher toutes les lettres que Gide lui avait écrites depuis leur enfance, les relut une à une, c'était là ce qu'elle avait de plus précieux au monde, a-t-elle dit, puis les jeta au feu. De retour de son voyage amoureux et euphorique, Gide demanda le 25 novembre, après la fin de la Guerre, à voir une lettre pour y trouver une précision dont il avait besoin. Madeleine lui avoua qu'elle avait tout brûlé. Gide assure avoir pleuré jour et nuit durant une semaine. Pas une fois elle ne vint le consoler. *Et plus je pleurais, plus nous devenions étrangers l'un à l'autre ; je le sentais amèrement ; et bientôt ce ne fut plus sur mes lettres détruites que je pleurai, mais sur nous, sur elle, sur notre amour. Je sentais que je l'avais perdue. Tout en moi s'effondrait, le passé, le présent, notre avenir*[1].

Ces lettres étaient le meilleur de lui-même, assure-t-il, le gage le plus sûr de voir sa mémoire traverser le temps. Et il ose écrire encore dans son *Journal* : *Je souffre comme si elle avait tué notre enfant*[2].

Par la suite, déclare Gide, *je ne repris réellement goût à la vie jamais plus ; ou du moins que beaucoup plus tard, lorsque je compris que j'avais recouvré son estime ; mais, même alors, je ne rentrai plus vraiment dans la ronde, ne vécus plus qu'avec*

1. André Gide, *Et nunc manet in te,* Ides et Calendes Éditeur, Neufchâtel, 1947, p. 87.
2. *Ibid.,* p. 80.

*ce sentiment indéfinissable de m'agiter parmi des apparences —
parmi ces apparences qu'on nomme la réalité*[1].

Rien ne dit mieux le rôle de mère de substitution que
devait jouer Madeleine Rondeaux au moment de devenir
Madeleine Gide, au lendemain du décès de la mère d'André
Gide. Ce regard asexué d'une femme aimante lui était indispensable pour avancer dans la vie et se donner le droit de
ne pas être une ombre.

Les apparences sociales furent préservées, chez Eugène comme
chez Gide, mais ces deux mariages construits sur le mensonge
avaient révélé aux deux épouses leur réalité de coques vides, ou
de masques dont elles n'étaient que les plumes ou perles de couleurs pour amuser la société et préserver des amours illicites.

La guerre se prêta à une histoire plus heureuse au moins
à ses débuts, qu'il faut conter puisqu'elle appartient à cette
famille.

Marianne Chausson, fille d'Ernest et de Jeanne, toute jeune
à la mort tragique de son père, était d'une très grande beauté.
Elle était la cousine d'Yvonne et de Christine Lerolle puisque
leurs mères étaient sœurs. Marianne avait repoussé bien des
partis qu'on devine nombreux. François Mauriac tomba follement amoureux d'elle dès qu'il la vit, fit sa cour, mais fut
repoussé ce qui le désespéra tant qu'il songea au suicide. Il
pensa que son manque d'argent était la raison de ce refus.
Calomnie née du dépit amoureux, bien sûr. La forteresse restait encore imprenable quand la guerre commença. Désireuse
de se rendre utile, Marianne s'engagea dans le corps des infir-
mières et consacra son temps au soin des blessés graves qui
revenaient du front.

Parmi eux, les « gueules cassées » arrivaient, pauvres visages
défigurés, aussi différents l'un de l'autre que monstrueux, en

---

1. *Ibid.*, p. 87.

un temps où la chirurgie moderne balbutiait encore. Les bombes, grenades ou obus, avaient sculpté d'innombrables masques de cauchemar, véritables œuvres d'art de cette déroute humaine. Marianne s'efforçait de réconforter ces jeunes soldats en pansant ces visages que la spiritualité semblait avoir fui. Un jour, un blessé qui n'avait plus de nez, et dont la face présentait d'atroces mutilations lui parla durant les soins qu'il recevait. Il lui disait qu'il venait d'Algérie, qu'il était fils de gens modestes là-bas, qu'il s'était élevé en réussissant des concours difficiles en mathématiques, mais que sa vie était perdue, finie, anéantie avec un visage si grotesque à promener partout. Qui voudrait de lui comme amant ou comme ami ?

– Quelle femme voudrait m'épouser ?

– Moi, je vous épouse, répondit Marianne Chausson.

Elle devint ainsi la femme de Gaston Julia qui fut l'un des mathématiciens éminents de son temps.

Mais n'avait-elle pas épousé le visage de la guerre plutôt qu'un homme ? On pouvait craindre la réaction ulcérée de celui qui garderait sur cet amour un doute perpétuel, renouvelé chaque matin devant son miroir…

Degas se mit en marche. Durant les années de guerre, il partait le matin, marchait pendant des heures et prenait parfois le tramway pour revenir. L'immeuble rue Victor-Massé où il avait eu son atelier durant tant d'années fut démoli et le peintre dut le quitter pour s'installer avenue de Clichy dans un appartement au cinquième étage. Ce déménagement fut fatal à son art et bénéfique à sa santé. Il cessa de travailler, mais monta tant et si bien ces escaliers tous les jours pour ses promenades que sa santé s'en fortifia. Dans la pluie ou la neige il sortait. Parfois, son retour se faisait longuement attendre ; sa fidèle et vieille gouvernante Zoé vivait de folles angoisses. Mais il revenait toujours, poussiéreux, les vêtements abîmés. Il se perdait souvent, errait en prenant des omnibus où il voyageait d'un bout à l'autre de la ligne. On craignait pour lui une chute, un accident en traversant une rue, il y voyait si mal. Il ne tomba jamais, ses jambes étaient tout ce qui lui restait, assurait-il, avec un bon sommeil. Il prit le train aussi, visita Chartres et Reims. Le médecin le trouvait en bonne santé pour ses quatre-vingt-deux ans.

Sacha Guitry, désireux de tourner un film sur les gloires de la France, se présenta chez lui et fut éconduit par Zoé qui avait ouvert la porte. Au moment où il allait renoncer, Degas apparut derrière sa gouvernante en chapeau et manteau, prêt à sortir.

— Je suis essoufflé par ces cinq étages, hasarda Guitry.

— Si vous êtes essoufflé, asseyez-vous un instant sur cette chaise, répondit Degas.

Quand Guitry lui expliqua le motif de sa visite, il se vit opposer un refus catégorique qui ne surprendra personne. Apparaître dans un film avec Monet, Rodin, Renoir, était bien le cadet des soucis de Degas.

Avant de partir, écrivit Sacha Guitry, *je le regardai fixement et attentivement. J'avais bien la sensation que je ne le verrais plus jamais, jamais... D'ailleurs je ne l'ai pas revu.*

Et je ne saurai trop vous dire à quel point le visage de cet homme était impressionnant de beauté, de noblesse, de rage contenue et de mélancolie... Il était presque aveugle, il tenait ses sourcils très haut, et la fixité de son regard était inoubliable[1].

Ses forces quittèrent Degas peu à peu. Il descendit de moins en moins faire ces promenades qui finissaient devant un café crème sur une terrasse de l'avenue de Clichy. « Je suis un tigre qui ne mord plus », disait-il. Bientôt il ne descendit ses cinq étages qu'une fois par semaine. Sa barbe, ses

---

1. Henri Loyrette, *Degas*, pp. 667-668.

cheveux blancs avaient beaucoup poussé. Ses amis le compa-
raient à Homère.

Il mourut après une congestion cérébrale en septembre 1917 et fut enterré dans le cimetière de Montmartre
après des obsèques dans l'église de Saint-Jean-l'Évangéliste,
rue des Abbesses. Étaient présents, entre autres, le ministre
des Beaux-Arts, Alexis et Louis Rouart, Henry Lerolle, les
marchands Durand-Ruel et Ambroise Vollard, Claude Monet
et Daniel Halévy qui lui avait rendu visite régulièrement
jusqu'au bout. Une centaine de personnes venues saluer celui
qui avait exercé son art sans jamais rien céder aux appels de
la société.

Ernest Rouart chargé de faire le tri de son atelier était
encore sur le front. Quand il put revenir, il était trop tard,
le fond d'atelier et la collection de Degas avaient été vendus
et dispersés par ses héritiers.

Après le succès de son *Pelléas* en 1902, soutenu par de
jeunes partisans fanatiques qui avaient inventé le verbe « pel-
léer » pour qualifier leur soutien bruyant tous les soirs, les
ennemis de Debussy ne baissèrent pas les armes, et assurèrent
qu'il « ne sortirait pas » de *Pelléas. Si cela devait arriver*, écrivit l'intéressé, *je me mettrais immédiatement à cultiver l'ana-
nas en chambre, considérant que la chose la plus fâcheuse est
bien de se recommencer*[1]. Et il tint parole en commençant la
composition de *La mer*. Il fit alors la connaissance d'Emma
Bardac, femme d'un riche banquier, musicienne accomplie,
interprète de premier ordre qui avait chanté *La bonne chanson* de Fauré d'après Verlaine. Elle avait la beauté, l'élégance,
une conversation passionnante. Debussy eut la conviction
d'avoir rencontré enfin la femme qu'il avait toute sa vie
recherchée.

---

1. Debussy, lettre à André Messager, in Antoine Goléa, *Debussy*, p. 97.

Marié avec Lily Texier depuis cinq ans, il ne l'aimait plus. La toute blonde Lily était très belle, un visage comme on ne les voit que dans les légendes, disait Debussy, mais elle n'avait ni la culture, ni le goût, ni l'esprit pour le retenir longtemps. Avec Emma ce fut le coup de foudre partagé. Il tenta de cacher quelque temps son nouvel amour, puis il quitta brusquement Lily qui se tira une balle de revolver sous le sein gauche et se manqua. L'affaire fit à nouveau courir tout le Paris des échotiers avides de sensations fortes.

Dès que Lily fut remise, la rupture fut entérinée et suivie d'un divorce. Emma divorçait également de son banquier et se remariait avec Debussy. Une fille, Chouchou, naquit et devint objet d'adoration pour son père. Debussy connut une période de création intense qui ne dura que peu de temps. *La mer*, *Les Préludes*, *Images*, *Le martyre de Saint-Sébastien*, *Jeux*, lui permirent d'explorer sans cesse de nouvelles voies. Pour sa fille il composa *Children's corner* et *La boîte à joujoux*. Mais rapidement les questions d'argent vinrent empoisonner sa vie. Debussy n'était pas un banquier, assurer le train de vie dispendieux que lui imposait sa nouvelle situation fut hors de portée pour lui. Il fit face comme il put et accepta d'épuisantes tournées de concerts jusqu'en Russie pour réunir des fonds qui tombaient dans un tonneau des Danaïdes. Les dettes s'accumulèrent. Son mariage avec Emma battit de l'aile. Parfois, dans sa résidence du XVIe arrondissement il rêvait de louer un modeste logement en banlieue... Mener sans fortune une création artistique novatrice et assumer en même temps une famille est une tâche quasi insurmontable. Debussy en faisait la cruelle expérience à son tour. Il recevait jusqu'en Russie des lettres de sa femme qui le blessaient. Les premiers signes d'un cancer colorectal apparurent dès 1907. La maladie se développa inexorablement durant des années. « Les usines du néant », son mot, étaient à l'œuvre. Il n'en continuait pas moins de créer, mais ne put jamais composer un nouvel opéra malgré des projets et des ébauches. Sa maladie devenait invalidante et il s'immobilisait de longs jours, les yeux fixes, pour affronter la douleur. Ses médecins lui proposèrent une intervention chirurgicale pour le soulager. Il écrivit à sa femme et à sa fille des mots émouvants d'adieu avant l'opération, au cas où. Souffrances physiques atroces malgré la morphine. Il mourut en mars 1918. Les critiques, pour la plupart, lapidèrent son cadavre à coups de sottises sur sa musique. Du moins n'eut-il pas le malheur de voir mourir sa fille de treize ans, un an après lui.

En 1923, pour l'inauguration d'une plaque apposée sur la maison natale de Debussy à Saint-Germain-en-Laye, Maurice Denis prononça un discours où il déclara que le musicien avait le mieux incarné l'ambition artistique de son temps. *Le rêve d'Art que nous partagions avec Debussy, c'est* Pelléas *qui l'a réalisé pour la postérité... Cet art d'évoquer et de suggérer, au lieu de raconter et de dire, ce lyrisme intégral que les poètes et les artistes s'efforçaient de faire passer dans leurs ouvrages, cet admirable mouvement idéaliste de 1890, c'est Debussy qui les aura imposés au monde*[1]. Peut-être la musique, par son indéfinition même, pouvait-elle mieux traduire les rêves et les moindres frémissements du moi par une forme ondoyante et jamais asservie à des règles a priori. On ne pouvait mieux que Denis situer la place éminente de Debussy dans cette aventure de l'art français.

La guerre prit fin en novembre 1918, les négociations commencèrent qui aboutirent à la signature du Traité de Versailles en juin 1919 dans la galerie des glaces du château, là même où l'unité allemande avait été proclamée en 1870. Avec la récupération de l'Alsace et de la Lorraine, la France entendait laver ainsi l'affront de la guerre précédente. Mais l'heure du bilan s'imposait. Pour les

---

1. Journal *Le Petit Réveil* du 5 juillet 1923, cité par J.-M. Nectoux, *Harmonie bleu et or...*

écrivains, philosophes, et artistes, comment penser le plus grand carnage de l'histoire humaine ? Neuf millions de morts et quelque vingt millions de blessés qui reléguaient les pires atrocités de l'Histoire au rang de massacres commis par de petits artisans de l'horreur, et ça s'était passé d'abord dans cette Europe, qui se voulait le phare de la civilisation et de la culture.

Dès avril 1919, Paul Valéry envoyait à une revue anglaise de Londres, l'*Athenaeum*, un texte intitulé *La crise de l'esprit* qui commençait par la phrase devenue célèbre : *Nous autres, civilisations, nous savons maintenant que nous sommes mortelles*[1]. Devant les réactions qu'il n'avait peut-être pas prévues, il tint à préciser en 1934 qu'il avait voulu décrire un état critique, non une mort. Mais ces mots avaient le mérite de ramasser dans une formule frappante une opinion très partagée en 1919. André Breton a raconté que le surréalisme issu du mouvement Dada auquel il prit part activement en 1919 aux côtés de Tristan Tzara, était né de la conviction que toutes les valeurs de la société qui avait produit cette guerre mondiale étaient désormais mortes. Paul Valéry exprimait donc une pensée qui n'était pas celle d'un homme enfermé dans une tour d'ivoire.

La question posée était essentielle et on peut aujourd'hui la réexaminer afin de mieux situer l'aventure des Rouart au cœur d'un mouvement artistique des plus riches en France.

Même si Valéry a cherché à nuancer sa pensée par la suite, en soulignant à juste titre qu'on était en présence d'une crise de civilisation sans précédent, il faut tenter de répondre à la question.

Or toutes les civilisations ne sont pas mortelles, celle qui était issue de la Renaissance en Europe, la nôtre, et qu'on peut appeler humaniste plutôt qu'occidentale, ne l'est pas, et

---

1. Paul Valéry, *Œuvres* I, pp. 988 et suiv.

l'a prouvé depuis. Dans son principe elle a trouvé le secret de l'immortalité.

L'erreur de Valéry, qui manquait de recul, était de ne pas avoir vu la différence de nature qui sépare les civilisations en deux types, celles du groupe, toutes mortelles en effet, et la seule qui se soit construite sur l'individu, qui ne l'est pas.

Les civilisations du groupe, de l'Égypte ancienne à toutes sortes de sociétés dont nous avons les survivances encore aujourd'hui, avaient la particularité de souder un groupe avec une religion ou une idéologie coercitives qui s'imposaient à tous sous peine parfois de mort pour celui qui en déviait. La force de cohésion de ces civilisations résidait dans la foi, la confiance, ou le crédit que ses membres accordaient à cette religion ou à cet ensemble d'idées. Mais tôt ou tard, au fil des siècles ou des millénaires, cette foi, ce crédit, se perdaient, la société se délitait, entrait en décadence et disparaissait d'elle-même, à moins qu'elle ne fût anéantie par une autre civilisation plus jeune qui suivait à son tour le même parcours.

Paul Valéry évoque dans son fameux texte ces anciennes civilisations disparues, comme Ninive ou Babylone, *fantômes d'immenses navires qui furent chargés de richesse et d'esprit*. Et il pose la question de la nôtre : sera-t-elle à son tour un navire fantôme qui se perdra dans la pâle nuit des siècles ? *Et nous voyons maintenant*, écrit-il, *que l'abîme de l'histoire est assez grand pour tout le monde. Nous sentons qu'une civilisation a la même fragilité qu'une vie.*

C'était vrai pour les civilisations du groupe, à religion ou idées coercitives. La nôtre a inventé un tout autre modèle construit sur l'individu : elle n'impose aucune idée artificiellement à ses membres, chacun croit et pense ce qu'il veut. Seuls les résultats des découvertes scientifiques, techniques ou artistiques, faites par des individus, savants, techniciens, artistes ou artisans, sont retenues. La société met parfois du temps à intégrer les avancées réalisées par tel ou tel de ses membres, mais elle finit toujours par les reconnaître et s'en enrichir pour se renouveler et ne pas mourir de sclérose. Au lieu de contraindre l'individu comme naguère, elle se renouvelle par la contribution qu'il peut lui apporter. Cette forme d'autorégulation introduit une crise permanente, mais salutaire. La civilisation humaniste meurt et renaît sans cesse, car elle est construite sur cette vérité, prouvée par la découverte de l'ADN, que l'unité humaine de base irréductible, est l'individu, non le groupe.

Les civilisations du groupe étaient perpétuellement sur la défensive. Dès qu'elles naissaient, leur délitement commençait, car toutes croyances ne durent qu'un temps et se fissurent sous l'examen de l'intelligence et des faits nouveaux de la vie. La civilisation humaniste perpétuellement conquérante avait trouvé la clef de l'immortalité : la liberté de penser de ses membres pour s'en nourrir. Il n'est guère étonnant qu'elle ait pu submerger toutes les autres.

Ce concept né à la Renaissance avec l'imprimerie qui créa le lecteur, libre et seul, ne s'imposa pas tout de suite, il fallut un long combat pour aboutir, mais il avait pour lui de correspondre au plus cher désir de tout être humain, la liberté de penser, d'agir, de créer à sa guise. C'est une force motrice à laquelle rien ne peut résister, ni pouvoirs militaires ou policiers, ni cléricatures de toutes sortes.

Ce mouvement ne cessa de s'approfondir pour aller toujours plus vers l'individu. Et le mouvement artistique né au milieu du XIXᵉ siècle en France, porté par les Rouart, entre autres, qui rejeta toute référence collective historique, pour exalter le présent de l'individu, de l'être humain fût-il le plus humble, était un approfondissement de cette civilisation humaniste, une forme supérieure d'individuation.

Quant à la guerre mondiale, en annihilant l'individu, au nom de nationalismes exacerbés, en faisant massacrer des millions d'êtres humains, elle était à l'opposé de ce mouvement et de ses valeurs. Elle paraissait plutôt comme une régression vers le collectif, un archaïsme, et les révolutions qu'elle enfanta, fascismes divers et soviétismes variés, lui emboîtèrent le pas en écrasant à leur tour l'individu pour promouvoir le groupe soudé par quelques idées ou idéaux.

Toutes tentatives sans lendemain. Vouloir restaurer ou imposer une civilisation du groupe monolithique comme valeur suprême est voué à l'échec et ne peut que finir en désastres humains indescriptibles. Les fascismes et autres nationalismes exacerbés, les diverses tentatives communistes, furent autant d'essais de restauration du groupe contre l'individu, sa liberté de croire ou de penser ce qu'il veut, et autant d'échecs. S'il est une leçon à tirer du XXᵉ siècle c'est bien celle-là.

L'origine ou l'embryon de cette civilisation de l'individu est à rechercher au cœur du Moyen Age européen dans une nouvelle conception de l'amour et des relations de l'homme à la femme[1]. Issue de la chrétienté, mais ne se confondant pas avec elle, cette nouvelle vision du monde était née tant de l'amour courtois que des efforts de l'Église pour établir une monogamie stricte et indissoluble. L'amour unique, absolu, pour une femme unique en était l'étendard. *Le roman de Tristan et Iseult* fut une étape décisive vers cette civilisation de la Renaissance, car l'individu comme valeur unique, est issu de l'amour unique.

La critique marxiste voyait dans l'émergence de l'individu à la Renaissance l'idéologie nécessaire au développement du capitalisme et de la bourgeoisie. S'il est vrai que cette émergence fut un outil indispensable au développement du monde marchand, puis industriel, elle va bien au-delà. Car l'unité humaine irréductible, est l'individu, non le groupe. Les peintres, avec l'autoportrait, les écrivains avec le « je » et les musiciens, l'avaient compris bien avant, forts d'une pres-

---

1. Plus anciennement on peut remonter aux *Psaumes* de David dans la Bible, et leur irréductible « je ».

cience qui leur est coutumière. Du reste, une société construite sur l'individu, libre et démocratique, n'exclut en rien la justice sociale. Une civilisation ne saurait être confondue avec un régime social ou politique particuliers qui n'en sont que des formes d'application.

Le mouvement artistique et intellectuel qui s'est développé tout au long de cette histoire des familles Rouart, Manet, Morisot et Lerolle, auquel appartenait Valéry, fut donc un moment important de cette civilisation de l'individu. Sa force n'est plus à démontrer, il est toujours là, avec ses artistes et écrivains évoqués ici, quand tant de constructions imaginées pour encenser le groupe contre l'individu ont sombré sans gloire ou entrent peu à peu dans l'oubli.

L'impressionnisme en célébrant l'instant sous tant de formes différentes, chez Degas, Monet, Renoir, Berthe Morisot et bien d'autres, a marqué de jalons éblouissants cette marche irrésistible vers la liberté et le bonheur de vivre ici et maintenant.

Quant au surréalisme, puisque nous avons évoqué Breton, il fut un approfondissement de ce même mouvement. Quoi de plus intime, ou de plus individuel que l'inconscient et les songes qu'il produit ?

XIV

Destins croisés

Après la guerre commençait une autre époque. La famille Rouart s'était bien agrandie, les dix-huit petits-enfants d'Henri et d'Hélène se marièrent pour la plupart, eurent ou n'eurent pas d'enfants. Hélène Rouart, fille d'Alexis, l'éditeur de musique, épousa Jean Rey et eut, à elle seule, treize enfants. Il n'est pas dans le propos de ce livre de les suivre un par un à la troisième et la quatrième génération. Les Rouart, ou descendants d'Henri, comme les familles Rey, Marin, Hepp, Clairet, Caillé, Hamel, etc, s'éloignent pour la plupart de ce qui fut la passion exclusive d'Henri Rouart et de ses fils pour les arts et les lettres. Leur chemin épouse désormais celui des familles françaises comme les autres. Nous nous attacherons donc à suivre la fin de parcours des enfants d'Henri, et parmi leurs descendants, ceux qui ont entretenu quelque relation avec les arts.

Alexis Rouart, l'éditeur de musique et figure si attachante, atteint d'un cancer de l'estomac dès 1918, fut le premier des fils Rouart à disparaître. Opéré dans les conditions de l'époque, il ne survécut pas longtemps et mourut en 1921 à cinquante-deux ans. Se sachant condamné, il se fit apporter les nombreuses reconnaissances de dettes en sa possession et les détruisit toutes. Il avait aidé la terre entière, disait-on en plaisantant, mais surtout des musiciens ou compositeurs de musique. Son fils Paul né en 1906, étant trop jeune pour lui succéder aux côtés de Jacques Lerolle à la direction de la maison *Rouart et Lerolle*, ce fut le beau-frère de Paul, François Hepp, époux de Madeleine, fille d'Alexis, qui assura une sorte d'intérim jusqu'en 1926.

L'ascension d'André Gide et de Paul Valéry, deux proches des Rouart, est le fait marquant du lendemain de la guerre. *La Nouvelle Revue Française* et les éditions Gallimard qu'elle avait créées jouèrent un rôle déterminant dans cette promotion par leur ouverture à des œuvres difficiles, soit dans la forme, soit dans leur contenu.

Gide avait déjà connu un premier succès de librairie en 1909 avec *La Porte étroite* parue d'abord dans la revue en plusieurs livraisons, mais c'était sans commune mesure avec le public nouveau et plus large qui se tournait vers lui en le considérant comme un maître. La guerre avait provoqué de tels bouleversements, renversé tant de certitudes, que des œuvres marginales qui ne touchaient que des cercles confidentiels en 1900 se voyaient élues par un nombre de lecteurs d'une ampleur inattendue même pour leurs auteurs.

Au lendemain de la victoire de 1918, tout va plus vite dans une France euphorique. Le moteur, l'électricité et le téléphone qui se développent, n'accélèrent pas seulement les échanges, ils transforment les mentalités et ceux qui ne suivent pas ce train sont abandonnés sur le quai. Porté par le succès de ses livres, par l'activité à la *NRF* qui le met en contact avec tous les nouveaux courants ou jeunes écrivains, et par sa liaison avec Marc Allégret, Gide n'a aucun mal, bien au contraire, à suivre le rythme des temps nouveaux.

C'était moins le cas de ses anciens amis, dont Eugène Rouart toujours en province et plus que jamais préoccupé par les questions d'agriculture et son activité politique locale. Gide n'y trouve vraiment plus aucun intérêt et à plusieurs reprises, il confie son sentiment à son ami Alibert de Carcassonne : *J'ai revu Eugène à Paris, mais à force de ne dire que ce qu'il veut, il ne dit plus rien du tout. Mes amis deviennent tellement raisonnables et rangés que je doute parfois si je ne deviens fou.* Toujours en 1920, il déclare au même trouver de moins en moins *de société réelle* chez ses anciens amis *qui, tous, ou presque, comme Eugène lui-même, se rangent, se calent, et deviennent des Messieurs*[1].

Gide, épris d'instant et de liberté jusqu'à l'ivresse, tranchera dans le vif sans état d'âme. Il rompt avec ses anciens amis ou les abandonne les uns après les autres. Avec Eugène les liens se distendent lentement, ils ne rompront pas, mais le ton de leurs lettres de plus en plus rares est éloquent. Au *cher vieux* succède un *cher Eugène* plus formel et les marques d'amitié si passionnées de naguère laissent la place à une froide « affection ». Gide n'en utilise pas moins, dans le même temps, ce qu'il sait d'Eugène, de son couple avec Yvonne, pour donner vie à ses livres. *La symphonie pastorale* paraît en 1919 et Yvonne lui écrit qu'elle a aimé l'œuvre, mais trouvé la lecture de certaines pages (où elle a reconnu ses propres lettres) un peu pénible. Gide travaille alors à son vrai premier roman *Les faux-monnayeurs* où le personnage d'Oscar Molinier est directement inspiré d'Eugène. Le personnage de Robert dans son *École des femmes* est aussi inspiré d'Eugène.

Gide, obsédé par la jeunesse, ne veut à aucun prix avoir « des rides sur son cerveau ». Cette volonté de brûler ses vaisseaux se traduit par des décisions où l'on sent le besoin de briser, voire piétiner son passé. Il décide de vendre sa bibliothèque pleine de livres dédicacés par nombre d'auteurs encore

---

1. André Gide – Eugène Rouart, *Correspondance* II, pp. 497-498.

vivants qu'il a parfois estimés et qui ne l'intéressent plus. L'affaire fait grand bruit dans le Paris des lettres et Henri de Régnier lui envoie son nouveau livre avec la dédicace : *À André Gide, pour sa future vente...*

Plus grave, Elisabeth, la fille de son ami peintre Van Rysselberghe, l'admirait depuis longtemps. En novembre 1916, il lui avait écrit ce mot : *Je n'aimerai jamais d'amour qu'une seule femme, et je ne puis avoir de vrais désirs que pour les jeunes garçons. Mais je me résigne mal à te voir sans enfant et à n'en pas avoir moi-même*[1]. Ce sera chose faite après un séjour à Hyères-Plage en juillet 1922. Une fille, Catherine Gide, naîtra l'année suivante. La paternité de l'enfant est soigneusement cachée à Madeleine Gide. Catherine sera longtemps la filleule d'André Gide, il ne la reconnaîtra qu'après la mort de Madeleine.

Enfin, Gide brise ses chaînes et publie, d'abord à quelques exemplaires, des ouvrages qui clament haut et fort son homosexualité : *Si le grain ne meurt* et *Corydon*. Le premier évoque ses expériences personnelles en des pages admirables où il retrouve le souffle de sa jeunesse, le second livre est une défense argumentée et d'un grand courage de l'homosexualité qui s'appuie tant sur l'histoire que sur les connaissances biologiques de son temps. La presse de droite et d'extrême-droite se déchaînent contre lui à l'exception de Léon Daudet, le fils d'Alphonse, redoutable pamphlétaire, qui publie un article où, tout en reconnaissant qu'il n'a pas la même conception de la vie, tant s'en faut, que Gide, déclare le considérer comme un grand écrivain qui aura la pérennité pour lui. Léon Daudet, au style extraordinaire, flamboyant, emporté, où les images claquent comme des coups de fusil quand la phrase arrive au zénith de l'intensité émotionnelle, montre bien qu'en art les idées resteront toujours secondaires,

---

1. André Gide, *Journal* I, p. LXXXI.

même quand elles sont détestables. Daudet, amoureux fou de littérature, écrivit sur Proust, Flaubert, et bien d'autres des pages d'une rare intelligence et générosité. Il n'était pas étonnant qu'il ait reconnu en Gide cette valeur littéraire qui comptait plus que tout à ses yeux.

La publication de *Corydon* ne pouvait laisser Eugène indifférent. Gide attendait la réaction de celui qui avait été sur ce chemin de l'homosexualité son compagnon le plus ancien. Eugène ne lui donne pourtant pas son plein assentiment. Il n'est plus le jeune homme fougueux de 1893. *J'ai lu ton livre avec un vif intérêt – il est sobre, fort et courageux*, lui écrit-il. Il complimente son ami sur ses connaissances en zoologie, *mais*, conclut-il, *où je ne suis plus d'accord avec toi c'est socialement*[1]. Pour Eugène, l'homosexualité doit rester discrète, même si elle est permise. C'était l'opinion de Degas au moment du procès d'Oscar Wilde, rappelle-t-il. Eugène demande d'avance pardon pour son franc-parler et renouvelle l'expression de sa fidèle amitié. Mais Gide perçoit cela comme un abandon.

L'évolution d'Eugène, déterminée par les nécessités électorales de son action politique, est nette ici sur une question où on les aurait crus en accord parfait. Gide était trop entier pour comprendre ce qu'il perçoit chez son ami comme un double langage après tant et tant de conversations entre eux. Il lui avait écrit en 1903 : *L'illogisme cause à mon cerveau une souffrance presque physique*[2]. On saisit bien comment la politique et ses compromis les ont éloignés l'un de l'autre. L'écart se creuse entre l'homme de l'absolu et celui de la confrontation aux autres tels qu'ils sont, l'homme de l'utopie et celui du réel. Deux pôles éternels de la pensée, celui de Platon et celui d'Aristote, pôles complémentaires, qui peuvent se vivre à tort, comme incompatibles, bien qu'ils se nourrissent l'un l'autre.

---

1. André Gide – Eugène Rouart, *Correspondance* II, pp. 526 et suiv.
2. *Ibid.*, p. 163.

Les attaques violentes de l'extrême-droite et son voyage au Congo où il constate les effets du colonialisme, poussent Gide vers la gauche. Dans son *Journal* on voit poindre des sympathies croissantes pour l'URSS. Il se met à lire le *Capital* de Karl Marx, au moins le premier livre, qui le passionne, l'ouvrage étant aussi littéraire et historique qu'économique. Du coup, la discussion entre Gide et Eugène rebondit à propos de l'URSS.

Gide exprime ses sympathies, Eugène lui dit qu'à son avis une évolution prudente est plus solide et plus durable. Discussion toute théorique, puisqu'ils ignorent l'un et l'autre ce qui se passe dans le pays en ce début des années trente où la collectivisation forcée fait, sans bruit extérieur, et comme à l'étouffée, des millions de morts dans la paysannerie russe et ukrainienne. Gide croit discerner du mensonge chez son ami, car il ne le suit pas comme jadis dans ses exigences absolues. Mais Eugène n'est pas un « faux-monnayeur », il est tout simplement plus près des réalités. Et il a été élu sénateur de la Haute-Garonne en 1932.

Les lettres s'espacent, deux ou trois courts billets sont échangés parfois en une année. Gide a de moins en moins le temps de rejoindre son vieil ami en province ou de le rencontrer à Paris. Eugène poursuit sa carrière d'entrepreneur agricole, avec d'indiscutables réussites saluées par la presse et les autorités compétentes. Il crée des vergers vantés pour leur qualité et leur beauté, un vignoble de 35 ha sur la bande de terre qui sépare l'étang de Leucate de la mer. Sa propriété dans cette région est de 700 hectares. Il est fait commandeur du mérite agricole, cumule les médailles. Ses fils le suivent dans la carrière agricole : Stanislas est diplômé de l'école de Grignon, Olivier de celle d'Alger.

Eugène, devenu un notable important de la IIIe République, travaille à la commission de l'agriculture du Sénat, et préside une demi-douzaine d'organismes officiels qui s'occupent d'agriculture. Mais il reste au fond de lui une sorte d'aventurier. Il investit en trop d'entreprises agricoles à la fois et se trouve en situation financière difficile à la suite des méventes dues à la crise de 1929 qui secoue la France avec retard. Les banques ne veulent plus lui prêter d'argent.

Eugène aurait peut-être pu redresser la situation avec son énergie habituelle et ses relations, mais sa santé s'altère brutalement. Il est atteint, apparemment d'après les symptômes qu'il décrit, d'un cancer du côlon en phase terminale. Quand son ami Alibert vient le visiter, Eugène tâche de faire bonne figure, en dépit de la maladie qui le détruit. Il est contraint bientôt de lâcher prise. Gide est informé par Alibert et par Louis Rouart de la situation désespérée d'Eugène, mais il ne trouvera pas le temps de venir lui rendre visite. Il lui avait demandé une intervention pour un jeune protégé qui faisait son service militaire dans l'armée au Maroc. Eugène, une fois de plus, s'exécute et intervient auprès du général Catroux qui commandait l'armée française au Maroc. Gide remercie, c'est la dernière lettre qui nous soit parvenue de lui à Eugène Rouart, elle est datée de mars 1935. Il y en eut d'autres perdues ou détruites.

Gide part pour Moscou en 1936, il fait en URSS ce voyage qui va l'horrifier. C'est à Moscou qu'il apprend la mort d'Eugène l'été 1936 quand les Fronts Populaires bouleversent la France et l'Espagne. Madeleine Gide envoie des condoléances, Gide s'abstient compte tenu des relations avec Yvonne. Ernest et Louis assistent aux obsèques de leur frère. Il est enterré à Bagnols près de l'église. *La Dépêche de Toulouse* du 8 juillet 1936 consacre un grand article à celui qu'elle qualifie de « bienfaiteur du Sud-Ouest ». Elle rappelle ses études, son action inlassable en faveur de l'agriculture, sa brillante carrière interrompue à soixante-quatre ans.

Yvonne ne lui survécut pas longtemps. Sa jeunesse avait été un conte de fées, elle se poursuivit par un mariage qui ne combla pas ses attentes, la tuberculose, le désespoir, la solitude après la mort d'Eugène et la ruine eurent raison de son courage ; sa vie se termina en 1940, noyée dans les eaux brunes et boueuses de la Garonne. Un suicide selon toute probabilité. Sa sœur Christine, l'épouse de Louis, mourut l'année suivante. Les *Jeunes filles au piano* de Renoir quittaient la scène.

Gide rentra en France et écrivit son *Retour de l'URSS* qui lui valut cette fois les attaques de la presse communiste. Pas facile d'être libre quand il était *minuit dans le siècle*, selon le mot de Victor Serge. Gide était devenu la locomotive de la *Nouvelle Revue Française* et des éditions Gallimard. S'il commit une grosse erreur en refusant le manuscrit de Proust *Du côté de chez Swann*, erreur qu'il rattrapa avec Gaston Gallimard en allant racheter en catimini le contrat à compte d'auteur de l'ouvrage chez Grasset, Gide pouvait s'enorgueillir d'avoir permis à Paul Valéry de sortir quasiment de l'anonymat et de connaître une ascension fulgurante.

Dès avant la guerre, Gide avait incité Valéry à publier dans la *Nouvelle Revue Française*. Mais ce n'est qu'en 1917, que parut l'*Album de vers anciens* qui contenait cet immense poème plus difficile qu'obscur, mais si beau, intitulé *La Jeune Parque*. Valéry y évoquait le combat habituel aux esprits comme le sien entre les tentations de la sensualité, et celles d'un esprit toujours avide de connaître le monde et de se connaître. Et si on veut bien ne pas s'attacher à une compréhension trop immédiatement littérale, la lecture de ce poème montre un lyrisme parfois échevelé, hagard, présurréaliste, qui s'exprime en de superbes envolées. Valéry est un sensuel follement épris de sexe, des lettres publiées depuis l'ont assez montré, autant qu'un intellectuel tâchant de s'élever jusqu'à la plus haute conscience de soi. Mais l'esprit si avide de jouir des sens doit accepter d'y voir sa conscience claire sombrer, Valéry le dit dans cette interrogation : *Où va-t-il, sans répondre à sa propre ignorance, / Ce corps dans la nuit noire étonné de sa foi ?* Citer toutes les beautés de ce poème n'est pas le lieu ici, donnons l'élan final où le monde se connaît à travers la propre conscience par le poète des délices de son existence : *Alors, malgré moi-même, il le faut, ô Soleil, / Que j'adore mon cœur où tu te viens connaître, / Doux et puissant retour du délice de naître*[1].

Malgré la difficulté indéniable de ce poème, Valéry fut immédiatement reconnu comme l'un des plus grands esprits de son temps. Ses livres écrits vingt ans plus tôt comme son *Vinci* et son *Monsieur Teste* furent republiés, commentés. On le rechercha pour des conférences, des dîners, des causeries, les maisons les plus réputées de Paris se le disputèrent. Le temps du petit jeune homme impécunieux aidé par les Rouart pour trouver un emploi au ministère de la Guerre était bien révolu. Ces longues années depuis son mariage avec Jeannie où il avait tant étudié et travaillé, sans contraintes éditoriales, portaient leurs fruits. Il avait pu construire une réflexion, qu'il appelait « philosophie individuelle », on ne saurait mieux dire. Sur tous sujets, il semblait capable de révéler un aspect neuf par une extrême attention aux mécanismes intellectuels les plus intimes et une aptitude incomparable à les exprimer.

Il formula ainsi le sens de sa recherche dans une lettre à un ami : *Mon idéal serait de construire la gamme et le système d'accords dont la pensée en général serait la Musique*[2]. Objectif irréalisable puisque la pensée échappe par nature à toute règle quand elle innove en liberté. L'infini est peut-être sa seule substance stable. Mais l'intérêt n'est pas dans le but, seul le chemin compte. L'œuvre en prose de Paul Valéry, les immenses recueils comme *Variété*, les *Cahiers*, et le moindre texte de circonstance, contiennent des aperçus, comme de soudains coups de lumière, sur le fonctionnement intellectuel ou la redéfinition de tant de concepts obscurcis par le langage

---

1. Paul Valéry, *Œuvres* I, pp. 96 et suiv.
2. *Ibid.*, p. 38.

courant ou des esprits moins lucides que le sien. Cet écrivain qu'on a trouvé obscur parfois, fut l'un des penseurs les plus lumineux de notre langue.

Fort de ce succès, et dès la *Jeune Parque* finie, il écrivit le recueil qui contenait le fameux *Cimetière marin* et bien d'autres poèmes (*Aurore, Cantique des colonnes, La Pythie, Le vin perdu*, etc) où la densité de la pensée éclate dans la splendeur d'une forme plus évidente que dans la *Jeune Parque. O récompense après une pensée / Qu'un long regard sur le calme des dieux !*

Il déposa sa candidature à l'Académie française et fut élu en 1925. Les vingt années suivantes virent le rayonnement de son intelligence et de son œuvre auprès d'un public toujours plus large, avec certes, quelques partis pris parfois contestables, comme le rejet du roman...

Ernest est sorti affaibli de la guerre. Il resta atteint d'une affection pulmonaire chronique qu'on ne savait pas soigner à l'époque. Ses difficultés à respirer ne le quittèrent pas jusqu'à sa mort prématurée en 1942. Il n'en continua pas moins de peindre, mais il avait hérité de Degas une indécision que celui-ci surmontait par un génie de la transgression qu'Ernest ne pouvait avoir, puisqu'il s'était mis en quelque sorte sous la sujétion de son maître. Comme Degas, il reprenait sans cesse des tableaux commencés, abandonnés, laissés inachevés, repris de nouveau, qu'il laissa parfois avec des parties achevées et parfaites et d'autres qui attendent encore. Sa vie, selon Valéry, se consuma *dans une réflexion constante et une analyse infinie de l'art de peindre*[1]. Le voisinage de Paul Valéry pour qui une œuvre n'était jamais achevée, mais abandonnée, ne pouvait l'aider non plus à se libérer de l'empreinte de Degas.

---

1. *Au cœur de l'impressionnisme, la famille Rouart,* Catalogue de l'exposition du musée de la vie romantique de 2004, à Paris, p. 81.

Il n'en réussit pas moins de fort belles œuvres et certains pastels de lui, de petite taille, sont des réussites de délicatesse et de fini. Comme son maître, Ernest tenta toutes les techniques, des plus récentes aux plus anciennes. Il était devenu un érudit de la pratique et un connaisseur profond de la peinture impressionniste. De son vivant, les expositions de Manet, Berthe Morisot ou Degas, lui doivent beaucoup ainsi qu'à Julie, non seulement comme contributeur, la collection de Julie étant considérable, mais pour les accrochages.

Les rétrospectives Manet en 1905 et Berthe Morisot en 1907, lui firent prendre conscience des nécessités de l'archivage et de la datation rigoureux. Le premier travail de photographie des œuvres de Berthe commença sous sa direction. L'exposition du centenaire de Manet en 1932 faillit tourner à la catastrophe. Comme on n'avait pas accroché le *Torero mort* à la bonne hauteur, celle qu'il avait prescrite, pour que le visiteur pût bénéficier de l'effet saisissant, quasi cinématographique, de ce tableau, il entra dans une violente colère et commença à décrocher les nombreuses toiles qu'il avait prêtées en les rangeant dans des caisses. On s'empressa de rectifier l'erreur et l'exposition eut lieu.

Celle de Degas se tint en 1937. Ernest écrivit par la suite ses souvenirs sur le maître dans une revue appelée *Le Point*. Il organisa enfin la rétrospective Berthe Morisot en 1941, après l'armistice de 1940. Ce travail acheva de l'épuiser. Il mourut peu de temps après en 1942.

Julie était veuve, Jeannie le fut bientôt quand Paul Valéry mourut en 1945. Paule Gobillard qui avait poursuivi une honnête carrière de peintre dans la mouvance stricte de l'école impressionniste mourut aussi en même temps que Paul Valéry, rue de Villejust qui fut rebaptisée rue Paul-Valéry après les funérailles nationales ordonnées par le général De Gaulle. Les deux cousines Julie et Jeannie, qui avaient grandi ensemble, vieillirent ensemble. Très pratiquantes, elles allaient toutes deux à la messe et ne se quittaient plus. Une photo bien connue dans la famille, les montre sur le tard, âgées, mais les yeux vifs, sous une œuvre de Berthe Morisot où on les voit, enfants, en train de jouer.

Julie ne cessa jamais de peindre, son trait se libéra, devint plus incisif, plus violent, c'était presque du Berthe Morisot. L'œuvre d'Ernest, en y faisant le tri nécessaire, et celle de Julie mériteraient quelque exposition qui les ferait connaître. Nombre d'œuvres de ces peintres surprendraient les amateurs par leurs qualités.

Lorsque Paul Rouart entra en 1926 dans la maison d'édition musicale *Rouart-Lerolle* de son père, l'entente ne fut pas excellente avec son beau-frère François Hepp qui en assurait l'intérim depuis la mort d'Alexis et dont le départ devint inévitable. De plus, ne possédant qu'un tiers des parts de son père dans la société, Paul se trouvait en position fragile face à ses deux sœurs Madeleine et Hélène. En 1927, il épousa Agathe, la fille de Jeannie et Paul Valéry, dont il eut trois enfants, Martine, Vincent et Sabine, et se lança dans l'édition avec l'esprit de son père. Paul publia non seulement des auteurs oubliés comme Marc-Antoine Charpentier, qui avait composé pour Molière, ou Michel de Lalande, autre compositeur du XVIIᵉ siècle, et même Rameau, mais les musiciens de son temps : Honegger, Albeniz, Vincent d'Indy, Poulenc, Satie, Auric, Lesur, Duparc, Marius Constant, Sauguet, Dutilleux et bien sûr des œuvres de Chausson.

Son beau-père, Paul Valéry, donna à Honegger les arguments de deux ballets, créés à Paris dans les années trente : *Amphion* et *Sémiramis*.

Paul Rouart était d'une discrétion et d'une sensibilité artistique bien dans l'esprit de la famille. Affectueux, ouvert, généreux, proche de ses enfants, il jouait en bon amateur de la flûte traversière. Conrad et Melville comptaient parmi ses auteurs de prédilection.

En 1939, ses sœurs vendirent leurs actions, Paul ne pouvait les racheter, c'est ainsi que Francis Salabert, éditeur de chansons, de musiques de films et de variétés, acquit la maison *Rouart-Lerolle* qui disparut sous ce nom. Paul Rouart en garda de l'amertume, selon son épouse Agathe, mais continua néanmoins à publier ses auteurs puisqu'il conservait son bureau et son indépendance éditoriale aux éditions Salabert.

Quand la guerre fut déclarée, il fut mobilisé et envoyé à la 14e Division d'Infanterie du général de Lattre de Tassigny qui le connaissait et l'estimait. Cette Division qui appartenait à la Ve Armée était basée en Alsace entre Lunéville et Strasbourg. Durant l'absurde « drôle de guerre », puisqu'il fallut rester l'arme au pied durant de longs mois et attendre que les Allemands reviennent encore plus aguerris de leur campagne polonaise, Paul qui était maréchal des logis organisa des orchestres de chambre ou de jazz, des spectacles qui tournaient d'un cantonnement à l'autre. Sur le front, des actions sporadiques engagées firent quelques morts parmi les Allemands. *Guerre d'attente*, écrit-il à son épouse, *les positions fixes de part et d'autre. Coups de main, embuscades, tirs d'artillerie. C'est, à l'extrême limite de la Lorraine, une transposition sur le plan dangereux et sanglant des jeux de Peaux Rouges de notre enfance*[1]. La 14e Division bien commandée par de Lattre, le plus jeune général de France, n'allait pas tarder à montrer un état d'esprit combatif. Sa devise : *Ne pas subir*. Elle comptait dans ses rangs le fameux 152e, un régiment d'élite, surnommé « Les diables rouges ».

…Dans la nuit du 9 au 10 mai des explosions sourdes et lointaines, des clartés multipliées, le survol de la ville par de nombreux avions à croix noires, nous font comprendre qu'il se passe du nouveau… Frisson presque de joie : enfin commence la bataille tant désirée, tant attendue !

---

1. Ces lignes et celles qui suivent sont tirées des lettres que Paul Rouart écrivit à son épouse Agathe, durant la guerre jusqu'à sa démobilisation en 1940. On consultera aussi à propos de ces événements le livre que Simonne de Lattre de Tassigny consacra au général prématurément décédé, *Jean de Lattre, mon mari*, Presses de la Cité, 1972.

On embarque aussitôt toute la Division en gare de Lunéville sans la moindre défense de DCA ! Il s'agit de se porter jusqu'à Rethel, entre Reims et Sedan, sur les bords de l'Aisne. Paul assista à un combat aérien *qui tissait d'invisibles broderies sur un fond de ciel d'une adorable pureté.*

Arrivés à Reims, les soldats montent vers le nord. *Nous continuons notre route, commençant à voir à droite, à gauche, les premiers signes de la guerre : entonnoirs de bombe, bêtes paissant tranquillement à côté de cadavres gonflés, fermes aux décombres fumantes. Puis voici que nous croisons, de plus en plus nombreux – de plus en plus sinistres, comme les messagers inconscients de la défaite, les soldats hagards, affamés, au regard fou, des troupes enfoncées trois jours auparavant sur la Meuse. Nous ne pouvons croire à la réalité de ces hommes, nous pensons à des fuyards isolés, mais leur nombre grandit, leur masse augmente ! Tous sont un témoignage de leur défaite, de la rapidité de l'avance et du voisinage de l'ennemi.*

Paul qui commandait un groupe d'hommes décide de ne pas les mêler à ces fuyards qui ne pourraient que les démoraliser. Il arrive sur le front *sous une dégelée de bombes, un vacarme terrifiant.* Sa Division prend position comme elle peut, il faut aller chercher un bataillon encore à Reims en autocar, mais rapidement elle recouvre son moral et brise par trois fois les tentatives des Allemands pour franchir l'Aisne à Rethel. Le 152ᵉ régiment se distingue particulièrement.

Les combats de Rethel, dont certains d'une extrême violence au corps à corps dans le cimetière, montrent que l'armée française fut vaincue par des conceptions stratégiques et un état d'esprit surannés. Pas la 14ᵉ D.I. du général de Lattre qui tint sa position jusqu'au bout, ayant détruit dix convois, ne se repliant que sur ordre et par éléments rappelés vers Clermont-Ferrand afin de sauver son potentiel après l'armistice.

Paul se trouva alors en charge d'un petit groupe d'hommes qu'il avait pour mission de ramener en Auvergne. Il franchit ainsi les lignes ennemies, alternant combats de harcèlement et marches forcées de nuit à travers bois, brisant des encerclements, se cachant sous des branchages, faisant des étapes de 80 kilomètres, les soldats allemands aux trousses. Il traversa ainsi une bonne partie de la France quadrillée et réussit à conserver ses soldats en vie, les conduisant jusqu'au nouveau PC du général de Lattre de Tassigny. Il reçut pour ces faits la croix de guerre. Qui aurait pu croire que ce fin lettré éditeur de grands musiciens de son temps se transformerait en chef audacieux, ingénieux et tenace ?

Mais il ne s'en tint pas là. Démobilisé, Paul Rouart garda ses contacts avec ses anciens camarades de la 14ᵉ Division qui n'avait pas été vaincue et entendait bien continuer la lutte. Revenu à ses bureaux des éditions Salabert dans un Paris occupé et sinistre, il rendit de premiers menus services clandestins, puis, lorsque le général de Lattre fut arrêté, jugé et emprisonné à Riom pour avoir donné l'ordre de résister aux Allemands lors de l'invasion de la zone libre, il s'engagea bien plus dans les réseaux de Résistance. Après l'évasion du général, Paul Rouart assura la liaison entre les membres de la famille de Lattre réfugiés et cachés en divers lieux. Il se dépensa sans compter et se dévoua à son ancien chef pour participer à l'organisation de son départ pour Londres.

Une fois cette mission accomplie, Paul poursuivit son activité clandestine organisant le sauvetage ou la fuite de familles juives comme le signale Simonne de Lattre de Tassigny dans un livre sur son mari.

Durant ces années noires, Francis Poulenc lui demanda s'il éditerait sous le manteau une cantate intitulée *Figure humaine* sur des poèmes d'Eluard. Paul accepta. Les textes évoquaient le désespoir, l'espérance, et la liberté avec le poème d'Eluard devenu si célèbre depuis. Pas d'instruments, l'œuvre *a capella* retrouvait la tradition polyphonique française de la Renaissance, celle de Janequin et de Josquin des Prés. Mais on peut comprendre aussi ce recours aux voix nues comme une image d'un peuple désarmé qui n'a plus que son invincible spiritualité. Poulenc composa cette cantate à Beaulieu-en-Dordogne, à quelques pas de l'église romane dont il voyait le clocher de sa fenêtre et certes, le trumeau qui représente en cariatide un saisissant vieillard à longue barbe ployant sous le fardeau du tympan sculpté, lui renvoyait une image émouvante de la souffrance.

Créée à Londres en mars 1945, *Figure humaine* est un chef-d'œuvre qui s'élève au sublime en plus d'une page, le plus haut peut-être de Francis Poulenc qui considérait n'avoir jamais fait mieux. Certains chants comme *Le jour m'étonne et la nuit me fait peur* sont déchirants. Le musicien a su capter le malheur d'un peuple, ses angoisses, ses attentes, et son cri de triomphe et d'exaltation dans *Liberté*. La publication de cette œuvre géniale dans des conditions si dramatiques fut assurément l'un des pics de la carrière d'éditeur de Paul Rouart.

Après la guerre, Paul dont la fille Sabine eut comme parrain le général de Lattre, se consacra à la résurrection du festival de musique de Strasbourg. La capitale de l'Alsace avait toujours eu une fervente tradition musicale, et au début du XXᵉ siècle, Mahler et Richard Strauss y avaient donné des concerts. Quand la province fut redevenue française en 1918, Roger et Gustave Wolf qui vendaient des instruments et éditaient de la musique, jetèrent les bases d'un festival, avec le professeur Pautrier, un dermatologue et mélomane passionné. Cette manifestation sut attirer quelques-uns des plus grands interprètes comme le Quatuor Busch, Alfred Cortot, Pablo Casals, Albert Schweitzer ou Wilhelm Furtwaengler.

Juifs, les frères Wolf durent fuir l'Alsace annexée par Hitler, leurs biens furent séquestrés, et Roger mourut d'une embolie en 1940. La paix revenue, Paul Rouart s'associa à Gustave Wolf et l'aida à remonter son activité. La relance du festival avait trouvé ses hommes, rejoints par le professeur Pautrier et l'abbé Hoch, entre autres. Commencèrent les années d'or du festival de Strasbourg organisé par la SAMS, Société des Amis de la Musique de Strasbourg. Gustave Wolf en était le secrétaire, Paul Rouart lui succéda. Chaque année vinrent les plus grands noms de la musique, de Klemperer à Maazel, de Clara Haskil à Yehudi Menuhin ou Edwin Fischer, Igor Markevitch, Isaac Stern, Pierre Monteux, Renata Tebaldi, Hans Rosbaud, Christian Ferras, etc. Feuilleter le livre du festival laisse rêveur. On cherche quel interprète ne vint pas jouer de la musique à Strasbourg, rares sont ceux qui ne purent participer.

Après la musique écrite, Paul Rouart se mit au service de la musique vivante. Quant à son action durant la guerre, il n'en parla jamais à ses enfants qui découvrirent peu à peu la vérité après le décès de leur père...

Ernest et Julie eurent trois fils, Julien, Clément et Denis.

Julien devint psychanalyste à la surprise générale. On avait fait le nécessaire pour le dissuader de travailler. Qu'avait-il besoin de se donner de la peine étant héritier d'un tiers de la collection de Julie et des œuvres qu'Ernest avaient rachetées lors de la vente de 1912 ? Sans parler des biens et des objets d'arts qui n'avaient pas été vendus. Chaque toile aurait fait riche son homme, quelle idée de se donner tant de peine en un domaine qui ne concernait la peinture que de loin ! Mais Julien fit ses études et devint interne en psychiatrie à l'hôpital Sainte-Anne. C'est lui qui fut commis pour surveiller les expériences de Sartre à la mescaline. Il présenta aussi le jeune Jacques Lacan à Paul Valéry. Lacan avait soutenu sa fameuse et remarquable thèse sur la paranoïa en 1932, un travail soustendu par une vision dynamique de la personnalité qui fit date. Remarquable aliéniste, Julien Rouart publia divers ouvrages, fruits de son expérience, et fut l'un des initiateurs en France avec le docteur Henri Ey d'une psychiatrie moins dominée par des explications trop matérialistes. La dynamique de la personnalité était au cœur des préoccupations de ce mouvement et on ne s'étonnera pas d'y trouver un Rouart. Julien installa son cabinet de consultation au deuxième étage de la rue de Villejust. Il épousa une de ses patientes, Thérèse Garrigue, plus âgée que lui, divorcée et qui ne pouvait plus avoir d'enfant, ce qui déplut à Julie comme à toute mère, mais ne pouvait-on pas en attendre moins d'un psychanalyste ?

Clément n'était pas un intellectuel, il aimait se servir de ses mains. Le bricolage, les montages de toutes sortes le passionnaient. Il se lança dans le montage de postes de radio avec sa société *Frequencia* et installa son atelier dans ce qui avait été celui d'Ernest. Il vendit un peu à l'exportation, puis il mit un terme à cette activité pour planter des arbres fruitiers autour du château familial du Mesnil avant de s'intéresser à la construction de bateaux. Il reprit les plans d'un cotre norvégien, allongea les dimensions et consulta des spécialistes qui lui confirmèrent que son nouveau plan était bon. La construction du *Taora* commença. Clément passa alors une bonne partie de son temps à faire des voyages avec d'anciens militaires de ses amis sur les côtes de l'Atlantique, de Noirmoutier aux îles anglo-normandes. De son mariage avec Victoria Rapin, il eut quatre enfants, Jean-Michel, Yves, Françoise et Micheline.

Quant à Denis, il resta dans le sillage de ses parents en se faisant le premier commentateur de talent de la famille. Il fit l'École du Louvre et devint un profond connaisseur de la peinture impressionniste. On le nomma conservateur du musée de Nancy et on a peine à croire qu'un esprit aussi fin, compétent et pénétrant, ait pu rester cantonné 25 ans dans ce musée de province. Denis n'était pas mondain, comme tous les Rouart qui abhorraient le snobisme et les mondanités. Julie pensait qu'il avait été écarté à cause de son nom par les autorités qui décidaient des avancements, des postes et des places.

L'œuvre de Denis Rouart est importante et fait toujours autorité. Il poursuivit le travail photographique entamé par son père et réalisa avec Daniel Wildenstein, le catalogue raisonné de l'œuvre d'Édouard Manet, travail qui mériterait d'être republié en le réactualisant là où c'est nécessaire, en couleurs et en ligne sur internet comme cela a été fait pour Van Gogh.

Denis parraina et préfaça aussi avec Georges Wildenstein, Mlle Bataille et Julie Manet-Rouart un premier catalogue de l'œuvre de Berthe Morisot, mais qui restait encore incomplet. Yves Rouart et Alain Clairet, deux descendants d'Henri Rouart de la génération suivante, firent le premier catalogue complet des huiles de Berthe Morisot. Celui des dessins, aquarelles, pastels et œuvres sur papier est en cours.

Les analyses de Denis Rouart que nous avons citées restent, pour la période considérée, d'une grande pertinence. On retrouve dans ces textes la force des Rouart quand ils parlent de peinture : un œil qui sait voir, une connaissance intime de la technique et une familiarité irremplaçable avec ces œuvres. Denis épousa Annie Conan qui travaillait au Louvre. Le couple n'eut pas d'enfant.

Ainsi, ce fut la famille de Clément et ses enfants qui assurèrent la continuité de la branche Ernest et Julie. Denis et Julien étant partis habiter ailleurs, Clément racheta leurs parts et garda l'hôtel de la rue Paul-Valéry ainsi que le château du Mesnil. Il vendit pour cela le portrait d'Henri Rouart en haut-de-forme devant son usine par Degas. Le tableau est parti à la Fondation Carnegie aux États-Unis.

Parmi les descendants d'Alexis, il faut signaler un Rouart qui ne s'appelle pas Rouart, mais Rey, Jean-Dominique.

Hélène Rouart, la seconde fille d'Alexis, avait épousé Jean Rey, un architecte dont elle eut treize enfants. Jean-Dominique était le quatrième de la fratrie et il contracta assez tôt la « maladie » de la famille en s'intéressant dès l'adolescence au dessin qu'il abandonna, tout en restant un amateur passionné de peinture et de poésie. Dès lors commença un parcours foi-sonnant dont le maître fut Paul Valéry. Jean-Dominique alla l'écouter au Collège de France dès 1942, à l'âge de quinze ans, avant de le rencontrer plus tard. Il lui déposa un livre pour avoir sa signature et trouva sur la première page : *Ce livre appartient à Jean-Dominique Rey. Voleur, rapporte-le lui après l'avoir lu. Paul Valéry.*

S'intéresser à un tel maître, entrer dans sa pensée, pousse vers tous les horizons. Rey lut non seulement de la littérature et de la poésie, mais se passionna pour la philosophie et les sciences humaines, dévorant Lévi-Strauss et Marcel Griaule comme Merleau-Ponty et Jean Wahl. Mais il voulait rencon-trer les hommes, écrivains ou peintres, dont il fréquentait les œuvres. Il se rapprocha d'André Breton et du surréalisme après la guerre, mais le fuit quand il vit à l'œuvre des pra-tiques d'exclusions et d'anathèmes incompatibles avec sa conception de l'individu et de la liberté. Il apprit l'hébreu et le sanskrit.

Publication de poèmes et de textes divers, refus d'autres par des comités de lecture, les nécessités, il se marie en 1953, le conduisirent vers l'édition. Il travailla longtemps chez Plon comme iconographiste dans la fameuse collection « Terres humaines », puis il entra chez Mazenod-Citadelles comme iconographiste aussi, et y fut l'un des artisans de la monu-mentale édition consacrée à l'histoire de l'art universel, de la Préhistoire à nos jours. Cette réalisation à l'iconographie incomparable par sa qualité et son abondance sera sans doute le dernier monument de papier en cette discipline, avant l'arrivée d'internet qui permet des catalogues sans aucune res-triction financière en ce domaine.

Parallèlement Jean-Dominique Rey publia comme écrivain des ouvrages, recueils de poèmes, nouvelles, un « beau livre » fort éclairant sur Berthe Morisot à une époque où si peu de monde s'intéressait à elle. Cet homme que son métier ou ses goûts ont amené à rencontrer un grand nombre de créateurs de son temps, publia deux recueils importants de portraits, l'un consacré à des peintres et sculpteurs du XXe siècle, l'autre à des écrivains. Valéry, Queneau, Breton, mais aussi Matta, Dali, Chagall, Brauner, Fautrier ou Max Ernst sont évoqués parmi bien d'autres en quelques pages pénétrantes, dans une écriture ramassée, incisive. Deux ouvrages qui mériteraient d'être mieux connus.

XV

Un rêve en bleu,
Augustin Rouart

Augustin Rouart vécut à côté de son siècle, dans une sorte d'utopie personnelle qu'il s'était construite, et qui le fit souffrir. Il a laissé une œuvre en marge, utopique en quelque sorte, des plus originales en ce qu'elle rompt avec l'impressionnisme de son milieu.

Né en 1907, il était le quatrième enfant de Louis Rouart et de Christine Lerolle. Son frère Philippe, plus âgé de trois ans, fut peintre aussi avant de se consacrer à la céramique. Augustin est encore nourrisson dans les bras de sa mère quand il entre dans l'histoire de l'art : Maurice Denis, ami de la famille, fait son portrait dans un dessin signé et daté « 5 septembre 1907 ». Puis sa tante Julie, qui était sa marraine, peint un ravissant portrait de lui à quatre ans. Augustin grandit dans l'hôtel particulier rue de Chanaleilles où habitaient ses parents, pas loin du 20, avenue Duquesne, autre hôtel particulier de son grand-père, Henry Lerolle.

Il vit dans ce VIIe arrondissement dont les photos de l'époque rappellent la beauté, les espaces, les avenues arborées. Enfant blond aux yeux bleus, grand pour son âge, il a le regard ouvert, intelligent et sensible. Une photographie le montre entre sa mère et son grand-père Lerolle. Augustin est habillé pour sa communion solennelle, pantalon et gilet clairs à boutons dorés, veste sombre, un nœud blanc sous le menton, le brassard blanc du communiant au bras gauche. Henry

Lerolle en chapeau semble fier de lui et heureux, sa mère Christine aussi, et on comprend que cet enfant de neuf ans a reçu beaucoup d'amour. Nous sommes en 1916.

Une famille vouée à l'art, l'amour des siens, la richesse, une foi fervente qui console et se charge d'apaiser les angoisses existentielles, le jeune Augustin trouve en commençant dans la vie ce que tout être humain jeune devrait recevoir en partage, une route ouverte et les moyens de s'y engager.

Il s'oriente vers la musique, omniprésente chez les Lerolle, et désire apprendre la flûte. Il s'y applique assez pour être engagé dans les cinémas de l'époque qui donnaient un fond sonore aux films muets qu'ils projetaient. Piano, violon, flûte, clarinette, soulignaient les scènes sur l'écran par des musiques écrites ou improvisées. Augustin gagne ainsi un peu d'argent et se confronte très tôt au public, ses exigences, la rigueur nécessaire à toute prestation devant son semblable. La sanction étant immédiate, c'est une rude école.

Las, son professeur de flûte meurt alors qu'il a seize ans environ et cela détourne l'hypersensible Augustin de la musique. Sous l'influence d'Henry Lerolle, il se dirige alors vers la peinture. C'est en 1926, à dix-neuf ans, qu'il se met sérieusement au dessin. Il fréquente l'académie de la Grande Chaumière à Montparnasse, mais il reçoit aussi les leçons de son grand-père, ce qu'il raconte en des notes autographes inédites écrites en 1960 :

Je copiais d'abord de nombreuses reproductions de tableaux de maîtres, mais quand je les montrai à grand-père, il haussait les épaules. Je continuai néanmoins tout en commençant à copier d'après nature et à faire un peu d'aquarelle, avec une passion, un soin, un idéal qui certainement me firent sortir un peu de l'ornière. Au retour de vacances passées à Ploumanach, je montrai mes travaux à grand-père qui, après les avoir longuement regardés, me dit : « C'est pas très mal. » Ce fut pour moi le plus grand encouragement car j'avais la plus grande confiance dans son jugement, je ne l'avais jamais vu faire de compliment à aucun peintre. Pour moi, « ce n'est pas très mal », c'était un éloge, d'autant plus que je le savais de la plus grande sincérité et que rien, ni lien de famille, ni amitié, ni amour, ni argent, rien ne pouvait influencer son jugement. Je continuai donc avec courage et je me lançai dans le portrait, encouragé par Philippe, auprès duquel j'ai toujours trouvé le plus fraternel encouragement.

En 1927, je montrai à grand-père un portrait de moi en dessin. Il l'observa longtemps, puis sans rien me dire, me prit dans ses bras et m'embrassa, après vinrent les éloges. J'étais fou, fou de joie. Tout le mal que je m'étais donné n'était pas vain et je savais que j'avais quelque chose dans le ventre, il ne tenait qu'à moi de l'exprimer... Je fis un portrait de moi à la détrempe que grand-père m'acheta, puis un autre qu'il m'acheta également et qu'il accrocha parmi les autres tableaux de sa collection en disant : « Je ne dis pas que cet emplacement est définitif... ».

Cet *Autoportrait au bonnet* qui reçut l'adhésion de son grand-père, nous montre un beau jeune homme élégant, en veste, chemise et cravate ajustée. Il porte un bonnet qui, s'il jure avec la mise si moderne et urbaine, rappelle celui de l'autoportrait de Filippino Lippi. Augustin se représente sans un signe de sa pratique artistique, pas de crayon ou de fusain à la main, sinon ce bonnet qui fait immédiatement penser à la Renaissance.

La facture révèle un dessinateur de première force, une maîtrise remarquable dont Degas est l'inspirateur, comme les grands maîtres allemands de la Renaissance, Dürer et Holbein.

Augustin a rehaussé son dessin de deux touches de couleur : un léger rose pour les lèvres et surtout un bleu pour les yeux qui saisit dès qu'on regarde cet autoportrait, tant il contraste avec l'austérité naturelle au dessin. Bien des caractères de son art sont déjà présents ici : facture impeccable, poussée jusqu'à son terme, avec un acharnement évident, dissonance nette mais peu agressive à l'intérieur d'une esthétique classique, et la couleur bleue qui sera le fond serein, frais et heureux de presque tous ses tableaux.

Henry Lerolle, malgré ses quatre-vingts ans, prit à cœur de venir rendre visite à Augustin plusieurs fois par semaine pour examiner son travail et lui donner des conseils. La maîtrise croissante de son petit-fils fut l'ultime grande joie de sa vie. *Je ne te dis rien*, lui affirmait-il, *tu as une personnalité qu'il faut garder, continue.* Quand ses forces diminuèrent, ce fut Augustin qui se déplaça pour aller lui montrer ses ouvrages.

Henry Lerolle se consacra d'autant plus à cet élève inattendu que la vie lui envoyait. Parti pour un séjour en montagne l'été 1928, il écrivit à Augustin qui lui faisait part de son enthousiasme pour Holbein : *Tu me dis que c'est Holbein le meilleur portraitiste de tous les temps. Tu as raison puisque c'est celui que tu comprends le mieux et qu'il mérite assurément d'être placé parmi les meilleurs. Je crois qu'il y en a d'autres aussi. Mais je me suis interdit de te parler des peintres qui pourraient te troubler*[1].

Admirable leçon de tolérance et de respect pour le chemin suivi par le jeune esprit qui découvre la vie et les difficultés de l'art.

Henry Lerolle mourut l'année suivante en 1929. Quelques amis se rendirent à ses obsèques. Maurice Denis publia une plaquette où il rassembla ses souvenirs. La vie de cet homme si remarquable par sa générosité fut certainement attristée par la perte de son ami et beau-frère Ernest Chausson, peut-être aussi par l'échec relatif des mariages d'Yvonne et de Christine. Il eut la joie de voir son petit-fils lui succéder et se lancer sur le chemin si difficile de l'art. Une affection profonde liait Augustin à son grand-père.

La carrière de professeur de dessin aurait pu s'ouvrir à lui, elle ne l'intéressait pas. On s'y confrontait peut-être trop à

---

1. Lettre inédite d'Henry Lerolle à son petit-fils Augustin Rouart.

une réalité qui ne serait jamais son monde. Louis Rouart eut l'idée de créer une seconde maison d'édition qui produirait des images pieuses et des objets du culte à l'esthétique irréprochable. Augustin et son frère Philippe étaient tout désignés pour y travailler. Ainsi naquirent les *Éditions Rouart et fils*. Les peintures de scènes de la vie de Jésus ne se comptaient pas dans l'histoire de l'art, les deux frères pouvaient s'en inspirer et imaginer des compositions nouvelles, ce qu'ils firent en produisant un travail de grande qualité.

Leurs images pieuses renouvelaient le genre par la simplicité, la subtilité des rapports de couleurs, la perfection d'un dessin où se lisait l'influence de Maurice Denis. Quant aux objets du culte qu'ils taillèrent dans la pierre ou coulèrent dans des moules à plâtre avant de les revêtir de couleurs, ce sont d'authentiques petites œuvres d'art : figurines pour crèches de Noël en granit aux visages comme sortis des mains d'imagiers romans, orants agenouillés ou Vierges en plâtre émaillées de bleu nuit et de blanc, croix en émail bleu clair sur lesquelles étaient incisés les insignes du christianisme primitif. Une production d'une étonnante originalité où on aurait cherché en vain la mièvrerie de l'art saint-sulpicien. Louis Rouart avait trouvé en ses fils les artistes selon ses vues.

La relation avec Philippe, déjà forte, se resserra encore dans cette collaboration. Philippe avait compris que son frère avait un réel talent et il l'encourageait sans cesse dans ses moments de doute. Les conversations sur l'art ne tarissaient pas entre eux et lorsque Augustin découvrit les lettres de Van Gogh à son frère Théo, elles devinrent son livre de chevet tant pour la recherche obstinée et solitaire du peintre hollandais que pour la relation si forte qui l'unissait à son frère.

Durant cette période, Augustin travailla le portrait au dessin rehaussé ou non de couleurs et il multiplia des réussites qui sont autant de chefs-d'œuvre. Un saisissant portrait de sa mère de 1929, sans la moindre couleur, montre le visage ravagé de cette femme qui avait été si jolie et plusieurs fois peinte par Renoir. Portrait amer, austère et terrible de Christine Lerolle, fanée avant l'âge, tant par son mariage tout en querelles, que par la mort récente de son père. Le portrait, sans la moindre concession, est d'une vérité et d'une grandeur sur lesquelles le temps et les modes n'ont aucune prise.

Augustin nous laisse aussi les visages de l'abbé Brémond, futur académicien, du révérend père Doncœur et d'autres personnes inconnues. La vérité psychologique dans une facture classique est recherchée dans ces ouvrages avec une tension absolue qui fait penser à Degas, dont Augustin ici est le continuateur, peut-être plus encore qu'Ernest qui restait dans la mouvance impressionniste.

Je voulais, écrit Augustin, *dépasser, par la pureté de la forme et la simplicité les Égyptiens, je voulais dépasser Holbein, Degas. Ce sentiment était-il de l'orgueil ? Je crois plutôt que c'est un idéal très élevé que je me proposais, car avec tout l'amour avec lequel je travaillais, la volonté toujours plus grande, plus concentrée, une volonté mêlée d'amour pour ce que je dessinais, avec de tels sentiments je ne crois pas qu'on puisse évoquer le mot orgueil, mais bien le mot idéal, car je m'efforçais aussi à l'humilité pour le bien de mon art et j'acceptais avec intérêt toutes les critiques souvent idiotes que certaines personnes pleines d'elles-mêmes me faisaient avec beaucoup d'assurance*[1].

Cette tension, cette obstination, qu'on sent jusque dans la manière d'enchaîner les mots ici, sont l'un des caractères d'Augustin. Il y a dans ces portraits dessinés une rage qui confine à la folie et rappelle le mot de Degas dans une lettre à de Valernes : « ensorceler la Vérité, lui donner l'apparence de la folie ». Lors d'une exposition de 26 œuvres d'Augustin en 1948, le célèbre critique Waldemar George écrivit fort

---

1. Note autographe citée.

justement de lui : *Le Beau tel qu'il le conçoit et tel qu'il l'envisage est la splendeur du Vrai*[1].

Lors d'un voyage dans les Pyrénées, Augustin fit la rencontre de Juliette Rapin, fille d'un ingénieur veuf qui avait travaillé à la construction des chemins de fer espagnols. S'appeler Rapin et rencontrer un Rouart peintre était presque inscrit dans les astres ! Les deux jeunes gens s'aimèrent et s'épousèrent au début des années trente. Le mariage eut lieu dans l'église d'Arette en montagne. La famille d'Ernest assistait à la cérémonie ainsi que les autres Rouart. Clément, l'un des fils d'Ernest et de Julie, s'éprit d'une sœur de Juliette, Victoria Rapin, qu'il épousa à son tour. Deux sœurs épousaient deux cousins Rouart, l'histoire semblait recommencer...

Augustin passa à la peinture avec une série de natures mortes (*Cruche, fleurs et fruits* en 1930, *Cafetière et bougeoir* en 1931) où on retrouve curieusement l'influence du Gauguin d'avant Tahiti. Certaines associations de bleus et de roses violacés, corolles de fleurs rouges ou jaunes jetées sur la table entre fruits et cruche, ne laissent que peu de doutes. Ces premiers essais en peinture sont convaincants même si Augustin n'a pas encore trouvé sa manière propre. *La Cafetière et bougeoir* est une réussite. On admire le fini, l'acharnement, et surtout la pensée contenue et maîtrisée dans une esthétique qui tourne le dos aux courants contemporains de l'art.

Un premier enfant naît en 1931, prénommé Daniel. Il figurera dans plusieurs peintures, dont celle du délicieux *Petit pêcheur* en 1943.

Il semble bien que l'autoportrait ait marqué chaque fois une étape décisive de l'évolution d'Augustin. Il en réalise un nouveau, dit « au béret », comme pour marquer la conquête

---

1. Préface au catalogue de l'exposition de la galerie Pétridès à Paris, du 22 juin au 6 juillet 1948.

nouvelle de la couleur. Augustin n'y est plus un jeune homme, il apparaît ici en 1933 comme un homme entré dans l'âge adulte et père d'un enfant. La bouche semble esquisser un sourire, mais les yeux sont interrogateurs et comme étonnés d'être là. Ces yeux, toujours aussi bleus, donnent le ton à cette symphonie marine. Le béret basque a remplacé le bonnet italien renaissance, peut-être un hommage au pays de Juliette ? Ou une allusion à Dürer ou Holbein ? Veste, chemise, cravate, coiffe, sont du bleu le plus intense, celui qui habillait les natures mortes. Le fond gris en contient, comme les ombres sur la tempe droite du modèle. L'harmonie froide est tempérée par la générosité d'un visage qui se donne sans fard.

Puis le trait se libère dans sa peinture pour s'approcher de celui de Maurice Denis en diverses réalisations dont un portrait, *Maruja*, un des rares ouvrages d'Augustin Rouart sans la couleur bleue. Maruja était Marie-Louise, une autre sœur de Juliette surnommée ainsi, en espagnol, puisque c'était une langue très utilisée par les sœurs Rapin qui avaient longtemps vécu à Madrid. Les couleurs de ce portrait sont « espagnoles », harmonie d'ocre, de gris vert et de bruns.

En ces années trente, Augustin et Juliette prenaient souvent leurs vacances en Bretagne où ils allaient en voiture. Et en 1936, ils choisissent de descendre au sud de Nantes pour découvrir la côte vendéenne. Ils ont alors l'idée de s'arrêter à Noirmoutier et franchissent à marée basse le passage du Gois qui relie le continent à l'île quand les eaux se retirent. Le pont n'existait pas à l'époque. Cette immense plaine marine qui se découvre une fois par jour rend avec force l'odeur et comme l'haleine de l'océan.

Dans l'île encore sauvage et peu habitée, ils font des promenades qui les enchantent jusqu'à la côte ouest face à l'Atlantique. Des bois donnent au marcheur une ombre douce où les parfums d'iode et de résine se mêlent, se croisent ou disparaissent comme autant de tresses odorantes. L'île, à fleur d'eau, semble un radeau sur la mer. Elle est pauvre. Les marais salants s'étendent à perte de vue sous un ciel qu'Augustin croit reconnaître. C'est le même ciel qu'on voit chez les primitifs flamands. Un bleu doux, très pur, dépourvu de vert, de jaune ou de rose. Il a le coup de foudre pour ce lieu et cet espace peut-être attendus depuis si longtemps, loin des hommes, de la société à laquelle il n'a jamais rien compris, il est là au milieu de ce bleu de peintres, ses amis, ses frères, dont il fréquente les œuvres depuis tant d'années. Et aussitôt cette certitude immédiate que connaissent bien les artistes s'impose à lui : c'est là que se jouera sa vie, la vraie, sur les toiles. La société n'est que limites insupportables pour les esprits mystiques, ici, il n'y en a pas, l'horizon, le ciel, jouent de ce bleu, sa couleur, celle de l'infini.

Augustin ne savait pas que Renoir était venu peindre dans cette île. Renoir, Noirmoutier, cela aurait beaucoup amusé Mallarmé pour un quatrain facétieux. Augustin et Juliette apprennent qu'une maison est à vendre, près de la plage de la Bosse, à la lisière du village de l'Épine, une vente à la bougie. Et un hectare et demi de terrain autour. La décision est prise sans retard, le prix est abordable, on achète !

La maison est basse, comme aplatie sur le sol pour résister au vent de la mer dont elle sera le premier obstacle, une caractéristique de l'habitat local. Pas d'étage, une construction de plain-pied et des murs blanchis aux volets bleus ou gris. Tout y était fait avec des matériaux de récupération, souvent pris sur des épaves.

À quelques pas, habite une famille de pêcheurs, trois frère et sœurs, dans une longère, maison étroite, encore plus longue, découpée en quatre compartiments. Jeanne a épousé Jean-Louis Damour qu'on surnomme « Japonais », parce qu'il avait les yeux bridés disent les uns, parce que tout jeune il ne tenait pas en place, selon d'autres.

Jeanne et Japonais occupaient la section gauche de la maison. À leur gauche, vivaient Alphonse et Olive Thibaud, avec leurs filles, Francette et Colette, et plus loin Francis. Des gens qui travaillent dur, avec la générosité au cœur. Jeanne et Japonais n'ont pas d'enfants. Augustin qui a connu les grands hôtels particuliers du VIIe arrondissement, se plaît avec ces gens très simples. Lui qui fuit la société, se retrouve au milieu de cousins lointains des paysans de Nuenen avec lesquels vivait Van Gogh. La nature l'a séduit, les hommes aussi. L'amitié chaleureuse succède à la sympathie. Les Damour et les Thibaud s'occuperont de la maison en l'absence d'Augustin et de Juliette.

Le vent sur l'île vivifie et a le pouvoir de tout effacer des soucis et des angoisses parisiennes ; ici, la nature, avec ces bleus si changeants du ciel, est une perpétuelle invitation à vivre et à peindre.

Victoria Rouart, l'inséparable sœur de Juliette, lui rend visite avec ses enfants et son mari Clément, ils achèteront vers 1950 une maison dans la partie la plus prisée de l'île, au Bois-de-la-Chaise. Julie et Ernest descendent à leur tour. Noirmoutier est devenu un lieu de vacances privilégiées pour la famille.

Mais la guerre arrive. Augustin qui a été réformé tant il est maigre et en santé fragile n'est pas mobilisé. Son frère Philippe part et sera fait prisonnier par les Allemands qui occupent une partie de la France et toute la façade Atlantique. Au printemps de 1941, l'Allemagne lance l'opération Barberousse contre l'URSS. Les Russes ayant sur leur pays tout le poids de l'armée allemande demandent avec insistance aux Alliés d'ouvrir un second front à l'ouest. Hitler qui a engagé l'essentiel de ses forces dans cette bataille décide de fortifier la côte Atlantique pour prévenir un débarquement des Anglais et des Américains.

La construction du Mur de l'Atlantique, de la frontière franco-espagnole à la Norvège commence sous la direction du général Rommel. Bunkers, poteaux, barbelés, postes de tir et de commandement, sont installés sur 4 000 km. Des îles comme Noirmoutier et Ré reçoivent un traitement de faveur.

La maison d'Augustin, trop près du littoral, fut considérée comme gênante pour les batteries côtières. L'armée allemande la détruisit sans autre forme de procès. Les Rouart qui n'aimaient pas les Allemands depuis la guerre de 1870 et la suivante, ressentirent cruellement cet acte brutal. Longtemps, la maison resta comme un tas de pierres.

Augustin et Juliette qui voulaient éviter Paris occupé n'avaient plus de toit à Noirmoutier, Jeanne et Japonais leur prêtèrent une section libre de leur maison, au sol en terre battue qu'il fallait arroser tous les jours pour éviter la montée de la poussière. Ils s'y installèrent avec Daniel, leur enfant et passèrent deux ans dans des conditions très rustiques avant de construire une autre maison bien plus tard.

Pour Augustin dont l'enfance et la jeunesse s'étaient passées dans la haute aristocratie intellectuelle et artistique de la capitale, ces conditions si humbles résonnaient comme une ascèse indispensable, un retour à l'essentiel qui permettrait à son art de se déployer en toute liberté.

On peut rapprocher ce qu'il vécut de ce que firent nombre de jeunes qui quittèrent la ville pour la campagne et l'inconfort dans les années 1970. Croire vivre l'originalité et une nouveauté radicale est une illusion de la jeunesse vite évanouie devant une connaissance historique précise. La fin des années trente en France connut des mouvements écologiques, féministes ou de libération sexuelle avant la lettre, notamment dans certains milieux ouvriers émancipés comme on peut le voir dans un roman « ouvrier », *Les belles journées* de Maurice Lime, qui racontait le mouvement de Juin 36, de l'intérieur, dans les usines. Charles Trenet triomphait à Paris avec son *Je chante*, un vent d'optimisme balayait la jeunesse française d'alors. Il y avait même comme un retour à la figuration qui s'esquissait en art, mais fut brisé par la guerre. La peinture d'Augustin est inséparable de ces mouvements qui traversèrent la société dans sa jeunesse.

Augustin ne lisait ni romans, ni ouvrages d'idées excepté ceux qui étaient consacrés à la peinture. Les réflexions des grands maîtres, les journaux de peintres, les lettres de Van Gogh, étaient ses livres de chevet, avec les poètes, dont il connaissait nombre de vers par cœur. Verlaine et Baudelaire surtout.

Il avait la foi du charbonnier, un amour fou de la France et de son art, car tout chez lui était déterminé par des considérations artistiques. Gagner sa vie en pratiquant un autre métier ne l'effleurait pas. Bien des peintres dans son cas étaient professeurs de dessin et peignaient durant les vacances en attendant un possible retour de fortune par l'exposition de leurs œuvres. Augustin était de ceux qui ont besoin de l'absolu dans leur vie pour l'atteindre dans leur art. Construire une famille dans ces conditions n'allait pas de soi. Quand les diverses entreprises éditoriales de Louis ne purent lui assurer un revenu suffisant, Augustin se retrouva dans une situation longtemps difficile.

Dans son art, il associait curieusement le regard d'un éternel enfant à une esthétique classique portée par une maîtrise technique stupéfiante. À Paris, et sous le parrainage d'Henry Lerolle, il était parvenu à dominer toutes les difficultés du dessin. À Noirmoutier c'est la couleur qui l'intéressait et cette maîtrise tant recherchée mettra du temps à venir. Quand il l'acquit, il put faire vibrer, au pied d'un vase de fleurs, des bleus célestes, on peut le dire, d'une douceur infinie pour les yeux qui les regardent, sans fard, sans vitre, dans toute leur grâce.

Les accords de couleurs qu'il finit par atteindre sont d'une subtilité si exquise qu'encore aujourd'hui la photographie est incapable de les rendre sans les écrêter, les écraser. À moins d'avoir des rétines en zinc, anesthésiées par des épices visuelles toujours plus fortes, on ne peut que rendre les armes devant ces petits miracles. Il faut voir ses tableaux pour mesurer l'acharnement sans limites que cet homme mit pour trouver de telles vibrations hors de portée de toutes formes de reproduction. Le photographe de la peinture sait à quel point les œuvres des grands maîtres sont difficiles à capter dans leur vibration. On peut dire que le résultat est en raison inverse du talent du peintre : plus le peintre a le génie de la couleur et des rapports de tons, plus il sera difficile à rendre. Les petits peintres et les peintres d'idées, à la plastique pauvre, passent beaucoup mieux en photo.

Mais dans son temps qui se livrait, et pour cause, au « convulsif » cher à André Breton, une telle peinture n'avait guère de chance de s'imposer, ni même d'être tout simplement visible. Son siècle brûlait sur chaque toile ce que lui adorait dans les siennes. Impossible de les voir se rejoindre. Augustin voulait d'abord donner dans un tableau une fête pour l'œil, selon le précepte de Delacroix, et accessoirement pour l'esprit. Il recherchait, au fond, cet invariant de la peinture par-delà tout sujet, quel qu'il soit. L'inverse des hantises de son temps qui relégua trop souvent la plastique à un rang secondaire pour faire une peinture, un art, une littérature d'abord de dénonciation, où la beauté sensuelle tient moins de place. Imprudence que le temps sanctionne plus vite qu'on ne croit : vus de près, certains tableaux de Magritte n'émeuvent plus beaucoup aujourd'hui tant leur plastique est faible. Ils sont souvent meilleurs en photo, constat bien cruel pour leur auteur. Et la technologie aux mains des publicitaires use et abuse aujourd'hui de ces procédés pour créer l'insolite en des images qui n'ont que l'excitation épidermique pour elles. En revanche, qui regardera avec l'attention requise certains vases de fleurs d'Augustin Rouart n'oubliera plus l'extrême subtilité des accords de tons que le peintre offre à ses yeux. Voir est aussi un bonheur, le peintre ne doit jamais trop s'éloigner de cet axiome.

Un tel parti pris condamnait Augustin auprès du personnel artistique de son temps. Il exposa dans la galerie du marchand Hector Brame en 1942, puis plus tard en 1948 à la galerie Pétridès. Le catalogue fut préfacé par Waldemar George. *Comme tant d'autres,* écrivait-il, *ce jeune homme aurait pu adopter les impératifs plastiques de son époque. Il aurait pu opérer une synthèse du cubisme et de l'expressionnisme, ou foncer tête basse dans l'abstraction qui tient lieu d'alibi à tant d'analphabètes. Il ne l'a pas voulu. Il a eu le courage d'imiter la nature. Il l'a regardée avec des yeux éblouis. Il l'a scrutée et il l'a explorée. Son attitude et son comportement sont ceux d'un primitif.*

Brame prit en dépôt des tableaux et commença à en vendre à un prix très modique et surtout, après la guerre, à des Américains, mais comme il ne tenait aucun registre, on ne sait plus où sont la plupart des tableaux vendus d'Augustin Rouart. Ces expositions restèrent longtemps les seules. Il montrait parfois quelques toiles le temps d'une soirée ou d'un jour, à quelques amis qui étaient son vrai et seul public...

Augustin ne cherchait pas le contact. Il peignait ses toiles, ou ses cartons, en se demandant seulement ce que Degas, Ingres, Van Gogh, Holbein ou Delacroix en auraient pensé et cela seul lui suffisait. Il faut une force de caractère prodigieuse pour tenir ainsi durant soixante ans contre vents et marées, ou une naïveté désarmante d'enfant, presque de l'inconscience. À moins que cette force procède de l'enfance préservée en soi. L'enfance qui échappe au temps étant seule à pouvoir opposer une dureté suffisante pour résister aux assauts du réel.

Durant la guerre, dans cette petite maison de Noirmoutier où sa famille avait trouvé refuge, un tableau énigmatique domine sa production. Cette toile de 50x66 est directement inspirée d'une œuvre de Gauguin à Tahiti, *Manao tupapau* (*L'esprit des morts veille*), où une Tahitienne nue est allongée sur un lit couvert d'un drap jaune de chrome affaibli, le visage épouvanté, tourné vers le spectateur, tandis qu'une étrange divinité de profil veille sur la gauche du tableau, le « tupapau », cet esprit des morts qui terrifiait les Tahitiens.

Augustin connaissait bien cette œuvre et devait en avoir une reproduction. Il représenta une scène de nuit analogue d'une étrange et intense poésie, où l'on voit Juliette allongée sur le ventre, une jambe tendue, l'autre pliée, dans une attitude d'un érotisme net sans être appuyé, le visage dans l'oreiller et dans ses mains comme si elle pleurait. Elle est légèrement vêtue d'une chemisette violette et d'un short ou culotte de ce bleu si doux d'Augustin. Le lit est recouvert d'un dessus jaune citron comme frotté de vert, qui vibre avec le bleu et le violet des vêtements de Juliette en un accord qui fait plus penser à Van Gogh qu'à Gauguin.

Au-dessus d'elle, deux baies vitrées séparées par un montant vertical montrent un paysage nocturne d'une subtilité, d'un velouté incroyables, gris vert, clairs ou sombres, et un arbre qui étend ses deux branches comme s'il ouvrait les bras ou était crucifié. Sur le rebord de ces fenêtres, à la place de l'esprit des morts de Gauguin, un chat gris au ventre blanc veille tel un sphinx de profil. Et sur le mur, sous le chat, cette inscription : LAGRIMAS Y PENAS. Larmes et chagrins.

Le corps de Juliette aux lignes et aux galbes d'une grande beauté sur ce jaune acide est une invitation à l'amour dont le jaune était la couleur pour le peintre d'Arles, ce qu'Augustin savait parfaitement. Mais pourquoi ces larmes et ces peines, en espagnol, l'une des deux langues de Juliette et de ses sœurs ? Et l'arbre derrière la fenêtre qui semble vouloir la prendre dans ses bras pour la consoler...

Allusion aux souffrances de Juliette dans sa vie avec un peintre à la situation difficile ? C'est possible. La clef serait-elle dans d'autres œuvres contemporaines ?

En cette même année 1943, Augustin grave sur cuivre un dessin de Juliette, *Femme sur l'oreiller*. Son visage de face et dans le même lit regarde celui qui la représente, avec une expression de résignation dans le regard. Mais rien n'est sûr en la matière.

On peut voir aussi dans *Lagrimas y penas*, plus largement, quelque méditation métaphysique sur la vie, la fuite du temps et de la jeunesse, conjurés par l'amour et la beauté. L'angoisse de la Tahitienne de Gauguin ne serait alors pas si éloignée de celle de la Française de 1942-43 en pleine guerre. L'œuvre est sans doute partie de la volonté de reprendre le thème du tableau obsédant de Gauguin en transposant son angoisse existentielle. Quoi qu'il en soit, elle garde un charme entêtant et mystérieux.

Cette peinture vaut tant par son étrangeté que par une vibration colorée extraordinaire que la photographie est incapable de rendre. À la photo le jaune citron infimement verdi vire au jaune de chrome, et les couleurs si rares de la nuit sont aplaties.

C'est dans ce climat que Juliette est de nouveau enceinte, douze ans après 1930. Comme il n'est pas question d'accoucher dans la petite maison vendéenne, ils quittent Noirmoutier pour Paris et Jean-Marie Rouart naît le 8 avril 1943 à Neuilly. Julie, devenue veuve d'Ernest, propose à Augustin et sa famille d'aller habiter dans son château du Mesnil, ne serait-ce que pour le garder et le préserver, car les Allemands en occupaient une partie.

Ils resteront deux ans dans cette demeure qui avait connu Berthe Morisot, Mallarmé, Renoir ou les visites de Monet dans sa Torpédo au début du siècle. Paul Valéry, atteint de scarlatine et mis en quarantaine, en profita pour y lire Proust qu'il détesta. Le château du Mesnil dont l'achat consuma les derniers mois de vie d'Eugène Manet pourrait à lui seul raconter un roman s'il pouvait ouvrir la bouche.

C'est là que Jean-Marie Rouart fit ses premiers pas ou prit ses premières poses devant le chevalet d'un peintre. Dès qu'il s'endormait, Augustin, fasciné par le sommeil (il avait gravé sur cuivre une admirable image en trait libre de Juliette endormie) braquait une lampe sur son fils, le dessinait en diverses attitudes, entre oreiller et couverture, ou le peignait. Parfois l'enfant se réveillait, ouvrait l'œil, et voyait son père qui travaillait près de cette lampe. La vie n'est-elle faite que pour y être peint dans cette étrange famille ?

Cette période de la guerre est donc surtout consacrée par Augustin à peindre les siens, Juliette et Jean-Marie au premier chef. L'explication en est simple : la peinture de plein air pouvait se révéler dangereuse en pays occupé, avec des patrouilles de soldats et de miliciens. Augustin peignit aussi de nouvelles natures mortes où la couleur commençait à monter avec plus de confiance : en bleus et turquoise (*Anthémis et bleuets*, 1943), ou en jaune, noir et turquoise (*Mimosa*, 1945).

Au lendemain de la guerre, les doutes d'Augustin sur son art et sans doute sa situation financière toujours difficile provoquèrent une longue crise dans sa vie. Vers 1950, tandis que son tout jeune fils était encore placé à Noirmoutier chez Jeanne et Japonais, il fut terrassé par une forme de désespoir ; il cessa de peindre durant quatre ans. Il trouva alors en son frère Philippe un appui sans faille et des encouragements incessants à reprendre sa peinture et ne pas se laisser abattre.

Philippe avait été peintre, puis s'était tourné rapidement vers la céramique. Il a laissé quelques toiles peintes à la manière des autres Rouart, dans la mouvance impressionniste, et deux beaux auto-portraits. Philippe qui réussissait bien dans la céramique (le paquebot *France* lui commanda nombre de pièces), avait son atelier dans une maison avec jardin avenue d'Italie, un quartier encore ouvrier. Il s'y était réfugié après avoir quitté son appartement Quai de Bourbon. La céramique impose ses temps de cuisson et de refroidissement. On le voyait alors sortir, en bleu de travail, dans les bistrots du XIIIᵉ, à boire un jus ou un ballon de blanc en se mêlant à la conversation des habitués.

Philippe restait marqué par les temps du Front populaire, sans se classer à gauche, pourtant. Il pensait que l'énergie, la vitalité, la générosité, ne se trouvaient que dans le peuple, auquel il se mêlait. Mais il fréquentait des personnalités de droite qu'un amour intransigeant de la France, de son art, de son histoire et de sa littérature unissait. Jacques Perret, l'auteur du drolatique *Caporal épinglé*, Roger Glachant, ancien conservateur des archives du ministère des Affaires étrangères, auteur d'ouvrages sur l'Inde des Français, ou le temps de Vergennes et de Suffren, faisaient partie de ses amis, avec Jacques de Dampierre et Augustin. Un solide antigaullisme présidait aux échanges. Enfin, on est Rouart ou on ne l'est pas, les murs étaient couverts de tableaux, ceux de la famille : œuvres de Philippe, d'Augustin, de Berthe Morisot, entourées de lithographies de Delacroix, Toulouse-Lautrec, Jongkind, Degas...

Philippe décida de se dévouer à Augustin dont il reconnaissait le talent. « Mais non, lui disait-il, il faut continuer à peindre, ce que tu fais est beau, ne perds pas courage. » Sans le soutien de son frère, Augustin aurait certainement abandonné. Il se réfugia dans la prière, et la correspondance de Van Gogh à Théo. Comment ne pas se retrouver dans ce dialogue de Vincent avec son frère ? Qui, mieux que lui, pouvait comprendre la démarche créatrice isolée de Van Gogh pour faire une peinture ignorée du monde entier ? Augustin se reconnaissait dans tous les excès de Vincent et dans toutes ses frustrations. Il se réfugia comme le Vincent de Londres dans une forme de mysticisme, se demandant cent fois s'il faisait bien dans sa peinture. De longues conversations avec Philippe lui permirent de remonter la pente. La naissance d'un troisième enfant, Christine, peut-être aussi. Philippe l'initia à la céramique et Augustin fit quelques pièces remarquables qu'il décorait avec l'image d'une pie apprivoisée à Noirmoutier. Par la suite, ses tableaux de bouquets de fleurs montrèrent souvent des vases de Philippe comme un hommage à celui qui l'avait porté en ces heures sombres.

À partir de 1954, la nouvelle manière d'Augustin est d'une grande luminosité et offre des accords de tons intenses, qui claquent. Les natures mortes plutôt grises ou sombres de jadis sont loin. Augustin est devenu un maître de la couleur et de ses harmonies secrètes. Van Gogh, dans l'asile de Saint-Rémy, avait écrit à sa sœur Wilhelmina que ses fameux tournesols jaunes étaient un symbole de gratitude. Les bouquets d'Augustin sont de même une offrande à la vie, à la beauté, à l'art qu'il peut encore pratiquer. On y retrouve surtout durant les années 50, la touche épaisse de Vincent pour les fonds, parfois touches dirigées dans le sens vertical, parfois touches croisées à angle droit, comme la pratiquait Vincent durant l'été 1888, à Arles, pour contrecarrer un mouvement de l'œil trop orienté par la composition.

Ces œuvres à l'huile d'Augustin, le plus souvent en 30x40 et sur carton, déclinent le même thème : un vase en céramique, en général créé par Philippe, posé sur un napperon ou quelque tissu, des fleurs et un fond ou mur d'une couleur qui fasse vibrer l'ensemble. Parfois un crayon, carnet ou livre viennent s'ajouter à cette composition de base. Le bleu, couleur dominante, du plus dense au plus clair, ce bleu doux d'Augustin, contraste en légère dissonance avec les corolles de fleurs.

Car la dissonance est là, pour qui sait la voir, quoique discrète, au milieu d'un calme, d'une sérénité, d'une fraîcheur gratifiants. Augustin est passé dans la vie, il a fait ce qu'il portait en lui, et laissé ces signes légers et bleus. Plus on regarde l'œuvre, plus les yeux s'imprègnent de son harmonie tellement pensée, plus on s'y attache avec l'envie de la revoir dès qu'on l'a quittée. Puis, la revoyant, on retrouve cette sensualité et cette douceur avec joie. On oublie alors les horreurs du temps, et les cris de *Guernica*, et on se dit que le monde pourrait être beau. Tel est le message d'Augustin, dont l'œuvre finira bien par enjamber nos temps troublés pour être reconnue à sa juste valeur.

En 1964, Louis Rouart décédait, après une longue agonie où il se débattait comme s'il n'en avait pas fini avec la vie, scène très forte racontée par Jean-Marie Rouart dans son livre *Une jeunesse à l'ombre de la lumière.*

Il avait encore quelques restes de la collection d'Henri Rouart, qu'il avait rachetés en 1912, comme la *Dame en rose* de Corot, le *Pont san Bartholomeo* du même, des dessins de Millet, des meubles de Jacob-Desmalter. Le Louvre se porta acquéreur de la *Dame en rose.*

Augustin avait reconstruit une maison sur la dune en face de la plage de la Bosse, et tous les jours, en veste et cravate bien sûr, il prenait sa bicyclette chargée de son matériel, pliant, parasol, couleurs, chevalet, pour tenter de capter la lumière sur une plage ou à l'intérieur de l'île, devant les marais salants. Il multiplia ainsi les marines, allant jusqu'à la plus grande simplicité de composition : le ciel, la mer, le sable, en trois bandes. Par beau ou mauvais temps. Il lui arrivait d'introduire une touche de rouge corail, pour donner une dissonance analogue à celle de ses vases de fleurs : une balise rouge, un pêcheur vêtu d'un ciré, une barque rouge sur le sable.

Il y a dans ces œuvres, toutes vêtues de bleu, une intense poésie, un goût pour l'absence de limites, pour l'infini divin ou naturel, qui fut la hantise de cet homme si peu accordé au monde où il vécut.

Ces œuvres furent faites dans une souffrance qui ne se démentit jamais. L'artiste sut ne rien en laisser voir. Les marines, pour la plupart, respirent le calme, la sérénité, et on y sent le souffle de la brise. Si le thème de l'offrande caractérisait la période des bouquets de fleurs, ici l'idée maîtresse est la contemplation ou la rêverie devant l'infini, que l'océan et son ciel nous soient présentés seuls, ou qu'un personnage les regarde au premier plan, pêcheur au ciré rouge, jeune garçon assis dans le sable, saisis de dos. Une façon de renforcer le sens de l'œuvre, comme si Augustin voulait nous dire que le sujet de son tableau et ce qui l'a hanté, est bien cet infini, de l'art, de la nature ou de Dieu, dont l'horizon marin est l'image synthétique, à hauteur d'homme.

En 1980, Augustin fit un petit autoportrait d'un humour discret, dit « aux lunettes », en 33x25, une huile sur bois à la touche enlevée. Pleine face, élégant bien sûr, et tout en bleu comme de juste : chemise claire, cravate sombre, gilet, veste blanche rayée de bleu, un paravent bleu très pâle, comme une grande image de papier ouverte et peinte de petites fleurs amusantes qui semblent avoir poussé dans sa tête (on peut y voir une allusion pleine d'humour à ses propres œuvres), enfin la pie apprivoisée peinte à gauche sur ce fond, pour suggérer qu'elle vole dans un ciel recréé. Augustin en grosses lunettes d'écailles s'interroge, mais on a l'impression que ses yeux devenus petits esquissent un sourire... C'est un vieux monsieur dans cette énorme veste, et si attachant. En haut à droite, le monogramme pour signer à la manière d'Albrecht Dürer : un petit R enfermé dans un grand A, Augustin Rouart.

L'œuvre d'Augustin Rouart est inclassable ou oblige à refaire les classements, comme l'a suggéré Pierre Rosenberg[1], qui fut directeur du Louvre. Issue d'une famille et d'un milieu où la peinture était une religion, dont le temple était rue de Lisbonne, elle rappelle que cet art n'en a pas fini avec ce qui en fait l'essentiel depuis la préhistoire : l'élaboration par main d'homme d'images magiques qui attirent à elles l'esprit soudain désarmé par le trait ou la couleur. Ce peintre dont la manière s'approche parfois de l'enluminure, nous rap-

---

1. Préface à *Augustin Rouart, Le réalisme magique*, avec des Contributions d'Emmanuel Bréon, Bruno Foucart, Jean-Marie Rouart, Dominique Bona, Anne Muratori-Philip, etc... Voir données complètes en bibliographie.

pelle que cet art tient à sa manière du merveilleux visible et qu'il doit se garder de trop s'en écarter. Augustin avait la main d'un virtuose et un esprit assez poétique pour concevoir des compositions complexes, originales, comme il le fit avec *Lagrimas y penas* ou son *Petit pêcheur*, mais il se tourna vers des compositions simples, souvent répétées, où son art put s'abreuver aux sources mêmes de la peinture, le bonheur de donner à voir l'infinie douceur du monde.

XVI

Après-guerre

Vers 1960 la vague des musiques américaines atteint la quatrième génération Rouart qui tient quartier chez Julie Manet-Rouart. Il y a de la place pour danser le rock ou le *rythm and blues*. Garçons et filles affluent dans l'ancien atelier d'Ernest rue Paul-Valéry. On repousse les toiles d'Ernest, de Julie, d'Henri Rouart, de Paule Gobillard, voire de Paul Valéry qui s'essaya lui aussi à la peinture, les chevalets sont mis de côté, comme tout le matériel d'artiste, pour danser et s'embrasser sous le regard des portraits, des baigneuses peintes par Ernest, ou de tel paysage impressionniste.

Cette génération pléthorique et pleine de vie laboure tout sur son passage, mais elle a la protection de Julie. « Amusez-vous bien, leur disait-elle, mais faites attention ». Quand l'obscurité gagnait, les jeunes couples s'enlaçaient avec la musique de Ray Charles pour les protéger du monde. Dans cet hôtel construit par Berthe Morisot et Eugène Manet, dont les murs étaient couverts de toiles, ils étaient chez eux depuis longtemps.

Enfants déjà ils jouaient bruyamment et Julien, le psychanalyste installé au deuxième étage, se plaignait du manque de silence. Ses patients sur le divan ne pouvaient se concentrer pour extraire les mots et images précieux du fond de leur mémoire maltraitée par la névrose. Peine perdue, les gamins, enfants de Clément et Victoria Rouart, d'Augustin et de Juliette, de Paul Rouart et d'Agathe Valéry, se croyaient tout permis, et avec la frêle Julie comme alliée, ils ne craignaient rien. Il leur arriva de jouer à des jeux dangereux pour les tableaux : fléchettes et carabines à plomb ! Les dégâts furent moins importants qu'on ne l'a dit, nous assura Yves Rouart, fils de Clément. Les toiles de Manet, de Berthe Morisot, de Degas et d'autres étaient bien rangées ou hors de portée. Mais quand ils tiraient à la carabine dans l'escalier, les plombs qui manquaient leur cible se perdaient quelques fois dans un grand paysage d'Henri Rouart... Aucun respect ! Mais gageons que l'âme d'Henri leur pardonnait sûrement.

Le vrai dommage eut lieu sur le plus beau de tous les portraits, celui de Berthe Morisot au bouquet de violettes par Manet, aujourd'hui à Orsay. « Et là ce n'était pas de notre faute ! » se défend Yves Rouart. Un soir d'anniversaire, un adulte (qui ?) secoua une bouteille de champagne, le bouchon partit et atteignit l'image sublime de la tante Berthe en plein cœur ! Fort heureusement, c'était dans le noir, ces noirs si denses de Manet, et la toile fut réparée. Mais quand on voit le tableau au musée en lumière rasante, la cicatrice est bien visible.

Paul Valéry et Ernest étaient morts depuis si longtemps qu'ils apparaissaient comme des icônes du passé. Seules Julie et Jeannie, deux vieilles dames, demeuraient, tels de vivants souvenirs de ce temps prestigieux dont elles parlaient de manière si naturelle. Julie, peinte enfant par Manet près d'un arrosoir, avait reçu les leçons de Berthe, puis celles de Renoir, elle avait dîné avec Degas et visité le Louvre en sa compagnie, connu Mallarmé, Redon, Debussy, Monet, Gide, Henri Rouart, Valéry, Maurice Denis et bien d'autres, chefs d'orchestre, pianistes, musiciens fréquentés par Jeannie. Presque tous ces hommes et femmes qui avaient fait l'art français d'un temps qui fut si riche hantaient sa mémoire et elle regardait amusée ces jeunes qui découvraient l'amour en se trémoussant avec frénésie avant de se murmurer des mots qui n'ont pas d'âge.

Quand elle allait à Noirmoutier devenu un quartier général Rouart, Julie s'intéressait aux jeunes filles qui s'exerçaient à peindre ou dessiner sur la plage. Elle leur prodiguait des conseils et prenait parfois le pinceau ou le crayon pour illustrer ses propos de main de maître. Elle avait été plus sévère avec ses fils, mais ses petits-enfants et leurs cousins, c'était sacré.

Elle fut tout aussi accueillante pour Michel Forget, officier de la Légion Étrangère et l'un des rares guerriers de la famille. On se souvient du célèbre tableau de Berthe Morisot, *Le Berceau*, qui montrait Edma, la sœur de Berthe, penchée sur sa fille Blanche tout juste née. Michel Forget était le fils de cette petite Blanche et de Pierre Forget. La vie a de ces détours, parfois ! Né en 1911 il s'était engagé dans la Légion. Combattant héroïque durant la guerre jusqu'à l'Armistice de 1940, il passa en Espagne par le village d'Arette en 1942, fut interné comme tant d'autres à Miranda, avant de se retrouver au Maroc et à Alger. Il participa à la campagne d'Italie, sous les ordres du général Juin, se signalant par des actes qui forçaient l'admiration lors des différentes batailles. Après la guerre, il venait séjourner parfois chez Julie et organisait des fêtes fort arrosées dans l'atelier de Berthe Morisot, avec ses légionnaires et des femmes bien légères… Engagé en Indochine, chef d'un bataillon du 3ᵉ Régiment Étranger d'Infanterie, il tomba le 7 octobre 1950, lors de l'assaut d'un piton à Cao Bang pour permettre l'évacuation de civils. Il mourut dans les bras du commandant de Chergé, l'oncle du moine Christian de Chergé assassiné plus tard à Tibhirine. Il avait trente-neuf ans. On donna son nom à un quartier de la Légion Étrangère à Kourou.

La maison de Julie était un lieu de vie, de rencontres, un havre de liberté. Elle restait, à Paris, ce grand navire de pierre aux mille souvenirs, qui traversait le temps, chargé de couleurs et de formes comme autant de coffres enchantés sur lesquels veillait la frêle magicienne.

Dans cette quatrième génération Rouart, la passion pour les arts resta vive et si elle ne se traduisit pas toujours par des œuvres d'importance, elle ne cesse d'habiter les descendants d'Henri. Haute culture, extrême civilité, amour fou de la beauté, discrétion et réserve, on reconnaît certains traits de caractère déjà rencontrés, chez Martine et Vincent, les enfants de Paul et Agathe Rouart, petits-enfants de Paul Valéry par leur mère, comme chez Yves de la branche Ernest ou Jean-Marie, fils d'Augustin.

Yves Rouart, fils de Clément et Victoria, se tourna vers le droit après son bac et une fois la licence en poche, créa avec un associé une société de rénovation immobilière, la SIMIF. Puis il entra comme clerc de commissaire-priseur chez Loudmer et Cornette de Saint-Cyr. Mais son œuvre, toujours en cours, fut la publication du catalogue raisonné de l'œuvre de Berthe Morisot, son arrière-grand-mère. Un premier volume, préfacé par Jean-Marie Rouart, rassemblant toutes les huiles fut publié en collaboration avec Delphine Montalant et Alain Clairet, lui aussi descendant d'Henri Rouart par Alexis, qui se consacre aux arts plastiques aujourd'hui en Californie. Ce travail exhaustif, accompagné de nombreuses notes biographiques et d'une chronologie très détaillée de Berthe Morisot est devenu l'outil indispensable pour connaître en profondeur l'œuvre de la plus méconnue des grands impressionnistes. Yves Rouart parachevait ainsi une longue entreprise commencée par Julie Manet et Ernest Rouart, continuée par son oncle Denis. Le volume consacré aux dessins, pastels et aquarelles est toujours en élaboration. Sa publication prochaine donnera les compléments indispensables à la connaissance de Berthe Morisot, en éclairant bien des aspects de sa démarche créatrice, où l'aquarelle et le dessin rapide jouèrent un si grand rôle dans son projet de saisir l'instant qui passe, le plus impalpable, le plus évanescent.

XVII

Jean-Marie Rouart,
le romancier

Académicien français, écrivain, journaliste, Jean-Marie Rouart n'a pas choisi, selon ses propres mots pleins d'humour, la voie de la réserve et de la discrétion de sa famille.

Si Henri Rouart refusait toute exposition à lui seul consacrée, son arrière-petit-fils Jean-Marie a publié vingt-cinq livres, distingués par les prix Interallié (*Les feux du pouvoir*, 1977), Renaudot (*Avant-guerre*, 1983), Prince Pierre de Monaco, et le prix de l'Essai de l'Académie française en 1985 pour *Ils ont choisi la nuit*. Il a rompu dans sa jeunesse avec le monde de la peinture qui fut l'obsession de son père et d'une grande partie des siens, choisissant la littérature et l'analyse de la vie politique et sociale. Né dans un milieu catholique, petit-fils de Louis Rouart, qui publia tant d'écrivains et penseurs issus de l'Église, il s'est rapproché de la franc-maçonnerie et a mené des combats qui sont plutôt ceux des intellectuels de gauche : contre les abus des pétroliers, contre la prostitution, et pour la défense d'Omar Raddad dans un livre retentissant et généreux.

Ces combats qui le rapprochent plutôt d'Henry Lerolle, lui ont valu à deux reprises la mise à l'écart du *Figaro* où il a travaillé comme journaliste politique accrédité à Matignon, puis comme directeur du *Figaro littéraire* pendant dix-huit ans.

Ses romans se livrent à une auscultation de la société à laquelle il se mêle sans reculer devant les mondanités quand les siens étaient si réservés et si peu mondains.

Mais, par son amour fou de la littérature, de la beauté sous toutes ses formes, sa passion de la liberté, son ouverture aux autres et aux talents d'où qu'ils viennent, Jean-Marie Rouart est aussi dans la continuité de cette famille pas comme les autres. Quand il fut à la tête du *Figaro littéraire*, il en ouvrit les colonnes à des écrivains ou universitaires d'un bord politique très éloigné du journal, confiant même le texte d'ouverture du numéro spécial consacré à Balzac au dirigeant trotskyste Alain Krivine !

On reconnaît bien là ce caractère des Rouart qui ont toujours mis le talent au-dessus de toute autre considération. Dans un livre d'entretiens[1], il donne comme raison de son éloignement de la franc-maçonnerie son *individualisme*, sa grande difficulté *à appartenir à un groupe*, autre héritage des siens.

Sur cette famille, il n'a rien écrit avant cinquante-cinq ans, âge de son entrée à l'Académie française. Il publie alors *Une jeunesse à l'ombre de la lumière* où il mêle ses souvenirs d'enfance et de jeunesse aux péripéties de la légende des Rouart. Dans ce livre admirable et sans fard, sont évoqués Louis et Augustin, Julie Manet, Degas, Paul Valéry.

Élevé durant plusieurs années de son enfance par des pêcheurs de Noirmoutier, il manifeste vis-à-vis de ses ascendants une liberté sans ambages. S'il considère qu'il leur doit la passion de l'art, il estime que l'on n'existe que par soi-même et qu'être un artiste n'est jamais dû à un milieu familial, si riche soit-il.

La littérature, dit-il dans ce livre d'entretiens, *permet de repousser les limites de l'existence, de l'ouvrir à l'infini*[2]. Une dimension spirituelle traverse l'œuvre de Jean-Marie Rouart, qu'elle soit revendiquée dans un essai ou exprimée dans un roman comme *La femme de proie* dont le narrateur poursuit

---

1. *Libertin et chrétien*, LGF, Paris, 2008, p. 51.
2. *Ibid.*, p. 47.

par amour un chemin qu'on qualifierait volontiers de christique. La passion sous toutes ses formes hante les œuvres de cet écrivain qui s'est éloigné des siens pour trouver sa voie, mais les rejoint dans une même soif d'absolu.

Terrible famille sortie tout droit d'un roman russe avec ses personnages excessifs, exaltés, mystiques, dévorés d'absolu, en proie à une impossibilité de vivre que je n'ai vue nulle part ailleurs[1]. Ainsi Jean-Marie Rouart a-t-il évoqué l'aventure incroyable des siens, digne en effet d'un roman russe.

Les Rouart et les familles auxquelles ils se sont alliés, étaient certes des bourgeois et même de grands bourgeois, mais leur passion pour les arts, pour la musique, leur pratique effrénée de la peinture ou de la littérature, les avaient rejetés dans les marges. Ils n'aimaient guère les mondanités, aucun métier de salonnards, aucun sens tactique entre table et café. Berthe Morisot elle-même, fille de préfet, ne fréquentait pas les puissants du jour. Monet et Renoir étaient issus du petit peuple, Degas une sorte d'expatrié né de l'union improbable entre Français de Naples et d'Haïti, Mallarmé un petit prof de province, et que dire de Debussy, de Gide ou de Valéry, les « messieurs de la famille » ? Les Lerolle ne corrigeaient pas ce manque, ils ne recevaient que des artistes, musiciens, écrivains, avec une ardente foi en la justice au-dessus de toute considération. Une seule passion dans ce milieu, la beauté, et quelques rejets : l'utilitaire, la rentabilité, la soumission au faux ou au laid, le snobisme, l'imposture ; une mentalité

---

1. Jean-Marie Rouart, *Ils ont choisi la nuit*, LGF, 1986, p. 12.

de mécènes qui distinguent le talent et le soutiennent sans conditions et sans retard.

Mais suivre l'histoire des Rouart, c'est vivre aussi comme une aventure de l'individu, dans l'art et dans la société.

Parti d'un mouvement de la peinture contre la tyrannie de l'Histoire, de la mythologie, et des sujets préétablis, ce courant d'idées et d'œuvres qu'ils ont porté ne cessa de réaffirmer la priorité de l'individu, de son présent, dans l'art et ailleurs, ici et maintenant. Ce respect infini de la personne, témoigne chez eux d'un profond humanisme. Les Rouart sont des hommes libres.

L'échec de Mallarmé à dire l'indicible dans son fameux *Livre*, cette incapacité à franchir ce qui restera opaque chez tout être humain, ne les a pas ébranlés ni empêchés de s'adonner aux arts, bien au contraire.

Peut-être savaient-ils, pour avoir vu de si près quelques-uns des plus grands créateurs de l'art français, qu'il y a loin de nous aux purs esprits et que la transparence universelle est un leurre. Toute œuvre, quelle que soit sa puissance, la lumière qu'elle jette sur notre condition, s'élèvera encore pour longtemps sur fond de ténèbres et de silence.

Famille Lerolle

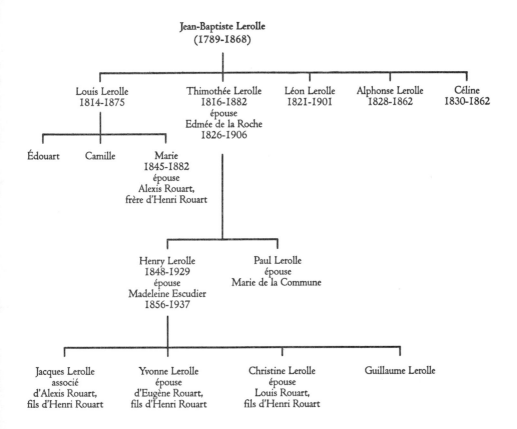

Le roman des Rouart

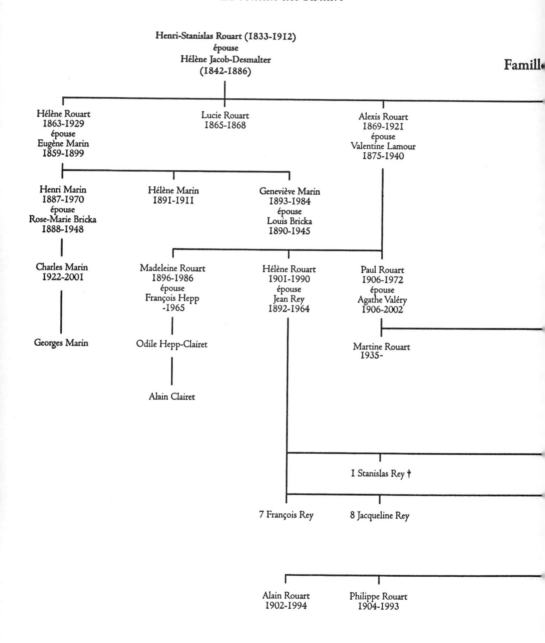

Henri-Stanislas Rouart (1833-1912)
épouse
Hélène Jacob-Desmalter
(1842-1886)

Hélène Rouart	Lucie Rouart	Alexis Rouart
1863-1929	1865-1868	1869-1921
épouse		épouse
Eugène Marin		Valentine Lamour
1859-1899		1875-1940

Henri Marin
1887-1970
épouse
Rose-Marie Bricka
1888-1948

Hélène Marin
1891-1911

Geneviève Marin
1893-1984
épouse
Louis Bricka
1890-1945

Charles Marin
1922-2001

Madeleine Rouart
1896-1986
épouse
François Hepp
-1965

Hélène Rouart
1901-1990
épouse
Jean Rey
1892-1964

Paul Rouart
1906-1972
épouse
Agathe Valéry
1906-2002

Georges Marin

Odile Hepp-Clairet

Martine Rouart
1935-

Alain Clairet

I Stanislas Rey †

7 François Rey   8 Jacqueline Rey

Alain Rouart   Philippe Rouart
1902-1994   1904-1993

392

ouart

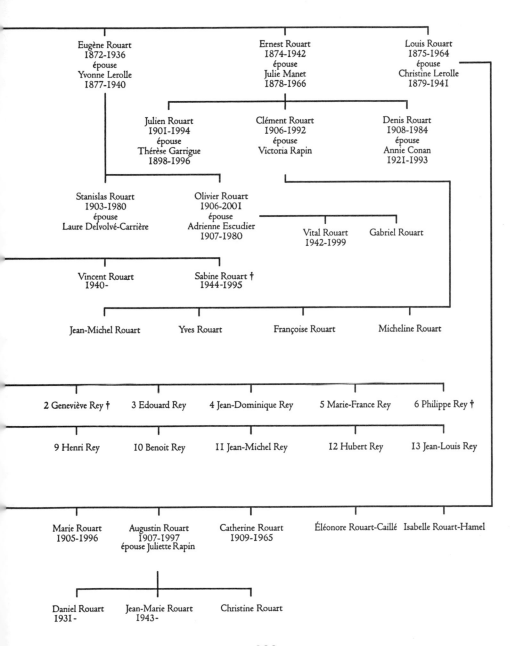

Famille Morisot

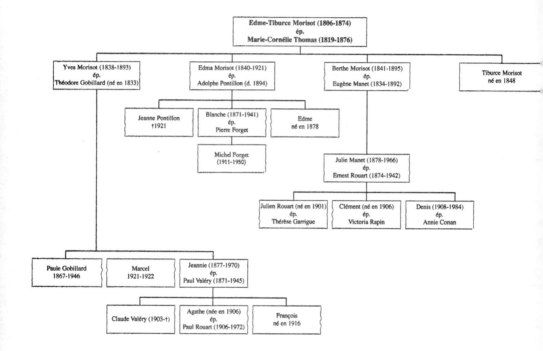

Edme-Tiburce Morisot (1806-1874)
ép.
Marie-Cornélie Thomas (1819-1876)

Yves Morisot (1838-1893)
ép.
Théodore Gobillard (né en 1833)

Edma Morisot (1840-1921)
ép.
Adolphe Pontillon (d. 1894)

Berthe Morisot (1841-1895)
ép.
Eugène Manet (1834-1892)

Tiburce Morisot
né en 1848

Jeanne Pontillon
†1921

Blanche (1871-1941)
ép.
Pierre Forget

Edme
né en 1878

Michel Forget
(1911-1950)

Julie Manet (1878-1966)
ép.
Ernest Rouart (1874-1942)

Julien Rouart (né en 1901)
ép.
Thérèse Garrigue

Clément (né en 1906)
ép.
Victoria Rapin

Denis (1908-1984)
ép.
Annie Conan

Paule Gobillard
1867-1946

Marcel
1921-1922

Jeannie (1877-1970)
ép.
Paul Valéry (1871-1945)

Claude Valéry (1903-†)

Agathe (née en 1906)
ép.
Paul Rouart (1906-1972)

François
né en 1916

Famille Manet

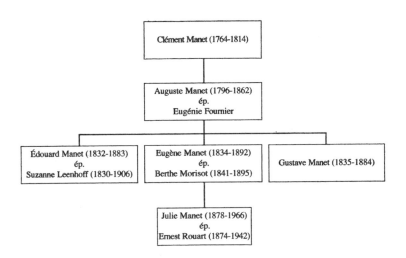

Sources et bibliographie sélective

Partir à la recherche des Rouart, c'est entreprendre un voyage fascinant dans la peinture, la littérature, la musique, d'une époque majeure de l'art français. Il serait aussi long que fastidieux de référencer les très nombreux ouvrages que nous avons consultés. On se bornera ici à l'essentiel en tâchant de ne rien omettre d'important. La plupart des livres cités contiennent au demeurant une bibliographie à laquelle on pourra se reporter pour d'éventuelles recherches. Ce travail a bénéficié non seulement de ce qu'on peut trouver dans des publications, mais aussi des récits de membres de la famille Rouart au sens large, ainsi que de notes ou lettres inédites.

Sources orales et écrites privées :

Entretiens avec Martine Boivin-Champeaux, Jean-Dominique Rey, Jean-Marie Rouart, Vincent Rouart, Yves Rouart.

J'ai pu avoir accès à des notes autobiographiques d'Henry Lerolle et à une lettre qu'il écrivit à son petit-fils Augustin Rouart.

De même, j'ai eu copie de lettres de Paul Rouart à son épouse Agathe Valéry-Rouart durant la Deuxième Guerre mondiale, jusqu'à sa démobilisation.

Enfin, j'ai cité une note autobiographique et autographe d'Augustin Rouart.

Références bibliographiques :

ADHEMAR, Jean et CACHIN, Françoise, *Degas, Gravures et monotypes*, Arts et Métiers graphiques, Paris, 1973.

ADRIANI, Götz, *Degas, Pastels, Dessins, Esquisses*, Albin Michel, 1985.
ALEXANDRE, Arsène, *La collection Henri Rouart*, Goupil, Paris, 1912.
ARTAUD, Antonin, *Van Gogh le suicidé de la société*, Gallimard, 1990.
ASSOULINE, Pierre,
  – *Gaston Gallimard, Un demi-siècle d'édition française*, Balland, 1984.
  – *Grâces lui soient rendues, Le marchand des impressionnistes*, Paul Durand-Ruel, Plon, 2002.
  – *Henri Cartier-Bresson : l'œil du siècle*, Plon, 1999.
Au cœur de l'impressionnisme : la famille Rouart, Catalogue de l'exposition du Musée de la Vie Romantique, du 3 février au 13 juin 2004, Textes de Daniel Marchesseau, Solange Thierry, Jean-Dominique Rey, Françoise Helbrun, Anne Distel, Louis-Antoine Prat, Agathe Rouart-Valéry, Bertrand Marchal, Catherine de Bourgoing avec Gabriel Rouart, Dominique Bona, François Chapon, Jean-Marie Rouart, Sophie Monneret, Paris musées, 2004.
AUDI, Paul, *La tentative de Mallarmé*, PUF, 1997.
Augustin Rouart, Le réalisme magique, ouvrage réalisé à l'occasion de l'exposition organisée au Musée des années 30 de Boulogne-Billancourt du 19 janvier au 5 mars 2006, préface de Pierre Rosenberg, textes d'Emmanuel Bréon, Bruno Foucart, Jean-Marie Rouart, Dominique Bona, Adrien Goetz, Anne Muratori-Philip, Sylvie Patin, catalogue d'Anaël Pigeat, Somogy et Musée des années 30, Paris et Boulogne-Billancourt, 2005.
BACOU, Roseline, *Millet, Dessins*, Bibliothèque des Arts, Paris, 1975.
BAUDELAIRE, Charles, *Œuvres Complètes*, Éditions Claude Pichois, Gallimard, Pléiade, 1975.
BONA, Dominique, *Berthe Morisot, le secret de la femme en noir*, LGF, 2002.
BONAFOUX, Pascal, *Monet (1840-1926)*, Perrin, 2007.
BREDIN, Jean-Denis, *L'Affaire*, Julliard, 1983. Rééd. Fayard, 1993.
CHAUSSON, Ernest, *Écrits inédits, journaux intimes, roman de jeunesse, correspondance*, Choix et présentation de Jean Gallois et Isabelle Bretaudeau, avant-propos de Marius Constant, Éditions du Rocher, Monaco, 1999.
COINTEPAS, Michel, *Arthur Fontaine (1860-1931), Un réformateur, pacifiste et mécène au sommet de la Troisième République*, Presses Universitaires de Rennes, 2008.
Corot (1796-1875), Exposition des Galeries Nationales du Grand Palais, Paris, du 28 février au 27 mai 1996, Catalogue par Vincent Pomarède, Michael Pantazzi, Gary Tinterow, Réunion des Musées Nationaux, 1996.
Correspondance adressée à Hayashi Tadamasa, ouvrage réalisé par le Centre National de Recherche pour les Propriétés Culturelles de

Tokyo, contient des lettres d'Alexis Rouart et des mentions d'Henri Rouart, Essais d'écrivains et universitaires japonais, Tokyo, 2001.

DAIX, Pierre, *Pour une histoire culturelle de l'art moderne*, Odile Jacob, 1998.

DARRAGON, Éric,
- *Manet*, Fayard, 1989.
- *Manet*, Éditions Citadelles, 1991.

Daumier (1808-1879), Exposition des Galeries Nationales du Grand Palais, Paris, du 5 octobre 1999 au 3 janvier 2000, Catalogue par Caroline Larroche, Réunion des Musées Nationaux, 1999.

DEBUSSY, Claude,
- *Correspondance*, édition établie par François Lesure et Denis Herlin, annotée par François Lesure, Denis Herlin et Georges Liébert, Gallimard, 2005.
- *Monsieur Croche* et autres écrits, édition de François Lesure, Gallimard, 1987.

DEGAS, Edgar, *Lettres*, recueillies et annotées par Marcel Guérin, préface de Daniel Halévy, Grasset, 1997.

DENIS, Maurice,
Outre ses articles toujours intéressants dans la revue *L'Occident*,
- *Henry Lerolle et ses amis*, Paris, 1932.

DISTEL, Anne,
- *Les collectionneurs des impressionnistes : amateurs et marchands*, Bibliothèque des arts, Paris, 1989.
- *Renoir*, Citadelles-Mazenod, 2009.

GALLOIS, Jean, *Ernest Chausson*, Fayard, 1994

GIDE, André,
On trouvera les œuvres de Gide plus ou moins liées à Eugène Rouart aux éditions Gallimard, soit rassemblées dans la Pléiade, soit séparément en collection « blanche » ou en Folio. Entre autres : *Paludes*, *Les Nourritures terrestres, L'Immoraliste, La Symphonie pastorale, Les Faux-monnayeurs, L'École des femmes, Corydon, Si le grain ne meurt*, etc. Les correspondances avec Paul Valéry et Jean Schlumberger nous ont été utiles, éditées également chez Gallimard. Nous avons cité les ouvrages suivants :
- *Correspondance avec Eugène Rouart*, deux volumes, édition établie et annotée par David H. Walker, Presses Universitaires de Lyon, 2006.
- *Et nunc manet in te*, suivi de *Journal intime*, Ides et Calendes, Neuchâtel, 1947.
- *Journal (1887-1925)*, édition d'Éric Marty, Gallimard, Pléiade, 1996.
- *Le ramier*, avant-propos de Catherine Gide, préface de Jean-Claude Perrier, postface de David H. Walker, Gallimard, 2002.

GOLÉA, Antoine, *Debussy*, suivi de *Pelléas et Mélisande, analyse poétique et musicale inédite*, Slatkine, Paris, Genève, 1983.

GORDON, Robert et FORGE, Andrew, *Degas*, Flammarion, 1988.

HAZIOT, David, *Van Gogh*, Gallimard-Folio, 2007.

HUGO, Victor, *Œuvres complètes*, Édition chronologique sous la direction de Jean Massin, Paris, 1968.

JARRETY, Michel, *Paul Valéry*, Fayard, 2008.

LATTRE, Simonne de, *Jean de Lattre, mon mari*, Presses de la Cité, 1972.

LEPOITTEVIN, Lucien, *Jean-François Millet (Au-delà de l'Angélus)*, Éditions de Monza, Paris, 2002.

LESURE, François, *Debussy, Biographie critique*, Klincksieck, 1994.

LEYMARIE, Jean, *Corot*, Skira, Genève, 1979.

Livre d'Or du Festival de Musique de Strasbourg, édité par la Société des Amis de la Musique de Strasbourg (la SAMS dont Paul Rouart fut le secrétaire général), texte de Harry LAPP, préface de Yehudi Menuhin, Strasbourg, 1989. Émouvante histoire d'un festival légendaire, de ses origines au début du XXᵉ siècle à sa résurrection en 1946 sous l'impulsion de Gustave Wolf, Paul Rouart et le Professeur de dermatologie Louis-Marie Pautrier. Nombreuses photographies de musiciens, chanteurs, personnalités qui réussirent à faire vivre ce festival exceptionnel malgré les guerres et les drames.

LOYRETTE, Henri,

– *Degas*, « *Je voudrais être illustre et inconnu* », Gallimard et RMN, 1988.

– *Degas*, Fayard, 1991.

MALLARMÉ, Stéphane,

– *Œuvres complètes*, édition de Bertrand Marchal, Gallimard, Pléiade, tome I, 1998 ; tome II, 2003.

– *Œuvres*, édition avec chronologie, introductions et notes de Yves-Alain Favre, Classiques Garnier, Bordas, 1992.

MANET, Édouard,

– *Lettres du siège de Paris*, précédées des *Lettres du voyage à Rio de Janeiro*, introduction d'Arnauld Le Brusq, Éditions de l'Amateur, Paris, 1995.

– *Édouard Manet, Catalogue raisonné*, voir Denis Rouart.

MANET, Eugène, *Victimes ! (Dédié aux proscrits du 2 décembre 1851)*, Clamecy, 1889.

MANET, Julie,

– *Journal*, Édition de référence de Jean Griot, C. Klincksieck, Paris, 1979.

– *Journal* (extraits, avec une intéressante iconographie présentant des photographies, et des tableaux de Paule Gobillard, Eugène Manet, Julie Manet, quelques erreurs dans les citations et légendes), introduction de Rosalind de Boland Roberts et Jane Roberts, Scala, Paris, 1987.

MARCHAL, Bertrand, *Lecture de Mallarmé*, José Corti, 1985.

MATHIEU, Pierre-Louis, *Gustave Moreau, Monographie et Catalogue de l'œuvre achevé*, ACR Édition, Paris, 1998.

MAURON, Charles,
— *Mallarmé l'obscur*, Éditions Denoël, 1941.
— *Introduction à la psychanalyse de Mallarmé*, A la Baconnière-Payot, Neuchâtel, 1968.

MONNERET, Sophie, *L'impressionnisme et son époque*, I et II, Robert Laffont, 1987.

MORISOT, Berthe,
— *Berthe Morisot (1841-1895), Correspondance avec sa famille et ses amis, Manet, Puvis de Chavannes, Monet, Degas, Renoir et Mallarmé*, Documents réunis et présentés par Denis Rouart, Quatre Chemins-Editart, Paris, 1950.
— *Correspondance de Stéphane Mallarmé et Berthe Morisot, 1876-1895*, Lettres réunies et annotées par Olivier Daulte et Manuel Dupertuis, Bibliothèque des Arts, Paris, Lausanne, 1995.
— *Berthe Morisot, Catalogue de l'exposition de Lille, Palais des Beaux-Arts, 10 mars-9 juin 2002*, Éditions de la Réunion des Musées Nationaux et de la Fondation Pierre Gianadda, Paris et Martigny (Suisse), 2002.
— *Berthe Morisot, Drawings, Pastels, Watercolors, paintings*, d'après l'exposition qui eut lieu à Boston en 1960, introduction d'Elizabeth Mongan, préface de Denis Rouart, Shorewood Publishing Co, Inc., New York, en collaboration avec Charles E. Slatkin Galleries, New York, 1960. Remarquable ouvrage sur l'art du dessin et de l'aquarelle de Berthe Morisot, en attendant le second tome de son catalogue raisonné par Yves Rouart.
— *Berthe Morisot, Catalogue raisonné de l'œuvre peint*, voir Yves Rouart.

NECTOUX, Jean-Michel,
— *Harmonie en bleu et or : Debussy, la musique et les arts*, Fayard, 2005.
— *Mallarmé, un clair regard dans les ténèbres : peinture, musique, poésie*, A. Biro, Paris, 1998.

PROUST, Antonin, *Édouard Manet, Souvenirs*, Paris, 1913.

PROUST, Marcel, *Contre Sainte-Beuve*, précédé de *Pastiches et Mélanges*, et suivi de *Essais et articles*, édition établie par Pierre Clarac et Yves Sandre, Gallimard, Pléiade, 1971.

REWALD, John, *Histoire de l'impressionnisme*, Albin Michel, 1955.

REY, Jean-Dominique,

Parmi les œuvres de Jean-Dominique Rey et les textes courts parus en divers ouvrages cités dans cette bibliographie, nous avons surtout fréquenté ceux-ci :
– *Berthe Morisot, La belle peintre*, Flammarion, 2002.
– *Mémoires des autres, 1 – Écrivains et rebelles*, portraits de Valéry, Breton, Gide, Léon-Paul Fargue, etc, L'Atelier des Brisants, Mont-de-Marsan, 2005.
– *Mémoires des autres, 2 – Les ateliers du demi-siècle*, portraits, entre autres, de Dali, Ernst, Matta, André Masson, Brauner, Fautrier, etc. L'Atelier des Brisants, Mont-de-Marsan, 2006.
ROUART, Denis,
– *Édouard Manet, Catalogue raisonné : volume 1, peintures ; volume 2, pastels, aquarelles, dessins*, ouvrage réalisé avec la collaboration de Daniel Wildenstein, préface par Denis Rouart, Bibliothèque des arts, Paris-Lausanne, 1975.
– *Berthe Morisot, Correspondance...* voir Berthe Morisot.
– On signalera également l'introduction de cet analyste si pénétrant de la peinture impressionniste dans : *Berthe Morisot, Catalogue des peintures, pastels et aquarelles*, réalisé par Georges Wildenstein et M.-L. Bataille, Les Beaux-arts, Paris, 1961.
– *Degas à la recherche de sa technique*, Floury, Paris, 1945.
ROUART, Ernest, *Degas*, recueil de souvenirs dans la revue *Le Point*, N° 1, Colmar, 1937.
ROUART, Eugène,
– *Correspondance avec André Gide*, voir Gide.
– *La villa sans maître*, roman, Mercure de France, 1898.
– *Les hybrides producteurs directs pour la reconstitution du vignoble*, avec la collaboration de Louis Rives, Paris, 1918.
Parmi les discours, conférences ou textes divers, citons :
– *L'agriculteur dans la société*, conférence prononcée le 15 janvier 1910, à la Faculté des sciences de l'université de Toulouse, Toulouse, 1911.
– *Office agricole départemental de la Haute-Garonne, Programme des travaux effectués en 1932*, Toulouse, 1933.
ROUART, Henri,
– *Exposition universelle de 1878. Note explicative des produits et spécimens exposés par l'usine fondée à Montluçon (Allier) pour la fabrication des tubes en fer, par MM. Mignon, Rouart et Delinières, exposants.* Texte signé par A. Grimault, Paris, 1878. Un historique complet qui montre comment la maison *Mignon et Rouart frères*, ingénieurs constructeurs mécaniciens, décida de créer l'usine de Montluçon avec l'aide de l'ingénieur Delinières ; puis le texte décrit les installations, les productions, les investissements constants en fonction des progrès technologiques et les récompenses internationales obtenues.

– *Ancienne maison Mignon et Rouart. Rouart frères et Cie, ingénieurs constructeurs mécaniciens, Catalogue des appareils des frères Rouart* (Henri et Alexis). L'auteur est Alexis Rouart, le jeune frère d'Henri, qui donne un excellent aperçu des productions de la firme installée au 137, Boulevard Voltaire à Paris. La variété des systèmes et des moteurs, l'innovation permanente, les réussites en grand dans l'industrie du froid, les nombreuses récompenses internationales obtenues, tout cela est détaillé avec des illustrations, schémas présentant les procédés techniques adoptés en certains cas, commentaires, etc. Paris, 1889.
– *Note sur les appareils à produire le froid*, par Henri Rouart, extrait des *Mémoires de la Société des ingénieurs civils*, Paris, 1867.
– *Henri Rouart, Peintures et aquarelles, Catalogue de l'exposition chez Paul Rosenberg, 21 rue de la Boëtie, du 20 mars au 12 avril 1933*, préface de Paul Valéry, Paris, 1933.

ROUART, Jean-Marie,
Parmi les ouvrages de Jean-Marie Rouart, nous citerons ceux qui suivent, dont plusieurs parlent de la famille Rouart, à commencer par celui qui fut à l'origine de ce livre :
– *Une jeunesse à l'ombre de la lumière*, Gallimard-Folio, 2002.
– *Une famille dans l'impressionnisme*, portraits de divers membres de la famille, certains tirés de l'ouvrage précédent, et superbe iconographie, nombre de tableaux des Rouart par les Rouart, mais aussi Degas, Renoir, Berthe Morisot, Julie Manet, etc, Gallimard, 2001.
– *Ils ont choisi la nuit*, Grasset, 1984.
– *Libertin et chrétien, Entretiens avec Marc Leboucher*, LGF, 2008.
– *La femme de proie*, Grasset, 1989.
– *Le voleur de jeunesse*, Grasset, 1990.
– *Omar, la construction d'un coupable*, précédé de *Jusqu'à la vérité*, Bernard de Fallois, 2001.
– *La noblesse des vaincus*, Grasset, 1997.
– *Adieu à la France qui s'en va*, Grasset, 2003.
– *La guerre amoureuse*, Gallimard, 2010.

ROUART, Julien,
Julien Rouart a participé avec Henri Ey à la tentative d'aborder l'aliénation mentale de manière dynamique en appliquant les principes de Hughlings Jackson, excluant tout mécanicisme ou explication par une forme de matérialisme par trop dominant ou dominateur. Cet essai de voir la personnalité en mouvement vers la structuration dans la vie ou la déstructuration dans la maladie mentale, trouva son prolongement dans la pratique thérapeutique et la publication des célèbres *Études psychiatriques* en trois volumes de Henri Ey (Desclée de Brouwer 1954, rééditées en 2007 par le CREHEY, Centre d'Études et de Recherches Henri Ey).

— En collaboration avec Henri Ey, *Essai d'application des principes de Jackson à une conception dynamique de la neuro-psychiatrie*, préface du Professeur Claude, G. Doin éditeur, Paris, 1938.
— *Psychopathologie de la puberté et de l'adolescence*, PUF, 1954.
— *Psychose maniaque dépressive et folies discordantes. Situation nosographique de quelques formes particulières par rapport à ces entités*, G. Doin, Paris, 1935.
ROUART, Louis,
— Nombreux articles sous son nom ou sous divers pseudonymes dans *L'Occident*. Les pseudonymes habituels sont : Raoul Narsy, Georges Dralin, Zed Marcas, François de Poncher, Pierre Valbranche ou Pierre Vimal, peut-être aussi Solrac, mais nous n'avons pu les identifier tous... Certains échos non signés portent sa marque évidente, aisément reconnaissable. Dans *Les Marges*, les pseudonymes disparaissent et Louis a signé sous son nom.
— *Berthe Morisot*, Plon, 1941.
— *Ernest Rouart (1874-1942)*, Mâcon, 1956.
ROUART, Yves,
— *Berthe Morisot (1841-1895), Catalogue raisonné de l'œuvre peint*, avec la collaboration de Delphine Montalant et Alain Clairet, préface de Jean-Marie Rouart, édition bilingue en français et anglais, Montolivet, Céra-nrs éditeur, 1997. Le catalogue des œuvres sur papier est en cours d'élaboration.
ROUART-VALÉRY, Agathe, *Crayons : Souvenirs*, Actes Sud, Arles, 1999.
VALÉRY, Paul,
— *Œuvres*, édition établie et annotée par Jean Hytier, introduction biographique par Agathe Rouart-Valéry, Gallimard, Pléiade, tome I, 1957 ; tome II, 1960.
— *Cahiers*, édition établie, présentée et annotée par Judith Robinson-Valéry, Gallimard, Pléiade, tome I, 1973 ; tome II, 1974.
Parmi de nombreuses études et entretiens, carnet inédit, correspondance avec Catherine Pozzi ou André Gide, citons :
— *Paul Valéry et les arts*, textes d'Agathe Rouart-Valéry, Jean-Dominique Rey, François Valéry, Bruno Foucart, Georges Liébert, Luce Abélès, Actes Sud, Arles, 1995.

Périodiques :

Les Marges, revue dirigée par Eugène Montfort, *Gazette de littérature et d'art* de 1903 à 1908 puis *Revue de littérature et d'art* jusqu'en 1937, Collection complète des numéros de l'année 1903 à l'année 1911 (fin de la collaboration de Louis Rouart), Paris.

La Nouvelle Revue Française, les deux numéros 1 : celui du 15 novembre 1908, et celui de février 1909, avec un article capital de Gide sur Mallarmé et la littérature, qui constitua le véritable départ de la *NRF*. Paris.

L'Occident, revue mensuelle dirigée par Adrien Mithouard, Paris, Collection complète disponible à la Bibliothèque Nationale des numéros de décembre 1901 (premier numéro) à décembre 1910. La revue continua de paraître après cette date, mais sans la collaboration de Louis Rouart.

Journal musical français, journal des Jeunesses Musicales de France (JMF), Paris, année 1953.

Discographie :

Quelques indications qui éviteront au lecteur curieux de se fourvoyer dans le dédale des sollicitations commerciales.

Pour une initiation à Chausson qui aille au-delà du *Poème pour violon et orchestre*, on ne saurait trop conseiller :

– *Sandrine Piau – Évocation*, mélodies de Chausson, Debussy et Richard Stauss, Susan Manoff au piano, label Naïve, 2007.

– *Le roi Arthus*, opéra d'Ernest Chausson, orchestre philharmonique de Radio-France, dirigé par Armin Jordan, label Libretto, 1991. Longtemps version de référence. On peut aussi se tourner vers la version récente de Léon Botstein à la tête du BBC symphony orchestra, label Telarc, 2005.

– *Prélude à l'après-midi d'un faune*, *La mer*, *Images*, *Nocturnes*, témoignage de l'art de Charles Munch à la tête du Boston symphony orchestra et une excellente initiation à la musique de Debussy. Label Gold Seal, CD de 2004, interprétations des années 1960.

Pour *Pelléas et Mélisande*, dont il fut tant question dans ce livre, nous gardons notre préférence à l'inoubliable version Désormière enregistrée en plein drame en 1941. Ce choix est aussi justifié par des considérations historiques : Debussy était mort depuis 23 ans à peine, et on tient ici certainement la version la plus proche de ses conceptions, la plus debussyste. C'est sans doute joué et chanté de cette manière, aujourd'hui disparue, que les personnages de ce livre l'ont entendue. Et le couple Jacques Jansen-Irène Joachim est incomparable. La version EMI (2006) est la meilleure, mais elle est onéreuse, on peut découvrir cette interprétation mythique pour un prix très modique chez Cantus-Line (2002) et acquérir en même temps une version récente en DVD, comme celle de Naouri-Dessay et l'orchestre symphonique de Vienne dirigés par Bertrand de Billy (Virgin Classics 2009).

Enfin pour la cantate *Figure humaine* de Francis Poulenc, publiée durant l'Occupation par Paul Rouart, le lecteur pourra se référer pour commencer à la version disponible sur internet (Youtube) réalisée par le BBC symphony chorus dirigé par Stephen Jackson (2009) qui donne les vers de Paul Éluard sur écran noir à mesure qu'ils sont chantés.

Iconographie :

Un tel ouvrage ne peut évidemment montrer toutes les œuvres peintes ou sculptées citées, mais le lecteur a aujourd'hui la possibilité d'en voir une bonne partie sur internet (google-images). On y trouve un grand nombre d'œuvres de Manet, Degas, Renoir ou Morisot ; pour les œuvres des Rouart, c'est plus difficile, mais il en existe tout de même assez pour se faire une petite idée. Les œuvres d'Augustin, de Julie et d'Ernest gagneraient à être exposées pour les porter à la connaissance du public.

Remerciements

Je remercie les membres de la famille Rouart, Martine Boivin-Champeaux, Jean-Dominique Rey, Jean-Marie Rouart, Vincent Rouart et Yves Rouart, pour leur accueil, leur disponibilité et la confiance qu'ils m'ont accordée en me prêtant des documents de famille.

Mes remerciements vont également au Docteur Alain Haziot, Directeur de recherches à l'INSERM, pour ses éclaircissements sur la syphilis.

Je remercie Judith Haziot, doctorante en histoire de l'art et sciences cognitives, qui m'a autorisé à publier certaines conclusions de sa thèse sur l'aptitude du cerveau humain à ressentir en art des émotions quasi instantanées et d'autant plus fortes devant des signes parcellaires. De grands peintres, comme Berthe Morisot, en avaient eu l'intuition un bon siècle avant les travaux contemporains.

Je remercie également Hélène Richard-Cotteblanche pour ses recherches en archives sur la famille Escudier et la constitution de sa fortune durant la Révolution.

À Noirmoutier, Madame Colette Thibaud m'a longuement et gentiment parlé de la famille Rouart, d'Augustin et de Jean-Marie Rouart. Je la remercie du fond du cœur, ainsi que son fils Frédéric.

Françoise du Sorbier, angliciste et traductrice, a eu la patience de relire le manuscrit et de me faire ses suggestions, qu'elle reçoive ici le témoignage de ma reconnaissance.

Mes remerciements à Jeanine Couturet-Plé, fervente lectrice d'André Gide, qui m'a tant encouragé à me lancer dans cette aventure.

Enfin, j'exprime ici ma gratitude à Olivier Nora et à toute l'équipe des éditions Fayard qu'il dirige, avec une mention particulière pour mon éditrice, Sophie Hogg-Grandjean, qui a pris en charge ce projet en y apportant sa passion et sa hauteur de vue lors des relectures du texte.

Index

INDEX

Table des matières

Cet ouvrage a été imprimé
par CPI Firmin-Didot
Mesnil-sur-l'Estrée
pour le compte des Editions Fayard
en février 2012

Photocomposition Nord Compo
Villeneuve-d'Ascq

Dépôt légal : février 2012
N° d'édition : 36-33-3244-5/01 - N° d'impression : 110039
Imprimé en France